岩波現代全書
089

戦後日本外交
軌跡と課題

GendaIzensho
岩波現代全書
089

戦後日本外交

軌跡と課題

栗山尚一
Takakazu Kuriyama

編集　服部龍二

序

今月（二〇〇七年四月）から松永（信雄）前アジア調査会長の後を引き継いで、『アジア時報』の巻末コラムを担当することになった。四〇回にわたった、私の大先輩でもあるベテラン外交官の興味深い回想録の後だけに、何をテーマに書くべきか、あれこれと思い悩んでいるうちに原稿の締め切り日が迫ってきて、遂に思い切って筆をとったのがこの拙論である。

そこでまず本論に入る前に、これから毎月私が何を書きたいと考えているかについて、簡単に述べたい。

私は、敗戦国日本が独立を回復して間もない一九五四年に外務省に入り、以後九六年に退官するまでのほぼ四〇年間同省に奉職した。したがって、「戦後日本外交」と言えば、その時期は、最後の約一〇年を除けば、ほぼ私の外務省在職期間と重なる。しかし、私はこのコラムを私の体験談にするつもりはない。私が書いてみたいと考えているのは、若干野心的にすぎるかもしれないが、日本の一外交官の目で戦後半世紀を振り返ったときに、その間のわが国の外交政策がどのように評価されるであろうか、という問いに答えることである。

将来の針路を見定めるためには、過去の検証は欠かせない。「戦後レジームからの脱却」が強調される昨今であるが、その中身は必ずしも明確ではない。過去半世紀の日本外交が残した遺産も、

「戦後レジーム」の重要な一部であろう。これからのわが国の外交政策のあるべき姿を論じようというのであれば、まず過去の評価から始める必要がある。これが、筆者の問題意識である。

一言付け加えたい。国内政策の場合と異なり、外交政策の評価は常に難しい。それは、外交政策には、自国と対等な意思を持った主権国家という相手が存在するからである。相手国がこちらの言い分(政策目的)をすんなり受け入れてくれれば問題ないが、多くの場合、相手国にも守りたい立場や利益があるから、必然的に妥協を余儀なくされる。それが、非強制性が本質である外交交渉というものである。(たまに、目的達成のために補助的に強制的手段が用いられることがあるが、それは、あくまでも例外的なケースである。)

問題は、その妥協が積極的評価に値するかどうかは、ある程度の時間が経過して、目的の達成度や相手国との合意の永続性を客観的に判断できるようになるまで待たなくてはならないことである。重要な政策であればある程、尚早な一方的評価は避けなければならない。(典型的な例を挙げれば、冷戦時代の米国の「封じ込め」政策は、四〇年以上経ってソ連が崩壊し、初めて確定的な評価が可能になった。)

〔①425号2007、4〕

目次

凡例

・本書は栗山尚一《たかかず》元外務次官・駐米大使の論文を再構成して収録したものである。
・収録した論文は、以下のとおりである。

第1部

「戦後日本外交の軌跡」全七四回(『アジア時報』第四二五号—第五〇六号、二〇〇七年四月—二〇一五年五月)

*各回連載部分の末尾に、連載回数、通巻号数、掲載年月を記してある。例えば、〔①425号2007、4〕とは連載第一回、通巻第四二五号(二〇〇七年四月)を指す。

第2部

「日米同盟五〇周年——「緊密で対等」の課題」(『アジア時報』第四五二号—第四五三号、二〇〇九年一二月—二〇一〇年一・二月)

「尖閣諸島と日中関係——「棚上げ」の意味」(『アジア時報』第四八二号、二〇一二年一二月)

「憲法九条をいかに読むべきか——神学論争からの脱却の道」(『アジア時報』第四八四号、二〇一三年三月)

・「戦後日本外交の軌跡」は第七四回で絶筆となっており、第七四回は未定稿である。
・巻末の注は栗山によるものである。
・〔　〕は編者による挿入である。
・小見出しの多くは編者によるが、煩雑さを避けるために〔　〕は付していない。

- 本の副題、発行年などの書誌情報については、〔 〕なしで加筆修正したところがある。
- 用字用語を統一し、洋数字を漢数字に置き換えるなどしたところがある。
- 時候の挨拶、「(前頁参照)」などは削除した。
- 明らかな誤植は訂正し、一部に改行を入れた。
- 「改訂」など、現在では別の表記が一般的な場合でも、原文を尊重したところがある。

第１部
戦後日本外交の軌跡

1972年9月29日，日中共同声明の調印式，前列の田中角栄総理の後ろの列にいるのが著者

第1章　戦後外交の始まり――サンフランシスコ体制

吉田茂の選択

戦後の日本外交は、言うまでもなく、対日平和条約と日米安全保障条約の締結（一九五二年四月発効）から始まる。時のわが国の外交政策の最高責任者は、もちろん総理大臣吉田茂である。国際政治学者は、後にこの二つの条約を、署名地の名を冠して、サンフランシスコ体制と呼ぶようになる。なぜ「体制」かと言えば、両条約は、冷戦がグローバルに広がる中で、米国が封じ込め政策の一環として東アジア・西太平洋に構築した、地域的安全保障体制（システム）の中核的役割を担うようになったからである。

別の見方をすれば、占領から解放されて国際社会に復帰する日本が、東西対立の下で西側（自由世界）にその立場をしっかりコミットすることを確保するために米国が考えた構想が、ソ連抜きの平和条約と米軍の日本駐留を認める安保条約を不可分のワンセットとする国際的枠組みであったのである。当時の日本の知識層は、この米国主導の体制を受け入れて自由世界の一員となる（多数講和）か、それともこれを拒否して、東西いずれにも与《くみ》しない中立を求める（全面講和）か、で深刻な分裂を味わった。東西対立の厳しさを理解すれば、中立志向の全面講和がいかに非現実的な選択であるかは自明であった。しかし、全面講和論者は、国際政治の現実よりも、平和主義の理念のほうが大切と考えた。吉田総理と南原〔繁《しげる》〕東大総長の論争に代表されるこの世界観の違いは、その後の半世紀を通じ、日本外交の政策形成の過程でしばしば緊張を生み出すことになる。

しかし、すぐれた現実主義者の吉田総理は、日本がとるべき選択は米国主導の戦後体制を積極的に受け入れる以外にはないことを、当初から明確に認識していた。〔①425号2007、4〕

戦後の日本外交の第一歩となった、米国の〔ジョン・F・〕ダレス特使との平和条約交渉において、吉田総理は強力なリーダーシップを発揮した。交渉は典型的な政治主導で進められ、準備作業を命じられた外務省の事務当局は、総理に「経世家としての経綸に乏しきを遺憾とす」と叱責された（猪木正道『評伝　吉田茂』〔下巻、読売新聞社、一九八一年、三九五頁〕）。

もっとも、戦後六〇年の歴史を振り返ってみると、後にそれぞれのケースで具体的に触れるように、外交政策の最高責任者に相応しい指導力を行使した政治家は、吉田総理だけではない。安保改訂を果たした岸信介、沖縄返還を実現した佐藤栄作、日中国交正常化を成し遂げた田中角栄、「顔が見える首脳外交」を展開した中曽根康弘は、いずれも戦後の日本外交史に立派な足跡を残した。

このように見てくると、政治のトップのリーダーシップは、外交、内政を問わず、本人の見識、信念あるいは権力基盤の強さなど、様々な要素から生まれるが、いわゆる「日本版NSC（国家安全保障会議）」のような総理大臣直属の調整機能を有する機構が果たすことができる役割は限られているように思われる。ちなみに、第二次大戦直後の米国の〔ハリー・S・〕トルーマン政権は、戦後の国際秩序の構築という、歴史に残る壮大な事業をやり遂げたが、本家のアメリカのNSCが生まれたのは、この大仕事がほとんど完結した一九四七年夏のことであった。

吉田ドクトリン

閑話休題。政治主導の外交といっても、吉田総理と後年の他の総理大臣とでは、二つの点で大きな違いがある。

第一の相違点は、取り組まなくてはならなかった課題の大きさである。安保改訂も沖縄返還も、また、日中国交正常化も、それぞれわが国にとっては重要な外交案件であったが、数十年の長期にわたる国の針路を決めることになる平和条約交渉が持つ重さとは、決定的な差があった。しかも吉田総理は、占領下の日本という大きなハンディキャップを背負いながら米国と交渉しなくてはならなかったのである。そもそも、戦勝国が一方的に講和の条件を敗戦国に押しつけても不思議ではない状況下で、多少なりとも話し合いの余地があったこと自体が希有なことであった。吉田総理は、この僅かな余地を最大限に利用して、寛大な講和の実現に全力を尽くした。

吉田総理とその後の総理大臣との間の第二の相違点は、日本の戦後体制の成熟度である。占領末期におけるわが国の民主主義は、まだまだ脆弱であった。自由世界への貢献という大義名分を掲げて日本の再軍備を求めるダレス特使に対し、吉田総理が、経済の負担能力、軍国主義復活の可能性、及び日本の再軍備に対する近隣諸国の懸念、という三つの理由を挙げて反対したことは、よく知られている。

弱い立場にある者が、何とか交渉を有利に運ぼうとして使う手が「弱者の恫喝」であるが、同総理のダレスへの反論は、そのような苦し紛れの戦術ではなく、現実に即した戦略であった。国民が衣食住にも事欠いているときに、大きな経済的負担を強いられる再軍備は国益に反するというのが同総理の率直な気持ちであったことは間違いない。「経済復興優先、軽武装、そのためには、国の安全は米国に全面依存」の基本路線は、後に吉田ドクトリンと呼ばれるようになる。現実主義者であると同時に自由主義者であった吉田総理は（必ずしも今日的な民主主義者ではなかったかもしれないが）、これこそが、日本を自由で民主的な国に再生させる最善の道と確信していた。

現実問題としても、当時の日本の幼い民主主義は、左の共産主義ばかりではなく、右の軍国主義、国家主義の双方からの脅威にさらされていたのである。一九五〇年の夏には服部卓四郎元大佐ほか、旧帝国陸軍将校のグループが、連合国最高司令（官総司令）部（ＧＨＱ）の一派を抱き込んで、当時米国の要求に応じ創設準備が進められていた警察予備隊の実権を握って戦前の「天皇の軍隊」の復活を図ろうとする事件が発生した。この動きは、吉田総理が〔ダグラス・〕マッカーサー元帥に直訴することにより辛うじて阻止された（『評伝　吉田茂』〔下巻、三八一頁〕）。そればかりではなく、最近公開された米国ＣＩＡの文書によれば、服部元大佐の一味は、一九五二年に、クーデターを起こして同総理を暗殺する計画を立てていたという（〔二〇〇七年〕二月二七日付『毎日新聞』夕刊〔一〇面〕）。まさに同総理がダレスに説いたとおり、戦前の日本再現の危険があったのである。

〔②426号2007、5〕

サンフランシスコ体制（対日平和条約と日米安全保障条約）は、後に述べるように、安保改訂、沖縄返還、そして日米の中国との国交正常化という部分的調整を経ながらも、冷戦終結に至るまで、東アジアの平和、安定、繁栄を確保する国際秩序の大黒柱の役割を果たした。冷戦後の同体制については別途の考察が必要となるが、ほぼ半世紀にわたる冷戦時代を通じて、同体制が日米関係を規定する基本的枠組みであり続けたのは、両国が、それぞれの立場から同体制を堅持することが国益に合致すると考えたからである。（その意味で、日米の利害が一致せず短命に終わった戦前のワシントン体制とは好対照である。）

アメリカの目的

米国は、サンフランシスコ体制によって、三つの目的を達成しようとした。

第一は、冷戦の相手であるソ連が参加している異常な共同管理体制（日本の占領）を早期に終結させ、独立を回復した日本を自由世界に組み込むことであった。米国は、民主主義国として再生し、大きな経済的潜在力を有する日本が自由世界の貴重な資産になる、と考えた。そして、それを実現する手段が、第一次大戦の戦後処理の失敗を教訓とする寛大な平和条約であった。巨額な賠償を含む過酷で懲罰的なベルサイユ条約が第二次大戦の悲劇をもたらした、というのが当時の米国の政策担当者が共有した認識であり、対日平和条約は、そうした啓蒙的な認識の産物にほかならなかった。

米国の第二の目的は、日本の地理的特性が持つ戦略的価値を活かして、東アジアにおいて共産主義勢力の拡大を抑止する地域的な安全保障体制を構築することであった。そのために米国は、第三国に束縛されない、平和条約とは別個の日本との二国間の合意に基づき、米軍の日本駐留の権利を確保する必要があった。これを可能にしたのが安保条約である。

さらに米国は、東アジアでの抑止体制を強化するために、いくつかの補強措置を講じた。まず、対日平和条約で沖縄を日本から分離し、同地の米軍基地を自由に使用できるようにした。次いで米国は、一九五一年以降、フィリピン、韓国、中華民国（当時）と順次相互防衛条約を結んだ。米国としては、可能であれば、東アジアにおいても、ヨーロッパのＮＡＴＯ（北大西洋条約機構）のような多国間体制を作りたかったのであろう。現に米国は、同じ時期に豪州、ニュージーランドとはＡＮＺＵＳ条約（太平洋安全保障条約）、東南アジアではＳＥＡＴＯ（東南アジア集団防衛条約〔に基づいて結成された東南アジア条約機構〕）という多国間の防衛条約を結んでいる。

しかし、東アジアでは、二つの理由から、このような多国間体制を構築することはできなかったのである。第一は、日本の事情である。すなわち、この地域の安全保障体制の中核となるべき日本は、憲法上の制約（集団的自衛権の行使が禁じられているとする政府の憲法解釈）により、多国間の集団防衛体制には参加できないとの立場であった。第二の理由は（こちらのほうが、より本質的な問題であったが）、東アジアの域内諸国の間には、この地域の安全に対する脅威についての共通の認識が存在しなかったことである。一口に共産主義勢力の脅威と言っても、その実体は、国により、ソ連、北朝鮮、「中共」、あるいは共産ゲリラというように、それぞれ異なっていた。それればかりではなく、太平洋戦争の記憶がまだ生々しい当時の状況下では、他の域内諸国にとっては、共産主義の脅威に勝るとも劣らない脅威は、戦前の軍国主義日本の復活であったのである。

ところで、こうした日本に対する不信感は、近隣諸国だけが抱いていたものではない。豪州やニュージーランドも、米軍の日本駐留は、日本の安全保障のためよりも、日本の脅威に対する安全保障のために望ましいと考えたのである。日本軍国主義復活の可能性が現実のものであった以上、対日警戒心は当然とも言えた。米国も、日本を全面的に信頼していたわけではない。むしろ、占領下における日本の民主化の早さは、状況が変われば、同様のスピードで戦前の国家主義に戻る可能性を示唆しているのではないか、というのがアメリカの知識層の多くが持った疑念であった。したがって、安保条約が提供する核の傘を含む米国の抑止力こそが、日本が将来アジア・太平洋で再び「一人歩き」をして、米国にとって軍事的脅威になることを防ぐ最善の手段と考えられ、これがサンフランシスコ体制の第三の目的になった。〔③427号2007、6〕

国際秩序とは、国家間の関係を規律するルールと、そのルールの実施を確保するための一定の制度(institution)のことである。法的には平等な主権国家で構成される国際社会には、国内社会と異なり、ルールを作り、その実施を担保する権力機構(政府)が存在しない。それでも、国際社会の平和、安定、発展のためには、国内社会同様に、一定の秩序は欠かせない。そこで国際社会の場合には、そうした秩序の形成、維持は、国際関係に大きな影響を及ぼす能力を有する「大国」(major power)と呼ばれる国または国の集団がその任に当たることになる。そのような能力を、我々は通常国力というが、国力を構成する要素としては、軍事力、経済力のほかに、ソフト・パワーとも呼ばれる理念、文化の力や外交の力が挙げられる。

第二次大戦後の国際秩序は、もっぱら米国が、その隔絶した国力を活用して構築した。米国は、一方では、国連、ブレトンウッズ体制(ＩＭＦ(国際通貨基金)・世界銀行)、ガット(関税及び貿易に関する一般協定、現在のＷＴＯの前身)といったグローバルな政治・経済の秩序作りに努めるとともに、他方では、こうしたリベラルな理念に立った秩序への参加を拒否したソ連その他の共産圏諸国に対抗して、自由世界の平和と繁栄を確保するために、地域的な秩序作りにも勢力を注いだ。その代表的成果が北大西洋条約機構すなわちＮＡＴＯとマーシャル・プラン（後にＯＥＣＤに発展）であるが、サンフランシスコ体制は、東アジアにおける地域的秩序の大黒柱になった。

米国の視点から見たサンフランシスコ体制は、間違いなく大成功であった。日本を自由世界に組み込み、安保条約を核に東アジアにおける地域的安全保障システムを構築し、併せて日本の軍事的脅威の再来を防止する、という同体制の三つの目的は、すべて達成され、それ以上の成果は望み得べくもなかったと言える。

サンフランシスコ体制の功罪

それでは、日本外交の視点からは、サンフランシスコ体制はどのように評価されるべきであろうか。国家が守らなくてはならない最も基本的な国益は、自国の領域を保全し、自らの政治的独立を維持し、国民の生命、財産の安全を確保することである。重要な外交政策は、この基本的国益の増進にどれだけ貢献したか、という物差しで評価される。この物差しをサンフランシスコ体制に当てはめてみると、結論は明白である。

多数講和か全面講和か、の論争に見られるように、平和条約についての当初の国内の評価は分かれた。また、安保条約に至っては、吉田総理が、全権団の他のメンバーを残して一人で署名式場に赴いたことに象徴されるように、一九五〇年代、六〇年代を通じ、世論の支持は決して強いとは言えない状況が続いた。しかし、七〇―八〇年代になると、同体制に対する国内の積極的評価は固まる。日本は、ドイツのように長期にわたって分裂を体験することを免れたのみならず、（北方領土問題は残ったが）固有の領土を割譲させられることもなかった。

政治体制についてみれば、年の経過とともに戦後の民主主義は国民の圧倒的支持を得て根を下ろし、戦前の国家主義、軍国主義への逆行の危険は完全に消滅した。経済では、米国が築いた自由貿易体制のメリットを十二分に生かして、戦後の復興から奇蹟と言われた六〇年代の高度成長を達成し、遂には世界第二の経済大国にまで発展した。そして、冷戦という極めて厳しい国際環境の中で、安保条約が提供した米国の抑止力の傘は、わが国の平和と安全を確保してくれた。

サンフランシスコ体制を受け入れることによって得られた利益は、右に述べたように、極めて大きかったと言えるが、その代償として失ったものは何だろうか。吉田総理にとって不本意だったのは、米国の強い要求で、中国との国交回復の相手として台湾の中華民国を選ばざるを得なかったことである。その結果、大陸の中華人民共和国との関係正常化が二〇年遅れた。しかし、その間の中国の混乱を考えると、正常化の遅れがわが国の国益を害したとは思われない。

サンフランシスコ体制の功罪を論じようとする場合に、筆者が「罪」と考えるのは、米国の要求に応じて自衛隊を創設するに際して、当時の事情からやむを得なかったとはいえ、解釈改憲の道を選択したことである。「自衛隊は軍隊ではない」との吉田総理の国会答弁から始まった、常識から乖離した憲法解釈が残したわが国の防衛・安全保障政策にとっての負の遺産は未だに清算されていない。

〔④428号2007、7・8〕

第2章　憲法九条下の再軍備

自衛隊は軍隊か

前号（本稿④）で私は、自衛隊の創設に当たって吉田総理が選択した解釈改憲を同総理が残した負の遺産であるとした。本稿では、この問題をもう少し論じてみたい。

占領初期における米国の対日基本政策は、周知のとおり、民主化と非軍事化の二本柱であり、新憲法は、まさにこの米国の政策を忠実に反映したものであった。したがって、戦力不保持を定めた同憲法の九条2項の目的は、字句どおりに、日本の再軍備を禁じることにあったのである。

しかし、一九四七年にヨーロッパで始まった冷戦は、このような米国の対日政策にも影響を及ぼすことになる。翌四八年に来日した国務省政策企画室長のジョージ・ケナン（対ソ「封じ込め」政策の提唱者）は、日本を非軍事化することよりも、政治的に安定し、経済的に復興した日本を自由世界に取り込むことを優先すべきであるとして、対日政策の軌道修正を強く主張した。それでも米国が、こうしたケナンの考えに沿って、「日本に対する安全保障」から「日本の安全保障」に軸足を移し、その一環として、わが国に対して再軍備を正面から要求するようになったのは、二年後に朝鮮戦争が勃発してからのことである。

再軍備にはあくまでも慎重であった吉田総理が、米国の強い要求に譲歩を余儀なくされ、心ならずも自衛力漸増にコミットしていく過程で、憲法九条の問題をどのように処理しなくてはならないと考えたかは、必ずしも明らかではない。新憲法草案が審議された帝国議会(一九四六年)における同総理の答弁は、多くの戦争が自衛の名の下に始められた過去の歴史の反省に立って、自衛権の発動としての戦争を含むすべての戦争の放棄を定めたのが九条の趣旨であるということで一貫していた。衆議院の帝国憲法改正案委員会で採択されたいわゆる芦田修正(九条1項の戦争放棄条項を受ける形で、2項の冒頭に「前項の目的を達するため」を追加)によって、自衛のための防衛力の保持が認められることになったと言われるが、同総理がこの解釈を政府の見解として受け入れた形跡はない。

それでも同総理が、ダレス特使との交渉で、経済的負担や軍国主義復活の危険などを挙げて再軍備に反対したときに、憲法九条に言及しなかったことは、同総理自身が、五年前の国会答弁時と異なり、憲法が自衛力の保持を全面的に禁じてはいないと考えるようになったことを示唆しているようにも思われる。それでも同総理は、自衛隊法の国会審議に際しては、自衛のために武力を行使することが想定される国家の組織が軍隊ではないという、およそ常識に反する憲法解釈を生み出した。

私は、自衛隊創設のために憲法改正が必要との立場をとらなかったこと自体について、吉田総理を批判しようとは思わない。当時の国内の政治情勢は、到底憲法改正を許すようなものではなかった。また、近隣諸国をはじめとする国際社会の大勢も、敗戦国日本が憲法を改正し、真正面から再軍備に乗り出すことには強く反対したであろう。現実主義者の同総理は、いつの日か内外の情勢が変わり、憲法改正が可能になるまでは、「軍隊ではない自衛隊」で頑張るほかない、と考えたのであろう。しかし、この同総理の解釈改憲は、その後憲法九条と自衛隊をめぐり、終わりなき不毛な神学論争を生むことになる。これが私のいう「負の遺産」である。

国家が自衛権を放棄するのは自己否定であるから、いかなる憲法も、そのような制約を国家に課すことはあり得ない。そうであれば、国家が、万一の場合に備えて、自衛権を効果的に行使できるように、一定規模の武装した組織を保有することも認められなくてはならない。国際社会は、そのような組織を「軍隊」(armed forces)と呼ぶ。吉田総理が批判されるべきは、軍隊イコール戦力(九条2項で禁止)と認識し、自衛隊は自衛力であっても軍隊ではないという、国際的には通用しない解釈をとったことである。自衛隊は合憲との立場をとるのであれば、もう一歩踏み込んで、「自衛権の乱用は厳に慎むべきであるが、憲法九条は自衛権を否定したものではなく、同条2項も、必要最小限度の自衛力すなわち軍隊の保持を禁じたものではない」との解釈をとっていれば、その後の神学論争を避け、より健全な安全保障論議を可能にする道を開いたのではなかろうか。

〔⑤429号2007、9〕

戦争放棄の意味

一九四六年の帝国議会での新憲法草案の審議では、自衛のための戦争も放棄したのが九条の意味であるとした吉田総理が、八年後の自衛隊創設時には、同条をより現実的に解釈するようになっていたことは間違いない。そうでなければ、自衛のためには武力を行使することが想定される組織を国が保持することが、(それを軍隊と呼ぶか否かは別として)憲法に違反しないとすることは、明白な論理矛盾と言わざるを得ない。しかし同総理は、この間の自らの考えの変化について自分自身の口で説明責任を果たすことはなかった。

そこで本稿では、筆者が吉田総理に代わって、当時の国際情勢の下でわが国が再軍備を行う場合に、憲法九条をどのように解釈するのが合理的かを考えてみたい。まず認識しておく必要があるのは、九条1項が規定する、国際紛争を解決する手段としての戦争の放棄は、これと表裏の関係にある平和的手段による国際紛争解決の義務とともに、新憲法の誕生前に確立した国際法の基本原則になっていたことである。すなわち、戦争放棄は、一九二八年の不戦条約（正式名称は戦争放棄に関する条約）によって普遍性を有する国際社会のルールとなり、さらに第二次大戦後、国連憲章で再確認された原則なのである。

このような戦争放棄の国際法的背景は、九条1項に次のような三つの意味があることを示している。第一に、戦争放棄は日本国憲法独自のものではなく、これを根拠に日本の平和主義の固有性を主張することはできない。第二に、戦争放棄の国際法の原則は、国連憲章（五一条）に明記されているとおり、国家としての当然の権利である自衛権を否定していない。したがって、いざというときにこの権利の行使を可能にする防衛力（軍隊）の保持も認められる。そして第三に、戦争放棄の規定は、依然として戦争が絶えない現実の世界で、この国際法の原則がより強い規範力を持つルールとなるように、わが国自身が自らを厳しく律すると同時に、国際的にも努力することを求めているのである。

戦力の保持を禁じ、交戦権を否認した九条2項は、その冒頭に「前項の目的を達するため」とあるとおり、1項の戦争放棄を実効的に担保するための規定であるが、わが国の防衛・安全保障政策に関し、具体的に何を定めているのであろうか。すなわち、1項の当然の解釈として認められなくてはならない防衛力の保持と、この2項との一見した矛盾を解決し、両項の整合性を確保するためにはどのように考えるべきか、という問題である。吉田総理及びその後の歴代政権は、「自衛隊は防衛力ではあるが、軍隊ではない」と主張することによって、この矛盾を乗り越えようとした。しかし、この常識に反する論法は、不毛な神学論争を生み、その結果、わが国の防衛・安全保障政策に深刻な歪《ゆが》みをもたらすことになる。

筆者は、2項の意味を次のように理解すべきであると考えている。

「わが国が保持する防衛力は、国連憲章に従い、自衛以外の目的に使用されてはならず、また、自衛を越えた武力行使を可能にする能力を保有してはならない」

これに対しては、「2項には、そのようなことは何も書かれておらず、根拠がない恣意的な解釈である」との批判が予想される。しかし、筆者の解釈のポイントは、同項の下で禁じられている「戦力」とは何か、また、否認されている「交戦権」に例外はないのか、という問いに答えることである。

筆者の解釈の前段は、防衛力(軍隊)の使用目的の限定であり、その内容は1項の戦争放棄の当然の帰結であるが、自衛権の発動に加え、国連の決定に基づく加盟国の武力行使も、平和を守るための国際社会の共同行動であるから、これに対する協力や支援も戦争放棄の対象外であり、「交戦権」の範囲に含まれるべきものではない。解釈の後段は、防衛力の能力に対する制約であり、この能力を超える軍事力が保持が禁じられている「戦力」である。このような制約は、必要最小限度の自衛力、専守防衛、非軍事大国、非核三原則、攻撃的兵器の保有禁止といった形で、わが国の防衛政策の基本として定着してきた。憲法九条の固有性は、戦争放棄を担保するための、こうした防衛力に課せられた制約にあるのである。

〔⑥430号2007、10〕

集団的自衛権の否定

吉田総理の解釈改憲が積み残した、もう一つの重要な課題は、憲法九条の下での集団的自衛権の位置づけである。

吉田内閣以後歴代内閣は、一貫して、憲法は集団的自衛権の行使を禁じている、との立場をとってきた。集団的自衛権は、自国が攻撃されていないにもかかわらず、攻撃を受けている第三国を助けるために武力を行使する権利であるから、憲法が認める自衛の範囲を越える、との理由によるものである。しかし、この憲法解釈は、わが国の国際社会への復帰に際し、早速大きな問題を生じた。

平和条約と不可分の日米安保条約(旧安保)の対米交渉において、当初日本側は、米国の対日防衛義務を条約に明記することを主張した。しかし、ダレス特使は、条約承認の権限を有する上院の外交委員会の決議が、米国が防衛義務を負う相手国に求める「継続的かつ効果的な自助及び相互援助」の要件を日本は満たしていないとして、これに応じなかった。吉田総理が米国の再軍備要求を断ったことと、「相互援助」は憲法により禁じられているとの日本の法的立場がその理由であった。

その結果、米国の対日防衛義務の明文化は、一九六〇年の安保改訂を待たなくてはならないことになるのであるが、米国の対日防衛義務に対応する日本の対米防衛義務が存在しないという安保条約の基本的片務性は、今日まで続いている。大多数の日本人は、憲法九条を前提とする限り、この片務性を当然のことと受け入れているが、これが日米同盟のあるべき姿か、ということになると、別問題である。

私は、「自国を守るのが個別的自衛権」「他国を守るのが集団的自衛権」という整理の仕方が、そもそも国連憲章の関連規定（五一条）の基礎にある集団防衛の概念に合致しないと考える。集団的自衛権という新しい概念が国連憲章に導入されたのは、当初憲章の起草者が、適法な武力行使を、伝統的な個別的自衛権と、国連の決定に基づく集団的安全保障措置に限定しようとしたのに対し、ラテンアメリカ諸国が、同地域の防衛のための相互援助を約したチャプルテペク協定（後に全米相互援助条約に発展）の正当性を主張したために、このような集団防衛を目的とする条約も、「集団的」な自衛権行使の法的枠組みとして憲章上認められるとしたものである。

こうした国連憲章の歴史に照らせば、集団的自衛権とは、「他国を守る」ためのものではなく、複数の国が共同して「自分たちを守る」ための権利であり、その本質は、あくまでも自衛であることが分かる。そうであれば、憲法九条が認める自衛権は個別的自衛権に限られるとする必然性はない。現に、一九五〇年末に対米交渉の準備に当たった外務省は、当初相互防衛形式の条約案を作成した経緯がある（下田武三『戦後日本外交の証言』上巻〔行政問題研究所出版局、一九八四年、九〇―九二頁〕）。

安保条約については、米国の対日防衛義務に対応して、日本が戦略的価値の高い基地を米国に提供することにより、双務性が確保されているという議論がある。しかし、対等な国家間の関係で、基地の提供に伴うコストやリスクが、有事の際に血を流す約束に見合うとする主張の説得力には疑問がある。国際関係の歴史を見ても、防衛義務の相互性がない条約は、宗主国と保護国のような従属関係にある国の間にしか例がない。その意味で日米安保条約は、あくまでも特異なケースなのである。

政府の憲法解釈が国際法と異なる第二の点は、自衛権と武力行使の関係である。正当に自衛権を行使しているA国に対し、同盟国Bが与える軍事的支援は、基地の提供、港や飛行場の使用許可、軍用機の領空通過といった武力行使に至らない態様のものであっても、国際法上は、集団的自衛権に基づく行動とされる。ところが、わが国の憲法では、同様な軍事的支援は、武力行使ではないとの理由から、自衛権とは無関係とされ、支援が武力行使を伴うか、他国の武力行使と一体化する場合に限り、集団的自衛権の行使とみなされ、違憲とされる。しかし、なぜこのような国際法とは異なる区別が憲法九条の合理的解釈であるのかは、決して自明ではない。

自衛権とは国際法の概念であるから、憲法上の自衛権の意味も、国際法に即して解釈されるべきであろう。そのうえで、その権利を、いかなる状況の下でどのように行使するかは、憲法ではなく政治が決定すべきものである。

〔⑦432号2007、12〕

第3章　外交三原則——理念と実体

『わが外交の近況』

私の手元に、外務省の外交史料館から借り出した一九五七年版の『わが外交の近況』という本がある。後年『外交青書』と呼ばれるようになる、外務省の国民向け年次報告の第一号である。その総説第二章「わが国外交の基調」の中に、「外交活動の三原則」と題して、次のような記述がある。

「わが国の国是が自由と正義に基く平和の確立と維持にあり、これがまたわが国外交の根本目標であることは今さら言うをまたない。

この根本目標にしたがい、今や世界の列国に伍するわが国は、その新らたな発言権をもって、世界平和確保のため積極的な努力を傾けようとするものであるが、このような外交活動の基調をなすものは、「国際連合中心」、「自由主義諸国との協調」および「アジアの一員としての立場の堅持」の三大原則である」

これが、今日でもよく引用される「外交三原則」であるが、この三原則が、戦後の日本外交を律する指針として、どのような役割を果たしたかを検証してみたい。

国連への加盟

『わが外交の近況』第一号が刊行されたのは、一九五七年九月であるが、日本はその前年、五六年一二月に念願の国連加盟を果たした。日本の国連加盟は、すでにサンフランシスコ平和条約の前文において、わが国の加盟意思と連合国がこれを歓迎する旨が明記され、政府は、平和条約発効直後の五二年六月に正式の加盟申請の手続きを行った。その後加盟実現までに四年半の年月を要したのは、ソ連が、日ソ間には依然戦争状態が存在する（平和条約が未締結である）ことを主な理由として日本の国連加盟に反対し、安全保障理事会で再三拒否権を行使したためである。しかし、五六年一〇月に、戦争状態の終結とソ連の日本国連加盟支持を規定した日ソ共同宣言が署名され、漸《ようや》くわが国の加盟実現の運びとなったのである。

日本代表団を率いて国連総会に臨んだ重光（葵）外務大臣（当時）は、憲法前文を引用しつつ、戦後の新生日本が掲げる平和主義と国連憲章の目的、原則との一致を強調して憲章の義務の遂行を約するとともに、次のように述べた。

「（前略）平和は分割を許されないのであって、日本は国際連合が、世界における平和政策の中心的推進力をなすべきものであると信ずるのであります。

わが国の今日の政治、経済、文化の実質は、過去一世紀にわたる欧米及びアジア両文明の融合の産物であって、日本はある意味において東西のかけ橋となり得るのであります。このような地位にある日本は、その大きな責任を充分自覚しておるのであります」

総会の傍聴席でこの重光演説を聞いた明石康氏（後に国連事務次長、また国連事務総長特別代表としてカンボジア和平で活躍）は、そのときの感動を、同演説が「戦後日本人の精神史をしっかりふまえて、大胆かつ率直に、国連に対処する日本の立場を訴えたためだったと思う」と述べている（明石康『国際連合――軌跡と展望』〔岩波新書、二〇〇六年、一九六頁〕）。

米国は、戦後同国が築いた国際秩序の中に日本をしっかりと組み込む政策の一環として、国連のみならず、主要な国際機構への日本の加入を積極的に支持した。そのお陰で、サンフランシスコ平和条約発効後間もない一九五二年八月には、わが国は世銀、ＩＭＦに加盟し、五五年には、ガットに加入して、自由主義の価値観に立った戦後の国際経済体制の一員となった。それでも国連加盟は、わが国が、敗戦という破局をもたらした国際的孤立から脱却して、名実ともに国際社会への復帰を果たしたことを意味する画期的な出来事であった。

憲法前文については英文和訳との批判も聞かれ、国民の価値観も多様化している今日、半世紀前の重光外相の演説を読むと、余りにもナイーブな理想主義ではないかと違和感を抱く向きもあろう。しかし、重光演説は、一九三三年の国際連盟脱退という、誤った孤立への道の選択を二度と繰り返すことなく、国際協調に徹するとの戦後の日本の決意の表明として、今でも変わらぬ意義を有している。

〔⑧433号2008、1・2〕

外交三原則の矛盾――国連中心主義

アメリカの知日派国際政治学者リチャード・サミュエルズは、日本の外交三原則は相互矛盾であると批判する（Richard J. Samuels, *Securing Japan*〔: *Tokyo's Grand Strategy and the Future of East Asia*,

Ithaca: Cornell University Press, 2007, pp. 198-199; リチャード・J・サミュエルズ／白石隆監訳／中西真雄美訳『日本防衛の大戦略』日本経済新聞出版社、二〇〇九年、二七九頁)。確かに、国連中心、自由主義諸国との協調、アジアの一員、という原則は、それぞれの優先度が不明であり、全体としての整合性にも欠けている。それにもかかわらず、この三原則が、最初に掲げられてから半世紀の今日においてもわが国の外交にとって一定の意味を有しているのは、これらの原則に共通している国際協調の理念によるものである。

そして、この理念の裏には、国際連盟脱退に象徴される独善的ナショナリズムが原動力となった戦前の「一国主義」的な外交(今でいうユニラテラリズム)に対する強い反省の念が存在する。機能不全に陥った二〇世紀前半の日本外交に対するこの反省こそが、戦後のわが国の外交の原点であり、その意味で、国際協調の理念に裏打ちされた外交三原則は、これまで有意義な役割を果たしてきたと言える。

しかしながら、この三原則が、現実の外交の場においては、内包されている矛盾のために、ともすれば実体から大きく乖離しがちになったことは否定できない。

まず国連中心主義について考えてみよう。この問題は、読者も記憶されているとおり、テロ特措法の延長をめぐる昨年(二〇〇七年)末の国会論議において、政府・与党と民主党との間で重要な争点になった。民主党の小沢(一郎)代表が自衛隊の海外派遣のためには国連決議が必要であると主張したのに対し、政府・与党は国連決議は必要条件ではないとしたためである。小沢代表の国連中心主義は、外交の理念というよりは、日本のいわば無原則な対米追随を防ぐ手段であるように思われる。他方、同代表の主張に賛同しない者から見ると(筆者もその一人であるが)、国連中心主義ではわが国の安全は守れない(常任理事国の拒否権が認められている国連の安保理事会が朝鮮半島や台湾海峡有事に効果的に対応できる保証がない)という懸念がある。そして、この懸念は、国連が本来的に抱えている理念と実体のギャップに由来しているのである。

国連は、言うまでもなく、第二次大戦の戦勝国のリーダーであった米国が、戦後の世界の国際秩序において、戦争の防止と平和の維持という中心的役割を担う国際機構として創造したものである。その根底には、伝統的な勢力均衡による平和維持システムに代わる、集団安全保障システムの構築という新しい理念が存在した。すなわち、不戦条約(一九二八年)で生まれた戦争(国策追求の一手段としての武力行使)の違法化という国際ルールを強化するために、自衛の場合を除いて武力を適法に行使する権利を国家から取り上げて、これを国連の安保理事会に集中することにしたのである。

この集団安全保障システムが、理念どおりに機能する(国際紛争を武力で解決しようとする不法者が出現した場合には、国際社会が結束して不法者に制裁を課する)ためには、当然のことながら、大国が一致して平和を守る側に立たなくてはならない。具体的には、安保理事会の五常任理事国の利害が一致したときにのみ、国連はその期待された役割を果たすことができるが、現実の世界では、そのようなことは稀にしか生じない。

私は、一九五四年に外務省に入省後、同年秋から二年間の研修のためにアメリカに留学した。その間、留学先の大学で国際政治のコースを取ったが、使用した教科書は当時いわゆる現実主義派の大御所的存在として知られていたハンス・モーゲンソー教授の大著 *Politics among Nations*〔: *The*

Struggle for Power and Peace（New York: McGraw-Hill, Inc., 1954）, 原彬久監訳『国際政治――権力と平和』上中下巻（岩波文庫、二〇一三年）〕であった。今でも覚えているが、期末試験の問題の一つが「国連が米ソ二超大国による世界統治の手段である、との命題について論ぜよ」というものであった。この命題は、まさにモーゲンソーの論点であり、米ソの合意があれば何事も可能であるが、そうでなければ国連は無力である、というのが冷戦下の国連の実体についての現実主義者の同教授の評価であった。

私がどのような答案を書いたか、記憶が定かでないが、いずれにしても、米ソ対立の世界の中で、日本の安全保障を国連に託すことはできないことは、当時の私の目にも明らかであった。他方、その後の半世紀の歴史を振り返ってみると、国際社会は、集団的安全保障システムに代わる、より優れた平和を守るための制度を見出せないでいることも事実である。

〔⑨434号2008、3〕

「自由主義諸国との協調」

敗戦国日本が国際社会に復帰する枠組みとなったサンフランシスコ体制（対日平和条約と日米安保条約）が、東西対立という第二次大戦後の国際政治構造の下で、日本を自由世界（西側）の一員として確保することを目的としたものである以上、「自由主義諸国との協調」という外交三原則の第二の柱は、一見議論の余地がない当然の指針のように見える。しかし、現実の日本外交においては、国連中心主義と同様に、この原則についても、理念と実体との間に大きな乖離が生じた。

乖離の第一の理由は、日本の国内政治である。一九五〇年代後半のポスト吉田時代のわが国の政権担当者は、(就任早々病に倒れて辞任した石橋湛山は別として)鳩山一郎も岸信介も、反共主義者ではあっても、自由主義者ではなかった。この二人の政治家は、もちろん国家主義者ではなかったが、対米依存色が濃い吉田路線には批判的なナショナリストであった。両者とも憲法改正と再軍備を主張し、外交では、米国に対して一定の距離を置く自主外交を唱え、その一環として、対米従属の象徴とされた安保条約の改訂を求めた。

鳩山内閣による安保改訂の試み(一九五五年の重光外相訪米時に申し入れ)は、当時のダレス国務長官によってにべもなく拒否され、改訂は漸く五年後に岸内閣の下で実現する。しかし、合意された新条約は、当初岸総理が望んだ双務的な相互防衛条約とは異なり、米国が引き続き一方的に対日防衛義務を負う片務的なものであった。

ここに認識しておく必要があるのは、戦後の日米関係の一つの節目になった安保改訂のダイナミズムを生み出したものは、対等な対米関係を追求しようとする日本のナショナリズムの台頭と、そのナショナリズムがもたらしかねない日本の中立志向を危惧した米国の警戒心であり、その実体は、およそ外交三原則の理念とは無縁なものであったという事実である。それにもかかわらず、本来自主外交論者であった岸総理が、安保改訂により、日米同盟強化に貢献した政治家と評価されるようになったのは、まことに皮肉と言わざるを得ない。

自由主義諸国との協調という外交理念が単なるスローガンと化した今一つの理由は、米国と並んで協調の相手となるべきヨーロッパ(具体的には西欧の自由民主主義諸国)の対日関心が限りなくゼロに近かったことである。一九五〇年代後半にヨーロッパが置かれていた状況を考えると、それも無理からぬことであった。

一九五五年に西独がＮＡＴＯに加盟、これに対抗するソ連は、同年東独をはじめとする東欧の衛星諸国を糾合してワルシャワ条約機構を組織し、鉄のカーテンによって東西に分断されたヨーロッパを主戦場とする冷戦が定着する。こうした状況の中で、完全には信頼しきれない米国の核の傘に頼りつつ、いかにしてソ連の脅威に対応していくかは、ヨーロッパにとって、まさに自らの死活にかかわる問題であった。

他方、この間ヨーロッパは、対立、抗争の歴史を背負ってきた独仏の和解を通じ、平和な欧州を築こうとする壮大な実験に着手する。すなわち、フランスのイニシアチブに西独が応え、一九五二年に誕生した欧州石炭鉄鋼共同体は、五八年には欧州経済共同体（ＥＥＣ）に生まれ変わる。今日の欧州連合（ＥＵ）の前身である。基幹産業の統合から始まり、最終的には超国家的な政治統合を目指す、創意と忍耐を要する大仕事の創成期であった。

さらに当時のヨーロッパが取り組まなくてはならなかった第三の課題は、民族自決の原則を受け入れ、植民地主義の遺産を清算することであった。戦前の国際関係は、法的には対等な主権国家同士の関係と、宗主国による植民地支配が併存する二重構造であった。一九三九年当時の世界の陸地面積も人口も、それぞれ約三〇％が植民地であり、アジア・アフリカの独立国は、日本を含め一七カ国に過ぎなかった。それが、戦後一九六〇年までの間に、同地域では四四カ国が新たに独立し、植民地の面積は世界の六％、人口は一％になったのである。植民地解体の過程には紆余曲折があり、その間多くの血が流された。しかし、七〇年代には、二重構造が解消され、世界規模の主権国家によって構成される国際社会が生まれた。
安全保障、和解と統合、植民地主義との決別という三大試練を乗り越えなくてはならないヨーロッパの視野に日本が入ってくる余地はなかった。
〔⑩435号2008、4〕

「アジアの一員」

一九五五年四月、インドネシアのバンドンで「アジア・アフリカ会議」が開かれた。後の非同盟諸国会議の前身である。バンドン会議の通称で呼ばれたこの会合に参加した二九カ国の大多数は、戦後独立した新興諸国であったが、わが国も、高碕達之助経済審議庁長官（当時）以下の代表団を送った。日本にとっては、国際社会復帰後初めてのハイレベルの国際会議であり（一三カ国から大統領、首相が出席）、しかも舞台がアジアということで、戦後外交の重要な試金石と見られた。

会議で主役を演じたのは、主催国インドネシアのスカルノ大統領、インドのネール首相、エジプトの〔ガマル・アブデル・〕ナセル大統領といった新興国の大物リーダーであり、これに中国の周恩来首相が加わって、反帝国主義、反植民地主義、非同盟の旗印を掲げ、急進的ナショナリズムの色が濃い「平和五原則」の採択を迫った。こうした状況の中でわが国は、同様に米国と同盟関係にあるフィリピン等の諸国や、セイロン（現スリランカ）のように比較的穏健な立場をとる国と協力しながら急進派との妥協点を探ることに努め、最終的に、国連憲章への言及によって「平和五原則」のイデオロギー色を中和した「バンドン一〇原則」の発出に漕ぎ着けたのである。

この間の日本代表団の努力について、当時外務省の条約局長の職にあった下田武三元駐米大使は、回想録『戦後日本外交の証言』上巻の中で、次のように述べている。

「日本がこのようにバンドン会議の最終段階で、左右二つに分かれた国家群の調停役を成功裡に果たし得たことは、戦後におけるアジア外交の成果として高く評価されてよいと思う」

さらに同元大使は、バンドン会議の経験と翌五六年の国連加盟から生まれた外交当局の自信が外交三原則の宣明につながった、と振り返っている〔二〇二―二〇三頁〕。

バンドン会議が反欧米の急進的ナショナリズム一色に染まるようなことになれば、わが国としては、会議に参加した意義を問われる事態になりかねない。したがって、曲がりなりにも「バンドン一〇原則」の取りまとめに貢献した日本の外交努力は、それなりの評価に値しよう。しかし、このような限定的な成果が下田元大使が述べているように、戦後の本格的な「アジア外交」に結び付いたとするのは、「アジア外交」という概念自体が内包する矛盾を考慮しない結論のように思われる。

外交三原則は、本来日本外交の座標軸を規定しようとしたものである。国連中心主義も自由主義諸国との協調も、すでに考察したとおり、理念と実体との間に乖離が生じたが、少なくとも、理念としての国際協調の方向性ははっきりしていた。しかし、三原則の第三の柱である「アジアの一員としての立場」は、概念自体が曖昧なために、座標軸が決まらないという根本問題を抱えていた。

そもそも「アジア」とは、地理的概念である。地理的範囲以外の意味での「アジア」は、政治、経済、社会、文化、いずれの視点から見ても、余りにも多様で、一定の特性で括ることはできない。よく使われる「アジア的価値」という概念も、その中身は判然としない。それでも、二〇世紀前半の国際政治では、「アジア」は、民族自決、植民地支配からの解放、人種差別撤廃といった変革を求めて欧米に対抗する勢力という実体があった。

しかし、第二次大戦を経て二〇世紀後半に入ると、それまで「アジア」を規定していた反欧米ナショナリズムの政治的座標軸は、「アジア」が求めていた変革を欧米が受け入れるようになるのに伴い、急速に時代遅れのものになった。また冷戦がグローバルに拡大するにつれて、「アジア」は東西に分裂し、そのいずれに属することも拒否しようとした非同盟諸国も、数こそ多かったが、説得力がある理念を提示できず、その存在理由を確立し得ずに終わった。アジア・アフリカ会議が、結局同床異夢のまま、結集力を発揮できなかったのは、まさにこのためであった。

他方日本は、この間すでに、アジアにおいて唯一自由民主主義にコミットした先進工業国への道を歩み始めていた。そのような独自の存在になりつつある日本が「アジアの一員」と唱えても、日本がアイデンティティを共有できる「アジア」は実在しなかった。実はこのジレンマは今日に至っても解消されておらず、日本外交にとって、答えが見つかっていない課題なのである。

〔⑪436号2008、5〕

第4章　敗戦国の外交――三本柱

「後ろ向き」外交からの卒業

今月〔二〇〇八年六月〕から、戦後初期の日本外交を「敗戦国」の外交という視点から振り返ってみたい。

そもそも、戦後再出発をした日本が、敗戦国という不名誉な立場を卒業し、いわば「普通の国」として国際社会に受け入れられるようになったのは、いつ頃のことであったのだろうか。敗戦国という立場は、平和条約の締結（戦勝国による占領の終結）で解消するわけではない。世界規模の戦争に敗れたことによって背負うことになった政治的、経済的、さらには道義的な負の遺産は、簡単には清算できない。そしてその間、敗戦国は、戦争の後始末という「後ろ向き」の外交に精力を使わなくてはならないことになる。

「敗戦」を、政府も国民も強く意識せざるを得なかった時期という意味で、「戦後」という語に置き換えてみると、一九六五年に当時の佐藤栄作総理が「沖縄の祖国復帰が実現しない限り、わが国にとって「戦後」が終っていない」と宣言し、自身の政治生命を賭して対米交渉に当たった沖縄返還が実現したのが、七年後の一九七二年であった。さらに同年に、最大の戦後処理案件とも言える日中国交正常化も達成された。

このように、「後ろ向き」外交が取り組まなくてはならない主要案件がほぼ片づき、本来あるべき「前向き」の外交に力を入れることが可能になったという意味で一九七二年は、日本国民の心理の面でも、一つの重要な区切りになった年と言える。三年後の七五年には、フランスのランブイエで開催された第一回主要国首脳会議（サミット）に日本も招かれ、世界の主要な先進民主主義国の一員として認知されたことも考えると、七〇年代前半には、日本は「敗戦国」を卒業した、と考えても差し支えないように思える。

一九六四年という年

しかし、筆者は、戦後史の時計の針をもう一〇年程逆に戻し、一九六四年という年に注目したい。同年は、東京オリンピックが開催された年であり、また、日本が経済協力開発機構（ＯＥＣＤ）に加盟した年でもある。

今年（二〇〇八年）の中国の例を見るまでもなく、先進国に追いつくことを目指す新興国にとって、オリンピックとナショナリズムは切っても切れない関係にある。世界最大のスポーツの祭典であるオリンピックを開催できるということは、（主催者が国ではなく、都市であるとは言っても）その国の経済力ばかりではなく、政治の安定度や社会の成熟度が国際的水準に達していることの証《あかし》と広く認められる。そしてそのことが、国民の愛国心を刺激し、オリンピックを国威発揚の絶好の機会と捉えるのである。その意味で、オリンピックを最大限に利用しようとしたのは、一九三六年のベルリン・オリンピックを主催したナチス・ドイツであろう。

一九六四年の日本では、もちろん戦前のナチス・ドイツや軍国主義の日本のように、国が意図的にナショナリズムを煽ることはなかった。しかし、当時の日本人の多くが体験した、戦後の復興を遂げ、さらに欧米先進国に追いつくための国民的努力が漸く実を結んだという達成感が生んだ誇りとも言える自然発生的な愛国心(ナショナリズム)は、まさにオリンピックの産物であった。

敗戦の屈辱感から日本国民を解放した東京オリンピックは、岸内閣退陣(一九六〇年)の後を受けて政権の座に就いた池田勇人総理が掲げた所得倍増計画の下での高度経済成長の実績に支えられて成功した。そして、この「日本の奇蹟」と呼ばれた経済成長の実績と池田総理自らの精力的な外交努力に加え、米国の強力な後押しがあって、オリンピック開催の半年前に、先進二〇カ国(西欧一八カ国+米国とカナダ)の経済政策調整の場であるＯＥＣＤへの日本の加盟が実現した。ＯＥＣＤは、別名「先進国のクラブ」とも呼ばれるが、その実体は、市場原理と民主主義を共有する世界経済のいわばエリート集団であり、そのような集まりに参加するようになったということは、日本が、もはや敗戦国とはみなされず、名実ともに西側先進国の一員という地位を得たことを意味した。

日本のＯＥＣＤ加盟は、奇しくもサンフランシスコ平和条約発効からちょうど一二年になる六四年四月二八日であったが、その間の日本外交は、まさしく吉田ドクトリンの実践編と言える。その具体的中身は、戦争の後始末である戦後処理案件への取り組み、経済発展のために死活的重要性を有する市場獲得のための経済外交、そして安保条約を中核とする対米関係の調整の三本柱であった。

〔⑫４３７号２００８、６〕

「二つの中国」

国際社会とは、矛盾を内包した世界である。一方では、国連の「一国一票」制度に見られるように、法的には平等な主権国家の集団であるが、他方では、この主権国家間には、歴然とした国力（影響力）の差がある。そのような実体を反映し、国際社会の構成員である国家間の関係を規律する秩序（ルールと、その実施を担保する制度）は、「大国」と呼ばれる国力が大きい国、または国の集団が構築し、その維持に当たる。これは、大国の特権であるが、国際的な責任でもある。中小国は、大国が築いた国際秩序を所与のものとして受け入れ、その枠の中で、自らの利益を最大限に確保しようとする。

敗戦国の場合には、なおさらである。敗戦国は、戦勝国主導の国際秩序の下で、最善を尽くすよりない。吉田総理が、戦後日本の生き方について、「良き敗者たれ」と言ったのは、その意味である。他方、戦勝国は、一方的に自らに有利な秩序を作ろうとすべきではない。第一次大戦の戦勝国が築いたベルサイユ体制が、まさにそのような一方的性格のものであったために、これに反発するナチス・ドイツの台頭、そして第二次大戦の破局を招いた。第二次大戦の戦勝国のリーダー米国は、その反省に立って、敗戦国のドイツ（西独）、日本にとって寛大な秩序作りを心懸けた。二〇世紀後半に「パックス・アメリカーナ」が長続きしたのは、このためである。

そうは言っても、日本が受け入れた国際秩序、すなわちサンフランシスコ体制は、必ずしも好都合なことばかりではなかった。前号（第四三七号）の本コラムで述べたように、敗戦国の外交と性格づけられる戦後初期（一九六〇年代前半までの約一〇年間）の日本外交は、戦争の後始末を意味する戦後処理、市場確保のための経済外交、安保体制をめぐる対米関係の三本柱で成り立っていたが、吉田総理は、そのうちの戦後処理に関連して、ダレス特使との平和交渉で、難しい選択を迫られた。

問題の発端は、国民党政府（国府）との内戦に勝利した中国共産党が、一九四九年一〇月に中華人民共和国の樹立を宣言、他方、敗れた国府は台湾に逃れ、中華民国の国名を維持、双方ともに中国を代表する正統政府の立場を譲らず、その結果、事実上「二つの中国」が生まれたことにある。サンフランシスコ講和会議にいずれの中国を招くべきかについて、国府を強く支持する米国と、いち早く北京を承認していた英国との間で話し合いの結果、中国は講和会議には不参加、いずれの中国と平和条約を結ぶかは日本の選択に任せる、との妥協が成立した。しかし、冷戦のアジアへの拡大は、日本の自由な選択を許さなかった。

吉田総理の本意は、この選択を先送りすることであった。朝鮮戦争のただ中という当時の国際情勢の下で、日本が北京と平和条約を結ぶことは、明らかに非現実的であった。他方、同総理は、日本が台湾の国府にコミットすることによって、大陸との関係を長期に封印してしまうのは望ましくないと考えていた。しかし、選択の先送りには、決定的な障害が存在した。米国の反対である。米国は、日本に選択を任せれば、経済的利益を優先して北京を選び、中立志向になる（これは、サンフランシスコ体制の崩壊につながる）ことを強く警戒したのである。こうした米国の固い姿勢に直面した同総理は、選択の先送りを断念し、五一年末に、中華民国政府との国交回復を約束したダレス特使宛の書簡を発出した。いわゆる「吉田書簡」である。

このような経緯を経て五二年八月に締結された日華平和条約は、別途の交換公文において、その適用範囲が中華民国政府が支配する領域に限定される旨が規定された。この規定は、日本側の強い主張によるものであったが、これにより「中国大陸との関係は白紙」とすることは、戦争状態の終結や賠償の放棄といった、国全体の行為にかかわる性質の問題については法的に無理な面があり、北京が容認できるものでもなかった。

吉田総理の台湾選択の決断は、日本の大陸との関係正常化を二〇年遅らせる結果となった。しかし、その間に中華人民共和国が体験した「大躍進」や文化大革命といった大混乱を考えると、米国の要求に応じることによって日本が支払った「失われた二〇年」の代償は、大きなものではなかった。また、この間に育った台湾との友好関係は、日本の重要な資産であることも忘れてはならない。

〔⑬438号2008、7・8〕

戦後賠償

サンフランシスコ平和条約は、敗戦国日本が国際社会に復帰するための基本的枠組みという役割を果たしたが、戦争の結果日本が背負うことになった負の遺産は、当然のことながら、同条約によってすべて清算されたわけではない。

まず日本が取り組まなくてはならなかった戦後処理の問題は、戦勝国（連合国）から独立した東南アジア諸国（具体的には、ビルマ（現ミャンマー）、インドネシア、フィリピン、ベトナムの四国）の賠償の要求に対処することであった。平和条約第一四条は、「現在の領域が日本国軍隊によって占領され、且つ、日本国によって損害を与えられた連合国が希望するときは」、日本がすみやかに当該国と賠償交渉を開始すべきことを定めていた。前記の四国は、この規定を根拠に、戦争終結、国交樹立の前提条件として、太平洋戦争中の被害に対する日本の賠償を求めたのである。

賠償交渉は、とくに金額をめぐり難航する局面があったが、一九五四年にビルマ(二億ドル、六三年に追加無償援助一・四億ドル)、五六年にフィリピン(五・五億ドル)、五八年にインドネシア(二億二三〇〇万ドル)、五九年には南ベトナム(三九〇〇万ドル)と、それぞれ合意に達した。未だ復興途次の貧しい当時(五〇年代)の日本にとっては、総額一〇億ドルを超える賠償は、決して小さい負担ではなかった。それでも、支払いが完了した一九七六年の時点で振り返って見ると、日本はすでに一二年前にOECDのメンバーとして先進工業国の仲間入りを果たしており、また、政府開発援助(ODA)の年間供与額も一〇億ドルを上回るようになっていたから、賠償の経済的負担は重いとは言えないものであった。

ところで、日本はなぜこれらの国に対して賠償を払わなくてはならなかったのだろうか。政府は、戦後長い間、その理由を国民に説明してこなかった。その結果、大多数の国民は、単純に、日本は戦争に負けたから賠償を払わざるを得ないが、賠償が済めば戦争の後始末が片づく、と考えたと思われる。しかし、日本にとって、戦争が残した負の遺産の清算はそのような簡単な問題ではないところに、敗戦国の外交の難しさがあった。

賠償は、法的には、敗者が勝者に与えた戦争損害を補償するためのものである。そして、両者がその内容に合意した後は、勝者が新たな請求を提起することは認められない。そうしなければ、両者の関係は、いつまでも過去の戦争の結果生じた問題の処理に追われ、安定しないからである。しかし、戦争の犠牲になった個人や民族の記憶に残された傷が、このような取り決めによって癒される保証はない（九〇年代に表面化した慰安婦問題は、その端的な例である）。

戦後処理の一環としての賠償が持つ、こうした一般的性格に加え、日本が東南アジア諸国に支払った賠償には、今一つの重要な政治的目的があった。それは、日本とこの地域との間に、相互信頼に基づく平和で発展的な関係を構築するきっかけを作ることであった。

東南アジアと日本との経済関係は、賠償（その実体は日本の生産物とサービス）が呼び水になって生まれたモノ、カネ、技術（貿易、投資、ＯＤＡ）の流れによって年々緊密化し、また、こうした流れが同地域の成長と発展に大きく貢献したことは間違いない。しかし、一九七四年一月に行われた田中角栄総理の東南アジア訪問に際し、タイとインドネシアで発生した大規模な反日デモは、経済的成果が、日本が欲した相互信頼に結び付いていないことを明確に示した。

反日デモの直接の原因は、巨大化する日本の経済的プレゼンスであったとされるが、その背景には、太平洋戦争中の日本の軍事的支配の記憶が生んだ警戒心（軍事力に代わる経済力による日本の支配の再現に対する恐怖）が存在したことは否定できない。戦後三〇年近い年月が経っても、なおこのような根強い対日不信感が残っていることを知って、多くの善意の日本人は大きな衝撃を受けた。しかし、それは、東南アジアの人々が日本軍国主義の被害者であることを日本人が認識していなかったことによるショックであった。太平洋戦争において、日本は加害者であり、被害者ではなかった（だからこそ、賠償を払わなくてはならなかった）事実を率直に受け止めなかったために、「日本は過去ときちんと向き合っていない」との国際的批判を受けることになった。〔⑭439号2008、9〕

日韓交渉を超えて

東南アジア諸国に対する賠償と並んで戦後処理の主要案件となったのは、日本の植民地支配から独立した韓国との国交樹立と、サンフランシスコ平和条約を拒否したソ連との戦争の法的終結、関係正常化であった。

日韓交渉は、一九六五年一二月に関連の条約、協定の批准手続が完了するまで、実に一四年余りを要し、実質的進展が見られるようになった六〇年代に入ってからも、四年越しのマラソン交渉になった。このように交渉が長期化した一つの理由は、請求権、漁業、日韓併合条約の合法性等の争点をめぐり利害の対立が深刻であったことにある。また、六一年に朴正熙将軍の軍事政権が誕生するまで韓国の国内政治が安定せず、そのために、対日交渉に本気で取り組めないという韓国側の事情もあった。しかし、交渉が難航した最大の理由は、明治政府が韓国を保護国化した一九〇五年から四〇年に及んだ支配者と被支配者の関係が生んだ日韓両国民の心の中の相互不信の壁であった。

この壁を乗り越えようとしたのが、六五年二月に訪韓した椎名（悦三郎）外務大臣がソウルの金浦空港で読み上げた一文である。「両国間の長い歴史の中に不幸な期間があったことはまことに遺憾な次第でありまして、深く反省するものであります」との同大臣の発言は、韓国民の激しい反日ナショナリズムを和らげ、交渉を妥結に導く転機になったと言われる。椎名発言は、当時の日本の外務大臣としては思い切った内容であり、そうであったからこそ、韓国内でそれなりのインパクトがあり、不人気な日本との妥協を受け入れるという朴政権の決断を可能にしたのであろう。

しかし、国交樹立によっても、両国民の心の中に残った不信の壁が消えることはなかった。椎名発言から三三年経った九八年一〇月、金大中大統領の訪日時に両国首脳が署名した日韓共同宣言において、小渕〔恵三〕総理は、「わが国が過去の一時期、韓国国民に対し、植民地支配により多大の損害と苦痛を与えたという歴史的事実を謙虚に受け止め、これに対し痛切な反省と心からのお詫び」を表明した。これは、韓国に対し、日本の総理大臣が初めて植民地支配の負の遺産に正面から向き合う姿勢を示した公式の声明であり、金大中大統領は、小渕総理の歴史認識の表明を「真摯に受け止め、これを評価」すると応じた。「近くて遠い国」同士が、近い国同士に相応しい関係を築く展望が開けたと言える。

日ソ共同宣言の教訓

冷戦に一時の「雪解け」をもたらした〔ニキータ・S・〕フルシチョフの平和共存路線と、吉田ドクトリンに批判的な鳩山政権の「自主外交」の思惑が一致して、一九五五年六月に始まった日ソ国交正常化交渉は、翌五六年一〇月に日ソ共同宣言が調印（批准は一二月）されて終結した。この交渉は、残念ながら、戦後の日本外交の歴史の中では成功したケースとは言い難い。

交渉のゴールである平和条約の締結のために解決されなくてはならない争点は、日米安保の問題と領土問題（北方四島に対する日本の主権回復）であった。前者については、交渉の早い段階で、ソ連が、日本の軍事同盟参加の禁止等安保条約と両立しない要求を取り下げたので、当初わが方が最も警戒していた日本の中立化（サンフランシスコ体制からの離脱）の条件にソ連が固執しないことが明らかになった。

他方、後者の領土問題については、ソ連は、歯舞、色丹の二島返還以上は最後まで譲ろうとしなかった。さらに米国政府が、サンフランシスコ平和条約では最終的帰属が未定とされた南樺太と千島に対するソ連の領有権を認める形となる日ソ間の国境画定合意に反対したことも、日本政府の手を縛ることになった。また、国連加盟、千名を超す抑留者の帰還、北洋漁業の再開といった当面の重要懸案でソ連に事実上の拒否権を握られていたことも、日本の立場を弱くした。しかし、致命的であったのは、日本がサンフランシスコ平和条約で放棄した「千島列島」の範囲についての政府の立場が当初から一貫していなかったことに加え、交渉方針も国内の政治抗争の影響を受けて迷走したことである。そのために平和条約締結は先送りして国交を回復することが残された唯一の現実的な選択肢となってしまったのである。

「外交交渉は政府、外務省、与党、そして世論が一本となって当たらなければ、十分の成果を挙げることができない」とは、当時外務省の条約局長として交渉の裏方を支えた下田元大使が日ソ交渉の「貴重な教訓」として残した言葉である（『戦後日本外交の証言』上巻〔一五二頁〕）。

〔⑮440号2008、10〕

経済外交の条件

今月〔二〇〇八年一一月〕は、敗戦国日本の経済外交を取り上げたい。

吉田ドクトリンの第一優先順位は日本の経済復興であり、軽武装も日米安保も、そのための手段といっても過言ではなかった。敗戦によって植民地と準植民地とも言うべき満州を失い、国内に資源らしい資源を持たない日本の復興のエンジンの役割は、貿易が担わなくてはならなかった。そして、このエンジンが円滑に稼働するためには、資源の供給先と製品の輸出市場へのアクセスの確保が不可欠であるから、経済外交が戦後日本の外交努力の重要な柱になったのは、当然のことであった。筆者が外務省に入省後、米国での研修留学と最初の海外勤務(ブラジルのサンパウロ総領事館)を終えて帰国したのは一九五九年であったが、当時の同省の主流は経済局とされ、同局は若手事務官の登竜門と言われたものである。

経済外交が見事な成果を上げたことは、五〇年代の日本の復興と、その後の世界から奇蹟と呼ばれた目覚ましい発展が証明しているが、その過程で、いくつかの外的要因に助けられたことを忘れてはならない。その第一は、米国の対日政策である。日本の軍事的脅威の復活を防ぐことに主眼があった占領当初の米国の政策は、冷戦が深刻化するにつれて一八〇度転換し、日本の潜在的経済力を西側の戦略的資産に生かしていこうと考えるようになった。そのために米国は、日本と寛大な平和条約を結び、その後も貿易、投資、技術移転等さまざまな面で日本の復興、発展を支援した。中でも一九五三年に締結された日米友好通商航海条約は、世界最大のマーケットを日本製品に開放することにより、日本経済に計り知れない利益をもたらした。

日本の復興を後押しした第二の要因は、戦後米国が築いたリベラルな国際経済秩序である。ブレトンウッズ体制と呼ばれるＩＭＦ、世界銀行の二本柱の国際金融システムと、ガットに基づく自由貿易体制は、戦後長きにわたり、歴史上例がない世界経済の成長と繁栄をもたらしたが、日本は、この両体制の最大といってもよい受益者になった。

第三の外的要因は、いわゆる朝鮮戦争特需である。戦争中に米軍が日本国内で行った物資、役務の調達は、当時の日本の年間外貨収入の四〇％近くに達し、経済成長を制約していた国際収支の天井を押し上げるとともに、内需に対する強力な刺激剤になった。

このような日本にとって好ましい国際環境の中で進められた経済外交の重点は、二国間では、通商条約、通商協定の締結による重要な貿易相手国の市場へのアクセスの確保、多国間では、ガット加盟、さらに加盟後のガットの場での対日差別の撤廃に置かれた。日本のガット加盟は一九五五年に実現したが、その前後の道のりは、米国の後押しにもかかわらず、決して平坦なものではなかった。

ガットの基本原則は自由、無差別であり、具体的には、関税交渉で引き下げを約束したガット税率を、最恵国待遇のルールに基づき、全加盟国に適用することによって、貿易の自由化を進めて行こうとするものである。ところが、英、仏等の西欧諸国は、日本を西側の一員として迎え入れるという米国の戦略的思考を共有せず、むしろわが国を旧敵国視する傾向が強かったから、日本のガット加盟には消極的で、加盟後も、日本からの輸入急増を警戒して、ガット税率の対日適用を拒否した。これがガット三五条援用問題であり、政府は、この三五条援用撤回の実現のために、明治時代の不平等条約撤廃交渉の歴史を想起させるような、多大な外交努力を強いられた。

そして、この問題の解決には、一方では対日輸入の増加に対する西欧側の懸念を和らげるための輸出自主規制等の現実的手当とともに、他方では、首脳外交の力が必要であった。一九六二年一一月、当時の池田総理は西欧主要国を歴訪し、各国首脳に対し、ガットの原則に合致しない対日差別の撤廃の正当性を直接訴えると同時に、もはや敗戦国ではない西側先進国の一員としての日本のOECD加盟を支持することを求めたのである。このような池田総理自身の努力に対し、フランスの〔シャルル・〕ド・ゴール大統領が「トランジスター・ラジオのセールスマン」と評したと伝えられたが、同総理の訪欧から二年の間に、西欧諸国の三五条援用撤回と日本のOECD加盟がいずれも実現した。池田総理は、日本の偉大なセールスマンであった。〔⑯441号2008、11〕

国民の無理解を招いたもの

対日平和条約は、日本の知識層の間では、「全面講和か多数講和か」の大論争を引き起こしたが、一般国民の目から見ると、日本が六年半に及んだ占領から解放されて独立を回復し、国際社会に復帰できるというのであれば、多数講和は大いに歓迎すべきものであった。それに対して、戦後日本の国際的な座標軸を規定したサンフランシスコ体制のもう一方の柱である日米安保条約についての国民の受け止め方は概して否定的であった。（もっとも、このような当時の世論を裏付けるデータは見当たらない。）

吉田総理にとっては、冷戦のアジアへの拡大という厳しい国際環境の中で日本の政治的独立と安全を守って行こうとすれば、米国の強大な軍事力の傘の下に入るのが合理的な選択であることは自明であった。しかし、国民の多くは、そのような同総理の現実的な見方を共有しなかった。同総理が、サンフランシスコで平和条約をともに署名した他の五人の全権委員を伴わず、唯一人、郊外の米軍基地に赴いて安保条約に署名したのは、国益のために、世論の支持がない条約を結ぶ責任を負うのは総理大臣だけでよい、と考えたからであると言われる。

東西対立の下で、世論が中立を志向した最大の理由は、言うまでもなく、数百万の国民の命を奪い、国土を焦土と化した戦争の体験である。この体験が、「二度と戦争に巻き込まれたくない」という強い国民感情を生んだのは、きわめて自然なことである。さらに、長期にわたった占領は、日本人の視野を外の世界から遮断し、国際情勢の激変が日本の安全にどのような深刻な影響を及ぼしているかについての理解を妨げた。朝鮮戦争でさえも、多くの国民にとっては、特需景気をもたらした対岸の火事に過ぎなかった。そのために、東西いずれの陣営にも属さずに中立を守るのが、日本が戦争に巻き込まれないための最善の策であると思われたのである。

このような、わが国が置かれた国際的な立場（中立は現実的な選択肢か）と、それと両立する安全保障政策（誰に日本を守ってもらうべきか）についての国民の無理解は、振り返ってみると、吉田総理と外務省の説明不足に起因している面があったように思われる。すなわち、同総理は、平和条約については、その内容が公正で寛大であること、また、多数講和以外に選択の余地がないことを繰り返し説いて、国民の理解を得ることに努めたが、安保条約については、同総理も外務省も、そうした努力をほとんどしなかった。

そのようなことになった一つの理由は、時間的制約である。安保条約に関する日米交渉が妥結したのは、サンフランシスコ講和会議の直前（八月一八日）であった。さらに、米軍の駐留条件を定める取り決め（行政協定）に至っては、安保条約の国会承認が得られた後、年が明けた一九五二年二月に調印され、国会審議は行われないままに、四月に同条約とともに発効した。（行政協定については国会承認は不要、というのが政府の解釈であった。）これでは国民は、安保条約について、事前にまともな判断ができる情報を入手する機会を与えられなかったと言われても仕方がない。

吉田総理から安保条約の対米交渉を任されていた外務省の事務当局は、同条約ができるだけ対米従属性が薄く、そして、国民の理解が得られやすいものとなるように努力した。具体的には、(1)同条約が国連の集団安全保障体制に基づくものであること、(2)同条約がもっぱら日本防衛のための日米共同防衛条約であること、そして(3)米軍の駐留が事実上占領の継続という形になるのを避けるために、基地の提供は日米間の新規の合意によること、を同条約の中で確保しようとした。しかし、米国は、冷戦下では機能しない国連と安保条約を結びつけることを嫌い、再軍備（自衛のための自助努力）に抵抗する日本に対して防衛義務を負うことを拒否し、基地についても、事実上の継続使用を譲らなかった。さらに同条約は、日本防衛以外にも、極東の平和と安全への寄与（いわゆる極東条項）という、地域的安全保障システムの機能を併せ持つことになる。

こうして安保条約は、外務省にとっては、苦い後味が残るものとなった。しかし、平和条約の早期締結と再軍備の先送りを重視した吉田総理は、安保条約の中味については、ある程度の対米譲歩はやむなしと割り切っていた。

〔⑰442号2008、12〕

第5章　安保改訂——日米同盟の始まり

ナショナリズムの力

敗戦国の外交の三番目の柱は、戦後日本の再生を助けた米国との関係の強化であった。そして、そのための外交努力の終着点が、安保条約の改訂であったことは言うまでもない。

米国は、「封じ込め」政策のアジアへの適用という戦略的考慮に加え、同国独自の理想主義的視点から、敗戦国日本を、軍事のみならず、政治、経済、文化に至るまでの広い分野で支援し、他方日本は、「良き敗者たれ」との吉田総理の教えを忠実に守り、こうした米国の支援を積極的に受け入れた。その結果日本は、米国の傘の下で平和を享受し、復興を成し遂げ、繁栄への道を進むことができたのである。

「良き敗者」として振る舞うことは、さして難しいことではなかった。誰の目から見ても、アメリカは巨大で、限りなく豊かであり、そのような国に戦いを挑んだ日本の愚かさは余りにも明らかであった。戦前、戦中の国家主義、軍国主義に馴染んでいた日本人にとって、戦後の価値観の転換は大きな衝撃であったが、それでも、占領が残した自由と民主主義は、守るに値する良き遺産と考えられた。

しかし、このように日本に大きな利益をもたらした戦後の米国との関係にも、一つだけ大きな問題があった。超大国の圧倒的な影響力の中に自国のアイデンティティが埋没しないように、国の自主、独立を守ろうとする国民感情、すなわちナショナリズムの力である。こうしたナショナリズムは、アメリカの隣国であるために、その影響力に常時さらされているカナダやメキシコに典型的に見られるが、わが国の場合には、このような対米感情は、敗戦によって強いられた長期の占領の体験と、国の安全を全面的に米国に依存せざるを得なくなった冷戦下の特殊な状況が生んだものである。その結果、戦後の米国との関係は、国民の高い対米好感度にもかかわらず、「一方的な依存からの脱却、対等な関係の追求」というナショナリズムの圧力を絶えず受けることになる。そして、この圧力をいかに上手に制御していくかが、日本外交に課せられた重要かつ恒常的な課題になった。

吉田総理が不人気を覚悟で調印した安保条約は、確かに、同盟国同士の防衛条約というよりは、戦勝国の戦略の一環という色彩が濃いものであった。何よりも日本国民のナショナリズムを刺激したのは、同条約により、占領の継続というイメージが強い、大規模な米軍の駐留が認められたことである。

第二次大戦以前は、植民地における宗主国の軍隊の駐留を別にすれば、平時に一国の軍隊が海外に常駐するということはなかった。独立国の国内に外国の軍隊が長期にわたって平時に駐留するというのは、冷戦の産物である。米国は、西ヨーロッパ防衛の大黒柱であるNATOを支えるために、西独をはじめ同地域に、四〇年間にわたり三〇万以上の軍隊を配備した。また、東アジア（主として日本、韓国）においては、朝鮮戦争終結後も、一五万を超える米軍が常駐した。他方、ソ連は、ワルシャワ条約機構に基づき、東独を中心とする東欧の衛星諸国に五〇万以上の軍隊を配備し、アジアにおいても、モンゴルにソ連軍が常駐した。

外国軍隊が駐留することになると、受け入れ国との間に様々な問題が発生する。すなわち、軍隊は国家機関であるから、外国の私人と異なり、派遣先の国の法令の適用を自動的に受けるというわけにはいかない。しかも軍隊は、有事には武力を行使することが想定される特殊な組織であることも考慮される必要がある。ところが、平時駐留の歴史が浅いことから、駐留軍隊とその構成員の受け入れ国での行動を規律する国際法規が確立していなかったために、米国は、受け入れ国との間で個別に協定を結び、受け入れ国内で米軍が享受できる特権の範囲とその具体的内容について合意しなくてはならなかった。これがいわゆる地位協定(正式には軍隊の地位に関する協定)である。

〔⑱443号2009、1・2〕

二つの事件

一九五〇年代後半のポスト吉田時代に政権を担った鳩山、岸二人の政治家は、その対照的な経歴にもかかわらず、ナショナリストという点では、政治信条を共有していた。そして両者とも、対米依存を必要やむを得ないものと割り切っていた吉田総理と異なり、安保条約に抵抗感を抱く国民感情に共鳴し、より対等な対米関係に向けての安保改訂、更に将来の目標としては、米軍の日本からの全面撤退(それを実現するための本格的再軍備を可能にする憲法改正)を目指した。

こうした政治的背景の下で、吉田政権の退陣(五四年一二月)を契機に、安保改訂のための日本政府の外交努力が始まる。その最初の動きが、鳩山内閣の下での重光外務大臣の訪米(五五年八月)に際して行われた条約改訂の申し入れである。この申し入れ自体は、ダレス国務長官によってにべもなく拒否され、外交努力は頓挫する。それでも、外相会談後に発表された共同声明では、将来条件が整えば、「現行の安全保障条約をより相互性の強い条約に置き換えることを適当とすべき」旨が明記され、辛うじて条約改訂の足掛かりが得られた。しかし、日本が望む対等性と米国が求める相互性とは同義ではないことについて、当時の日本側が十分認識していたとは言えない。この問題は改めて考察することにして、今号〔四四四号〕では、日米関係に大きな衝撃を与え、条約改訂交渉にも少なからぬ影響を及ぼした二つの出来事に触れたい。

五四年三月、太平洋のマーシャル群島沖合の海域で操業中のまぐろ漁船第五福竜丸は、同群島のビキニ環礁で米国が実施した水爆実験によって生じた大量の放射能に警告水域外で被曝し、それが原因で、乗組員の一人が半年後に死亡した。この第五福竜丸事件は、事後処理〔被害の調査、謝罪、補償等〕をめぐって日米間に相互不信と緊張を生んだ。しかし、日米関係にとって何よりも深刻だったのは、この事件が、日本国民の心の奥底に刻み込まれていた広島、長崎の原爆体験の記憶を鮮明に蘇らせたことである。この年のメーデーの集会には、原水爆実験に抗議して一五〇万人が参加した。また、原水爆禁止署名運動は、二〇〇〇万人以上の署名を集めた。アメリカの核の傘に恐怖感を抱き、核兵器の持ち込みを拒否する世論の声は、その後の安保改訂交渉に厳しい制約を課すことになる。

第二の象徴的出来事は、五七年一月に起きた相馬ヶ原事件である。群馬県の相馬ヶ原にある米軍演習場で、〔ウィリアム・S・〕ジラードという米兵が農婦に空の薬莢を投げ与えて近くまで誘い込んで射殺した。安保条約に付随した行政協定（米軍の駐留条件を定めた取り決め、後の地位協定）は、公務遂行中の米軍人が起こした刑事事件については米側、公務外の事件の場合は日本側がそれぞれ第一次裁判権を有する旨規定している。この規定自体は、裁判権が競合する場合の整理の仕方としては合理的なものであり、米欧間のＮＡＴＯの地位協定も同様な規定を有し、いわば国際標準とも言えるルールである。

問題は、ジラードの行為が到底公務の一環とはみなし得ないにもかかわらず、当初米軍が、当該行為が演習という公務中に生じたものと主張し、同人の日本側への身柄引き渡しを拒否したことであった。最終的には米側が譲歩し、ジラードは前橋地方裁判所で執行猶予付き判決を受けたのであるが、それまでの間、事件は米国の議会や裁判所までも巻き込むまでにエスカレートして、一時的には双方の国民感情が制御不能になることが懸念される状況であった。

外国軍隊の駐留は、たとえそれが同盟国同士の合意による場合であっても、軍隊が享受する種々の特権をめぐり、派遣国と受け入れ国（とくに基地周辺の地域社会）との間で必然的に摩擦を生む。日米のように、文化、習慣、法制度の違いが大きければ、摩擦熱は容易に高まり、人命が失われる事故が起きればなおさらである。こうした脆弱な環境の中で、双方の政府は、ナショナリズムの圧力から両国関係を守るために、多大な時間と精力を費やすことを余儀なくされる。相馬ヶ原事件は、まさにその典型的ケースであった。現実には、日本における米軍のプレゼンスは、米国の施政下の沖縄を除けば、五八年二月までに地上戦闘部隊が撤退し、大幅に縮小した。しかし、一人の米兵の心ない行為により、両国政府の懸命な努力にもかかわらず、日本国民の目に映る安保条約のイメージは深く傷ついた。

〔⑲444号2009、3〕

鳩山内閣と重光構想

戦後の日本外交にとって対米関係の強化が最優先課題になったのは、考えてみれば、自明のことであった。東西対立という国際環境の中で、西側（自由世界）に座標軸を定めた日本が自らの平和と安全を守ろうとすれば、米国の軍事力の傘の下に入る以外の選択肢はあり得なかった。また、戦争で破壊された経済を再建し、戦後の貧しさから一日でも早く脱却するためには、米国という世界最大のマーケット、そしてその米国が構築した自由で開放的なルールに基づいた国際経済秩序（ガットとブレトンウッズ体制）に依存するよりなかった。問題は、どうすれば敗戦国の日本が戦勝国で、しかも超大国の米国と強固な関係を結ぶことができるのか、であった。

国力の差が著しい弱者と強者の協力関係においては、前者は後者に「いつ見捨てられるか」との恐れに常時悩まされる。このような心理状態を克服する一つの方法は、思い切って相手の懐の中に入り込んで、捨てようにも捨てられない運命共同体的な関係を作り上げることである。吉田総理が敷いた路線は、これに類するものであったと言える。

こうした「密着戦術」ともいうべき外交の欠点は、見捨てられる心配をしなくてもすむ代わりに、早晩独立国としてのアイデンティティが失われるのではないか、との不安に襲われることである。この不安から逃れるためには、相手から一定の距離を置く自主路線を選択せざるをえない。これが、吉田総理の「対米追随」を批判した鳩山、岸両政権の対米自主外交の本質である。もちろん、自主には代償がある。前述の「見捨てられる」恐れである。一方で自主を貫きながら、他方で見捨てられる危険を最小にするにはどうすれば良いか。答えは、安保条約を改訂して、従来必ずしも明確ではなかった米国の日本防衛の意思を、条約上の義務として明文化することであると考えられた。そして、これを実現することが、より対等な対米関係を求める日本外交の優先課題となった。

このような背景の下での安保改訂の最初の試み（一九五五年の重光外務大臣訪米）が、ダレス国務長官によってあえなく門前払いとなったことは、すでに前号（第四四四号）で述べたとおりであるが、本稿では、日の目を見なかった重光構想の二つの興味深い特徴に触れてみたい。（なお、重光構想の詳細については、坂元一哉『日米同盟の絆――安保条約と相互性の模索』（有斐閣、二〇〇〇年）を参照されたい。）

第一の特徴は、日米両国が相互防衛の義務を負ういわゆる条約区域として「西太平洋」という地理的範囲を設け、同区域内の相手国の領土または施政下にある地域に対する武力攻撃を自国に対する攻撃とみなし、両国が共同で対処する、との考え方を提示したことである。これは、言うまでもなく、米国が結んだＮＡＴＯその他の相互防衛条約と同じ方式である。重光大臣が安保条約を相互防衛条約化する構想をダレス長官に提示したのは、米国の対日防衛義務を確保することに対する見返りが必要と考えたからである。

このような方式と憲法九条との整合性について、同大臣が事前に内閣法制局の意見を聴取した形跡はないが、おそらく同大臣も外務省の事務当局も、相互防衛条約に基づく一定範囲での集団的自衛権の行使を憲法が禁じているとは考えていなかったと思われる。（ちなみに、筆者も同様に考えている。）しかし、相互防衛条約化という重光構想は、逆にダレス長官から、日本は憲法上海外派兵が可能か、との疑問を呈され、安保改訂拒否の理由の一つにされてしまった。

重光構想の第二の特徴は、米軍の日本駐留に一定の期限を設けるとともに、駐留米軍の使用目的を日米両国の相互防衛に限定しようとしたことである。このような米軍駐留に対する制約は、日本にとっては、安保条約が認めている米軍の無期限駐留と基地の自由使用に対する世論の批判に対処する手段であったが、米国から見れば、これは同条約の戦略的性格を根本的に変更する結果になるものであった。すなわち、同条約第一条が、米軍の日本駐留目的を、日本防衛に限定せず、広く「極東における国際平和と安全に寄与」するためと規定していることから明らかなとおり、同条約は、二国間条約であるにもかかわらず、極東における地域的な安全保障システムの要という役割を有している。重光構想は、同条約の地域的性格を否定することになるので、米国にとって、到底受け入れられない内容のものであったのである。〔⑳445号2009、4〕

岸内閣と安保改訂交渉

一九五〇年代後半の日本外交の最優先課題となった安保改訂は、岸内閣の下で六〇年に、新条約の締結という形で結実する。改訂を望んだのはもちろん日本側であったが、その実現は、〔ダグラス・〕マッカーサー〔二世〕駐日大使の先見性がある進言を容れ、それまでの改訂への高いハードルを引き下げた米側〔ドワイト・D・〕アイゼンハウアー政権の決断と積極的なイニシアチブによるところが大きかった。

当時としては相当大胆な提案であった重光構想を一顧だにしなかったダレス国務長官が、僅か三年後の五八年九月に訪米した藤山外務大臣との会談で条約改訂に同意した背景には、米国が現状維持にこだわれば、日本国内の反基地、反米感情が高まり、ひいては日本の西側離れ、中立志向をもたらしかねない、との強い警戒心が存在した。同時に米政府内には、ナショナリストではあるが、親米反共で信頼できる政治家と見られた岸氏が総理の座に就いている機会に、日本が求めている安保改訂に応じることによって、日米関係を強化すべし、との判断があった。

こうして始まった条約改訂交渉で日本が目指したのは、対米関係の対等性の実現と、米国の明確な対日防衛コミットメントの確保であった。前者は、米国に一方的に有利な条約の内容(とくに基地の自由使用)をよりバランスがとれたものにすることにより、国内の対米従属との批判に応えようとするものであり、後者は、日本にとって条約本来の目的である日本防衛を明文化することである。しかし、この目的達成のためには、どうすれば四八年の米上院決議(当時の上院外交委員長の名を冠してヴァンデンバーグ決議と呼ぶ)が防衛条約の相手国に求める「継続的かつ効果的な自助および相互援助」という要件を充足できるか、という難問を解かなくてはならなかった。

自国の平和と安全をタダで他国に依存するという虫のいい話が、国際政治の場で通用しないことは言うまでもない。したがって、「アメリカに守ってもらいたいと考える国は、相応の自らの防衛努力を払うとともに、いざという場合に互いに助け合う用意がなくてはならない」との同決議の趣旨は、条約承認の権限を有する上院としては、行政府に対する当然の要求であった。そして、四八年以後米国が結んだ多国間、二国間の防衛条約は、すべて同決議がいう自助と相互援助の義務を締結国に課しているのである。

ところが、わが国の場合には、自助については、自衛隊創設以後の防衛力整備の努力で何とか米側を説得できるとしても、相互援助の要件を、集団的自衛権は行使できないとする政府の憲法上の立場と両立させる方途を見出すことは、容易ではなかった。（ちなみに、集団的自衛権行使の全面禁止が政府の確立した憲法解釈となったのは、筆者が知る限り、五六年五月に鳩山内閣が国会に提出した答弁書以降であり、そのような解釈が当初から政府部内の統一的見解であったとは言えない。）

相互援助という高いハードルに直面した日本側は、岸総理も藤山外務大臣以下の外交当局も、米国の日本防衛義務を明文化するための条約改訂には慎重にならざるを得なかった。憲法九条（というよりは、同条の解釈）が存在する以上、交渉の落とし所が見えなかったからである。そこで、当初政府が考えた案は、条約自体には手を触れず、従来から国内の批判が強い、米軍基地の自由使用（日本防衛以外の目的のためにも使用可能）と核兵器の持ち込みに何らかの制約を課す補足取り決めを結ぶことにより、条約の運用面での実質的改善を図ろうとするものであった。ところが、五八年八月のマッカーサー大使との会談で岸総理は、「現行条約を根本的に改訂することが望ましい」と、条約改訂に前向きな姿勢を示した（東郷文彦『日米外交三十年』（中公文庫、一九八九年、六四頁））。

こうした日本側の姿勢の変化の背後には、マッカーサー大使の積極的な働きかけがあった。すなわち、同大使は、すでに七月の藤山大臣との会談で、憲法と両立する相互援助型の条約という選択肢も検討しうると述べ、ヴァンデンバーグ決議のハードル引き下げの可能性を示唆していたのである。同大使は、以前から、日本が受け入れられない海外派兵義務を含む本格的な相互援助の要件に固執して条約改訂を先延ばしすることは米国の利益に沿わないと考え、この問題についてワシントンがより柔軟な立場をとるように進言していた。〔㉑446号2009、5〕

合意の永続性

岸総理の決断によって始まった安保条約の改訂交渉は、米側の柔軟な姿勢に助けられて比較的順調に進展し、一九五八年中に新条約の大枠についての合意が得られるところまで漕ぎつけた。しかし、五九年になると、不安定化した日本の国内政治情勢の影響を受け、交渉が再度にわたって中断を余儀なくされ、翌六〇年一月一九日に、漸くワシントンで岸総理と、病死したダレス国務長官の後を継いだハーター長官との間で新条約（正式名「日本国とアメリカ合衆国との間の相互協力及び安全保障条約」）の署名が行われた。

その後の同年六月二三日、東京での批准書交換（同日条約発効）に至るまでの間に生じた日本国内の混乱は、予定されていたアイゼンハウアー大統領の訪日中止、そして岸総理の退陣にまで発展し、日米関係に深刻な危機をもたらした。ワシントンから見れば、折角岸政権を信頼して条約改訂に応じたにもかかわらず、結果的には日本の国内政治が流動化し、戦前戦後を通じて初めての米国大統領の公式訪問を直前になって中止せざるを得ないという異常な事態にまでなったことは、大きな誤算であった。両国間の相互信頼が修復され、大統領の訪日が実現するまでには、更に一四年の年月を必要とした。安保騒動が日米関係に残した傷痕は、それ程深かったのである。

こうした重い後遺症にもかかわらず、安保改訂は、戦後の日米外交史上、特筆されるべき成果と評価されて良い。第一に、日本外交の視点から見ると、対米交渉において最も重視した二つの目的、すなわち、(1)旧安保では曖昧であった米国の対日防衛コミットメントを明文化すること、及び(2)旧安保の下では、核兵器の持ち込みを含めて、なんらの制約もなかった米軍基地の使用に一定の制度的な枠をはめることが、それぞれ新条約の第五条と事前協議制度(条約付属の交換公文)という形で確保された。

第二に、そしてより重要なことは、新安保条約が、当初の一〇年を経過した後は、一年の予告でいつでも一方的に廃棄できるとされているにもかかわらず、来年(二〇一〇年)には締結五〇周年を迎えようとしている事実である。NATOに基づく米欧間の大西洋同盟は、四〇年に及んだ冷戦時代を通じて、西側の安全保障を支えた大黒柱であったが、新安保条約も、三〇年にわたって、アジア・太平洋地域の平和と安定に中核的な役割を果たした。さらに冷戦が終結してから二〇年になろうとしている今日、NATOも日米安保も、二一世紀の新しいニーズへの適応を求める声はあっても、同盟関係そのものを清算すべし、との意見は聞かれない。

外交交渉の重要な評価基準の一つは、交渉によって達成された合意の永続性である。当事者が合意の内容に満足している限り、当該合意を守ろうとする。安保条約もその例外ではない。同条約は、その発足時に大きな試練に遭遇し、また、日本政府が同条約に基づく両国の関係を「同盟」と表現するのには、なお一世代の時間を要した。それでも、今日に至るまで、日米両国共、同条約の堅持を謳《うた》っているのは、そのことが双方の利益に合致しているとの認識が、政府、国民双方のレベルで存在するからにほかならない。

防衛義務の「片務性」

さて、先に述べたとおり、ヨーロッパではNATO、アジア・太平洋では日米安保が、それぞれ冷戦の平和裡の終結（西側の勝利）に大きく貢献したが、米国がグローバルに封じ込め政策を展開する過程で結んだ数多くの二国間、多国間の防衛条約の中で、日米安保には、二つの点で他の条約にはない特徴がある。一つは、防衛義務の「片務性」である。すなわち、安保条約には、米国の対日防衛義務に対応する日本の対米防衛義務は存在しないのである（第五条）。第二の特徴は、同条約が、あたかも多国間条約であるかのように、日本よりも広い極東を対象とする、地域的安全保障システムとしての機能を有していることである（第六条）。これがいわゆる極東条項であり、筆者は、これを安保条約の「地域性」と呼んでいる。

片務性も地域性も、いずれも旧安保が有していた特性である。重光構想（本誌〔二〇〇九年〕四月号の拙稿〔本稿⑳〕参照〔本書五一―五三頁〕）は、双務的な相互援助型の条約を目指すとともに、他方では、米軍の日本駐留目的を限定し、条約の地域性を排除しようとした。しかし、前者は日本側、後者が米側のそれぞれの事情から日の目を見ることはなく、片務性、地域性の二つの特性は、旧安保から新条約に引き継がれることになったのである。

〔㉒447号2009、6〕

「各締約国は、日本国の施政の下にある領域における、いずれか一方に対する武力攻撃が、自国の平和及び安全を危うくするものであることを認め、自国の憲法上の規定及び手続に従って共通の危険に対処するように行動することを宣言する」

これが、日米同盟の根幹を形成する米国の対日防衛義務を規定した新安保条約第五条(前段)である。同盟国間で、一方が武力攻撃を受けた場合には、他方もこれを共通の危険と認識して共同対処を約するというのが、米国が冷戦中に結んだ二国間の相互防衛条約の基本型であり、NATOのような多国間の集団防衛条約も、この基本型の応用である。

日米安保第五条も、この基本型を踏襲したものであるが、一つ重要な相違点がある。基本型の条約では、武力攻撃に対する共同対処義務が発生する地域(いわゆる条約区域)が規定されている。韓国、フィリピン、米中国交正常化前の中華民国との二国間の相互防衛条約、そして豪州、ニュージーランドとの通称ANZUS条約では、いずれも「太平洋地域」が条約区域とされている。同地域内においては、米国とその同盟国は、相互に防衛義務を負う。ところが、日米安保にはこのような地域的な条約区域は存在せず、「日本国の施政の下にある領域」に対する武力攻撃に対応する共同対処義務(実質的には米国の日本防衛義務)が規定されているのみである。これが日米安保の重要な特徴の一つである防衛義務の片務性である。

もっとも、安保改訂交渉開始早々に米側から提示された新条約案は、基本型に従って、太平洋地域を条約区域とする相互防衛形式のものであった。同案についての米側の説明は、上院のヴァンデンバーグ決議(本誌(二〇〇九年)五月号の本稿㉑参照(本書五四頁))の相互援助の要件が存在する以上、日本のみを例外扱いとすることはできないが、共同対処義務は憲法上可能な範囲で履行されればよく、海外派兵を求めるものではないということであった。しかし、日本側は国外での共同対処には強い難色を示したために、結局米側が譲歩し、共同対処の対象地域を「日本国の施政の下にある領域」に限ることになったのである。日本側の反対理由には、国外での共同対処は憲法に抵触するとの立場に加え、太平洋地域を条約区域とすれば、新条約の性格が広い地域的なものに変質するとの国内の批判を招くという懸念があった。

このような交渉の経緯を振り返ってみると、二つのことが目につく。一つは、当時の政府が、共同対処の内容がたとえ海外派兵を含まないものであっても、太平洋地域内の米国領土（例えばグアム）に対する武力攻撃を「共通の危険」と認識して対処するということ自体が集団的自衛権を前提とする概念であるので受け入れられない、との立場をとっていたことである。しかし、このような憲法解釈は、それ以前の一九五六年に国会に提出された、集団的自衛権の行使をもっぱら「実力」（武力と同義）の行使と捉えた政府見解とは整合性がとれていない。すなわち、同見解のような解釈に立てば、米側が説明したような、武力行使を伴わない共同対処（例えば米軍に対する後方支援）に限定して受け入れる余地は十分あったと思われる。憲法をめぐる国内の神学論争が本来の双務的であるべき同盟関係を歪めたのである。

交渉経緯で目につく第二の点は、当時まだ米国の施政下にあった沖縄、小笠原の扱いである。米側は、太平洋地域を条約区域とする案を撤回した後、共同対処の対象地域に沖縄、小笠原を含める案を示したが、これにも日本側が反対し、最終的に現行の条約第五条の規定に落ち着いたのである。当時外務省で北米二課長として対米交渉を担当した東郷文彦氏は、回顧録『日米外交三十年』の中で、「沖縄を条約地域に入れることに国内いずれの方面からも支援を得られなかったのは私にとって誠に残念であった」と述べている（八〇頁）。

国内の様々な反対論の中で、集団的自衛権の問題に加え、政府が配慮を余儀なくされたのは、共同対処義務によって、「米国の戦争」に参戦を強いられることになるという、野党のいわゆる戦争巻き込まれ論であった。しかし、いかなる理由があるにせよ、日本が潜在主権を有する領土であり、そこには多くの日本国民が生活を営んでいる沖縄、小笠原の防衛に日本が参加すべきではないとの議論は、常識では理解しがたいが、これが五五年体制下での日本政治の現実であった。

〔㉓448号2009、7・8〕

極東条項の「地域性」

安保条約の二つの特徴のうち、防衛義務の片務性については前号で考察したが、今月(二〇〇九年九月)は、第二の特徴である「地域性」を検証することにしたい。

「日本国の安全に寄与し、並びに極東における国際の平和及び安全の維持に寄与するため、アメリカ合衆国は、その陸軍、空軍及び海軍が日本国において施設及び区域を使用することを許される」

右に引用したのが、「極東条項」とも呼ばれる安保条約第六条(前段)の規定である。同規定は、一見して明らかなとおり、在日米軍基地(条約用語では施設・区域)の使用目的を定めたものである。すなわち、ここでいう「極東」とは、武力攻撃に対する共同対処義務が生ずるいわゆる条約区域ではなく、米国が、日本にある米軍基地を、日本防衛以外にも、極東域内の第三国あるいは地域の防衛のために使用できることを意味している。ところが、基地の使用目的を、このように当事国の防衛に加えて広く地域的に定めているのは日米安保条約のみであり、米国が結んだ他の相互防衛条約には類似の規定は存在しない。そして、この独特の規定により、安保条約は、極東（今日では東アジアと呼ぶのがより一般的であろう）の地域的安全保障システムの中核的機能を付与されている。これが、同条約の第二の特徴である地域性である。

この地域性は、実質的に旧安保から引き継がれたものであるが、その背景には、ヨーロッパにおけるＮＡＴＯのような多国間条約に基づく地域的安全保障システムの構築を妨げるいくつかの要因が東アジアに存在したことが指摘される。その一つは、言うまでもなく、集団的自衛権の行使を前提とする多国間の集団防衛条約には参加できないとする日本の憲法上の立場であり、この法的立場を政治的に支えたのが「二度と戦争はごめんだ」という、国民の強い中立志向であった。

安全保障をめぐる政治情勢も、アジアとヨーロッパでは、大きく異なっていた。西ヨーロッパの安全保障を担保する枠組みとして一九四九年に発足したＮＡＴＯは、民主主義国としての基本的価値観を共有する西欧と北米の諸国が結束してソ連の脅威から自らを守るために創設された機構である。そこには、同盟の必要性について、加盟国間に明確かつ共通の認識が存在した。

これに対し、東アジアにおいては、域内諸国の間で共有される基本的価値観も、外部からの脅威についての共通の認識も欠如していた。これらの諸国は、いずれも反共国家ではあったが、その中で民主主義国と呼べるのは日本だけであり、その日本の民主主義もまだまだ未成熟であった。このような諸国を糾合して、単一の条約の下に地域的な安全保障システムを立ち上げようとしても、反共の旗印以上の共通の基盤がなかった。東アジアでは、ソ連が主な脅威と認識していたのは日本のみであり、韓国にとっては北朝鮮、中華民国(台湾)にとっては「中共」こそが脅威であった。さらに我々日本人が忘れてはならないのは、アジア太平洋の諸国(東南アジアや豪州・ニュージーランドを含む)が当時共有した安全保障上の大きな懸念は、日本の帝国主義の復活であったことである。

他方米国は、このような状況の下で、アジア太平洋においても共産主義勢力の拡大を阻止するための封じ込め政策を展開しようとするのであるが、そのためには、ヨーロッパとは基本的に異なるアプローチをとることを余儀なくされた。すなわち、北は日本から南は豪州・ニュージーランドに至るまでの地域を対象とする集団防衛体制を構築する代わりに、米国は、一九五〇年代前半に、日米安保を筆頭に、ANZUS、米比、米韓、米華、SEATOという、六つの二国間、多国間の防衛条約を結んだ。

こうして完成した条約網の中で、米国が最も重視したのが日米安保であるが、その理由の第一は、将来アジア最大の先進工業国に発展する可能性を秘めた日本の潜在力であり、第二は、沖縄を含む日本列島の地理的位置が持つ戦略的価値である。日本と米国の施政下にある沖縄に存在する基地を自由に使用することができれば、米軍は、日本の防衛ばかりではなく、朝鮮半島や台湾海峡でより効果的な行動が可能になる。この日本の戦略的価値を生かすために考案された仕組みが安保条約第六条の規定(極東条項)であり、これにより同条約は、地域的安全保障システムとしての性格を持つことになる。

〔㉔449号2009、9〕

日米同盟の始まり

筆者は、今月〔二〇〇九年一〇月〕で八回になる安保改訂をテーマとする連載に「日米同盟の始まり」という副題を付けている。旧安保条約時代の日米の安全保障関係は、敗戦国という当時の日本の立場上やむを得なかったとしてこれを受け入れた人の目から見ても、到底同盟と呼べるようなものではなかった。それは、冷戦という厳しい国際環境の中で国際社会に復帰した日本が政治的独立を維持し、経済復興をなし遂げるためには必要不可欠であったとはいえ、その実体は、一方的な保護者と被保護者の関係であった。

同盟が成り立つためには、当事者間で同盟がもたらす利益のみならずリスクをも共有し、そのような関係を維持していく責任を分担する政治的意思がなくてはならないが、一九五〇年代の日米間には、そもそもそうした意思の前提となる相互信頼が未成熟であった。米国にとっての旧安保は、何よりも日本を西側陣営に取り込むための政治的手段であり、軍事的には、アジア・西太平洋での米軍の展開を可能にする基地協定に過ぎなかった。日本にとっては、米国がさしかける傘の下に入ることができるのであれば、傘の形や色を選り好みする状況ではなかった。

安保改訂交渉は、このような一方的な関係をできるだけ同盟の本来あるべき姿に近づけようとする作業であった。しかし、その最終的成果である新安保条約は、形はともかく実体は、必ずしも同盟と呼ぶに相応しいものとは言えなかった。そして、そうなった原因は、もっぱら日本側にあったことは認識しておく必要がある。

前号〔第四四九号〕までの検証により、旧安保の特徴であった片務性と地域性は、そのまま新条約に引き継がれたことが明らかになったが、そのうちの防衛義務の片務性は、言うまでもなく、日本側が憲法九条を理由に、たとえ限定された内容の相互防衛であっても、集団的自衛権の行使につながるとして、拒否した結果である。日本の安保研究者の中には、新条約の下で日本は、戦略的価値が高い基地を無償で米国に提供しているのであるから両者のバランスはとれており、決して片務的条約ではない、と論じる向きもある。しかし、これはあくまでも異なる利益のギブ・アンド・テイクによって成立した関係であって、同盟の前提である利益とリスクの共有とはほど遠いものであった。

それでは、安保条約の地域性と同盟との関係はどうであろうか。新条約の第六条(極東条項)が、アジアの地域的安全保障システムの中核としての戦略的役割を与えられていることは前号で述べたとおりであるが、同条がそうした米国の構想どおりに機能するためには、平時、有事を問わず、在日米軍基地が自由に使用できることが望ましい。しかし、旧安保の下で基地の自由使用が許されていたことが、米国の対日防衛義務の不明確さと並んで、日本が条約改訂を求めた理由であった。米国の戦争に巻き込まれないようにするためには、基地の使用に何らかの制約を課す必要があると考えられた。日本にとっては、米国の軍事的傘はなくてはならないものであったが、その傘は、第三国まで覆う必要はなく、そのような大きな傘はかえって危険なように思われたのである。

事前協議制度

このような日米の認識の食い違いを埋めるために考案されたのが、条約に付随した交換公文で規定された事前協議制度である。このほかの相互防衛条約には存在しない独特の取り決めにより、基地の使用にかかわる米軍の一定の行動（一定規模以上の米軍の新たな配備、核兵器の持ち込み、日本防衛以外の目的のための戦闘作戦行動の発進）については、予《あらかじ》め日本政府の承諾を得なくてはならないこととされた。この仕組みが円滑に運用されるためには、いざという場合に事前協議の対象となる米軍の行動が、例外的なケースを除き、日本にとっても自国の安全保障上必要と認識されなくてはならない。そうでなければ、米国にとっての日本の戦略的価値は失われ、利益の共有をベースとする同盟関係は成り立たなくなる。

ところが、安保改訂時には、日米間にそのような共通の認識が存在したとは言えない。すなわち、日本側においては、事前協議制度とは、もっぱら米国に対してノーと言う機会を確保するための仕組みと考えられていたのである。事前協議の戦略的意味（東アジアの地域的安全保障）について日米間に共通の理解が生まれ、両国の関係が漸く同盟らしい姿に近づくのには、さらに一〇年の年月（沖縄返還時）を要した。〔㉕450号2009、10〕

今月（二〇〇九年一一月）は、前号で取り上げた事前協議制度の対象とされた三つの事項のうち、国民感情の視点から日本側が最も重視した核兵器の持ち込み（他の二事項は、一定規模以上の米軍の新規配備と、在日基地からの戦闘作戦行動の発進）の問題を考察する。

冷戦下の世界は、二度と使用されてはならない兵器の未曽有の破壊力に不安定な平和を依存することを強いられた。日本もその例外とはなり得なかった。日本のジレンマは、広島、長崎の二度の惨劇を体験しながら、自らの安全を守るために、米国の核の傘の下に入るのを余儀なくされたことである。このような背景を考えると、安保改訂に取り組んだ岸政権が、日本国内に米軍が自由に核兵器を持ち込めるような旧安保の仕組みを変えようとしたのは当然であった。

ところで、事前協議制度とは、対象となる米軍の行動（この場合は核兵器の持ち込み）を全面的に禁止する趣旨ではなく、日本政府が最終的な拒否権を有しているとはいえ、米側からの協議に対する日本側の回答は、常にノーではなくイエスの場合もあり得る仕組みである。このことを、岸総理は十分に理解していたと思われる。また、当時対米交渉に当たった藤山外務大臣や外務省の事務当局が、核持ち込みの全面禁止を米側に求めたことを示す交渉記録は残っていない。

そもそも、そのような要求は、米国が受け入れるはずがなかった。米国の核の傘の下に入ることを選択した以上、これを否定することにほかならない核持ち込みの全面禁止という立場はあり得なかった。「傘は遠くから差しかけてもらえば良い」とする議論があるが、それでは、同盟関係に欠かせない、いざという場合のリスクの共有が成り立たないから、必要と思ったときに、肝心の傘が頭上にないということになりかねない。

現実主義者の岸総理には、これは自明であったに違いない。おそらく同総理は、「平時に核持ち込みが行われないことが確保されればよく、日本の安全が著しく脅かされるような事態の下では、当然別の判断があり得る」と考えていたのではないかと思われる。少なくとも、それが政治の最高責任者が持つべき常識であろう。問題は、同総理が「有事は別」という考えを卒直に国民に説明しなかったことである。同総理は、説明した場合の国民の強い反発が折角の安保改訂を不可能にすることを恐れたのであろう。しかし、その結果国民は、タダでは核の傘の下に入れない、という現実を知る機会を逸した。

核兵器搭載艦の寄港問題

以上は、核持ち込みと事前協議の関係についての一般的考察であるが、次に、各論として、核兵器搭載艦の寄港の問題を取り上げたい。

米国は、一九五〇年代前半に核弾頭の小型化に成功し、以後、多種多様な戦術核兵器を陸海空三軍に配備するようになった。そして同時に米国は、その核戦力の運用の一環として、効果的な抑止力維持のために、核兵器の具体的な所在（特定の軍艦への核兵器搭載の有無を含む）について、確認も否定もしない（neither confirm nor deny 頭文字をとってＮＣＮＤという）政策を一貫してとるようになる。こうした事実は、新安保条約に基づき事前協議制度が導入された時までには、広く知られた軍事常識になっていた。

陸上への核持ち込みについては、平時はノー、有事にはイエスもあり得るというのが事前協議への日本の対応である限り、米国の核政策にとって受容できる範囲内であった。安保改訂に際し、米国がＮＣＮＤ政策の例外となる事前協議制度に同意したのは、このためである。しかし、この日本の対応を第七艦隊にも適用しようとすれば、同艦隊の艦船の多くは、ＮＣＮＤ政策の下では、日本の港には入れなくなるであろう。これでは、平時でも核の傘は機能しない。

全面非核化を追求するために、ＮＣＮＤ政策と正面から対立した米国の同盟国があった。一九八〇年代のニュージーランドである。八四年に登場した（デイヴィド・Ｒ・）ロンギ首相が率いる労働党政権は、反核の強い国民世論の支持の下に、原子力推進艦船や核兵器搭載艦船の寄港禁止法を成立させ、通常動力の艦船であっても、核兵器を搭載していないことを明らかにしない限り寄港を認めないこととした。そのために、ニュージーランドは、ANZUS条約の一員でありながら、八六年には、米国が一方的に防衛義務の撤回を宣言する事態となった。

筆者は、昨年〔二〇〇九年〕の本誌一一月号掲載の拙稿㉖において、新安保条約の事前協議制度の下での核兵器搭載艦の寄港の問題を取り上げた。その際筆者は、寄港を事前協議の対象とすることは、米国のNCND政策（特定艦船の核兵器搭載の有無については否定も肯定もしないとの基本政策）を前提とするならば、第七艦隊の艦船の日本への寄港を事実上不可能にする結果となるので、米国にとっては受け入れがたい制約になるとの考察を述べた。また、NCND政策の同盟国への適用の一例として、一九八〇年代後半に生じた、寄港艦船の核兵器搭載の有無について確認を求めたニュージーランドと米国との間の深刻な対立（米国の防衛義務の撤回）のケースを紹介した。

〔㉖451号2009、11〕

「密約」問題

この問題に関しては、以前から、日本の研究者やジャーナリストの間では、公開された米国の外交文書や日米の元高官の発言等を根拠に、安保改訂時における「密約」（核兵器搭載艦の寄港、領海通過は核兵器の「持ち込み」には当たらず、したがって、事前協議の対象外である旨の不公表の了解）が存在するとの説がもっぱらであった。今般〔二〇一〇年〕岡田〔克也〕外務大臣の命により設けられた外務省の調査チームの作業結果を検証した有識者委員会（座長・北岡伸一東大教授）の報告書が公表されたが、その結論は、明示的な密約の存在は否定しつつも、他方、安保改訂交渉において、この問題について日米間で詰めた議論が行われないままに双方の立場の基本的食い違いを意図的に放置する「暗黙の合意」(同委員会がいう「広義の密約」)が成立した、というものである。

筆者は、六〇年代末期に外務省条約局(現在の国際法局)に勤務して安保条約を担当するようになってから、この問題について疑問を持ち、自分なりに調べたり考えたりした結果たどり着いた結論は、言われているような日米間の密約は存在しない、というものである。その理由の第一は、核兵器搭載艦の寄港、通過を事前協議の対象とすべきかについて、安保改訂時に日米間で交渉が行われた事実を示す記録は、日本側には存在しないことである。少なくとも筆者は、六〇年代末期から二度にわたり通算一〇年に及んだ外務省条約局と北米局勤務の間に、そのような交渉記録に接したことはない。

また、筆者が知り得た限りでは、米側にも密約を裏付けるような交渉記録は存在しない。筆者が七四年から三年間ワシントンの日本大使館に勤務した間に、信頼できる米政府筋の某に、絶対にソースを明かさないと約束して「寄港を事前協議の対象とすべきか否かについて、五九年当時日米間で交渉が行われたことを示す記録が米政府内に存在するか調べてもらえないか」と頼んだことがある。しばらくして某がもたらした答えは、そのような記録は見当たらなかった、というものであった。筆者がかねてから抱いていた疑問が、これによって裏付けられたと思った。

従来から密約説の最大の根拠とされてきたのは、米側で公開された「討議の記録」(Record of Discussion)と題されている一通の外交文書である。今回日本側でも公開されたこの文書の最終的な位置づけは明らかではないが、その内容から判断すると、事前協議制度を定めた交換公文の解釈に関し、日米の交渉責任者(藤山外務大臣とマッカーサー大使)の間の了解事項を記録したものと考えられる。(同文書の存在自体は、筆者も以前から承知していた。)

同文書の主要部分は、「以下の諸点が考慮され、了解される」との導入分に続いて、A、B、C、Dの四項目を列挙しているのであるが、その中で、核兵器の持ち込みと関連ありとされるのは、AとCである。Aは、事前協議を定めた交換公文にいう「装備における重要な変更」とは日本への核兵器の導入(イントロダクション)を意味し、核兵器とは、中長距離ミサイル、ミサイル基地の建設を含むと述べている。これは、いずれも従来から日本政府が「藤山・マッカーサー口頭了解」として明らかにしており、内容としては、新しいものではない。問題とされてきたのはCであり、同項には、米軍用機の飛来、米軍艦の領海への立ち入り、寄港の際の現行の手続きは、事前協議の影響を受けると解してはならないとの記述があり、これが密約の根拠とされてきたのである。

しかし、筆者には、このような曖昧な文言が核持ち込みに関する重要な合意を意味しているとは到底思えない。もしそのような性格の了解事項であったとすれば、当然米側から説明があったはずであるが、日本側には該当する記録は存在しない。また、核持ち込みに関する事前協議は、その重要性に照らし、外交チャンネル(というよりは、おそらく最高政治レベル)を通じて行われると予想されるので、通常の入港や着陸手続きとは無関係なことは自明であろう。

新条約締結後六〇年代になって米側は、寄港、通過は事前協議の対象との日本政府の国内説明は日米間の了解に反するとして、内密裏に申し入れてくるようになる。米側の申し入れの根拠は必ずしも明らかではないが、当時この問題に関与して密かに大平〔正芳〕外務大臣と折衝したとされる〔エドウィン・O・〕ライシャワー駐日大使は、退官後この了解は口頭によるものだと述べている〔ジョージ・R・パッカード〔森山尚美訳〕『ライシャワーの昭和史』〔講談社、二〇〇九年、三四一―三四二、四一六頁〕〕。いずれにせよ、条約締結に至る交渉の過程で、同大使がいうような口頭了解が成立したことを示す記録は見当たらないのである。

「平時はノー」の意味

筆者と有識者委員会は、明示の密約は存在しないとの事実認識を共有する。「討議の記録」についても、委員会は筆者と同様に、これが密約を構成する文書とは認識しなかった。しかし、安保改訂交渉において、なぜ核兵器搭載艦の寄港、通過を事前協議の対象外とすることについて、日米間の明確な了解が必要とされなかったのか、との疑問に対する委員会と筆者の見方は分かれる。

有識者委員会の見解は、当初から日本側は、核兵器の「持ち込み」〔イントロダクション〕は寄港を含む〔したがって、事前協議の対象となる〕との立場であったが、あえてこのことを米側と詰めなかったというものである。委員会の報告書は、「互いに「深追いせず」、問題を曖昧なままにしておく。その結果、核搭載艦船は事前協議なしに日本に寄港するかもしれず、また日本政府はそうなることを表向き否定するかもしれないが、互いに抗議はしない。そういう暗黙の合意が安保改定時にできあがりつつあったと見てよいだろう」と述べている。外務省が対米交渉開始前に準備した案が「臨時に日本国内に入る船舶及び航空機」にも事前協議を適用する旨明記していることがこうした委員会の見解の有力な根拠になったようである（但し、同案が実際に交渉に使用された形跡はない）。

これに対し筆者は、安保改訂交渉において日本側は、米側と同様に、寄港、通過は事前協議の対象外と考えていたと推論する。拙稿㉖（本書六七頁）で述べたとおり、筆者は、安保改訂に取り組んだ岸総理の基本的考え方は、核兵器の持ち込みについては「平時はノー、有事は別」というものであり、事前協議制度はこれを確保するための仕組みと理解していたと考える。しかし、このような推論に（確証がなくとも）十分な合理性があるとすれば、「平時はノー」の対象に寄港を含めることには大きな無理がある。当時すでに米海軍が多くの艦船に戦術核を配備していたことはよく知られており、これらの核搭載艦が横須賀等の日本の港に一切寄港できない（事前協議をしても、日本政府の許諾が得られない）とすれば、これは、米海軍にとっては受け入れる余地がない重大な制約であったはずであり、日本にとっては、米国の「核の傘」の信憑性が損なわれてしまうことになりかねない。

筆者には、すぐれて現実主義的な政治家であった同総理が、そのような非現実的な対米要求を行うことを考えたとは思えない。（現に、同総理が藤山外務大臣や外務省の事務当局にそうした指示をしたことを示す記録は存在しない。）したがって、同総理が事前協議によって「平時はノー」を確保しようとした核兵器の持ち込みとは、陸上への搬入であった、と考えるほかない。現に同総理は後年そのような認識を示唆する発言をしていることが、有識者委員会の報告書中に引用されている。

いくつかの仮説

それでは、以上の考察と条約締結以後の歴代政府の「寄港も持ち込みに当たる」とする国会答弁との矛盾は、いかに説明されるのであろうか。筆者は、これは単純に世論の強い反核感情と、その力を借りた野党の攻勢を恐れた政府の国内政治優先の思考の結果であったと考える。そして、実体から乖離した国内説明を重ねていくたびに軌道修正が難しくなり、やがて政治的に不可能になったのである。一九七〇年代末期に政権の座についた大平総理が、生前に、この問題を何とか解決できないかとの苦悩を漏らしたという、最近報じられた森田一氏（同総理の娘婿、当時の総理秘書官）の秘話は、こうした国内政治の過程を生々しく物語っている。

もし筆者の推論が誤っているとすれば、ほかに第三のシナリオがあり得るであろうか。唯一考えられるのは、条約改訂交渉当時の日本側が核搭載艦の寄港が現実にあり得ることに全く気づいていなかったという可能性である。しかし、筆者には、総理、外務大臣を補佐すべき立場にある外務省、防衛庁（現防衛省）の事務当局が、当時すでに周知の事実であった米軍の戦術核の配備態勢と、それと不可分の関係にあるＮＣＤ政策についての初歩的な知識も持たなかったとは信じられない。

いずれの仮説を採るにしても、核搭載艦の寄港は事前協議の対象との政府の国内説明は、年とともに信憑性を失い、国民の安保条約自体に対する信頼を著しく損なう結果になった。その責任は、政治レベル、事務レベルの双方が負わなくてはならない。政治レベルは、実体と異なる国内説明を正すイニシアチブをとらず、逆に非核三原則（六八年一月佐藤総理の施政方針演説で表明）で自らの手を縛ることにより一層矛盾を深める事態を招いた。

他方事務レベルについては、対米交渉に際して、寄港問題の重要性を正確に把握して、政治レベルに対する適切な助言を行わず、さらにその後は、時の政権を支えるためとはいえ、信憑性がない国会答弁の積み重ねを生んだ責任は免れない（その中には筆者も含まれる）。筆者は、八一年のいわゆるライシャワー発言[1]の後、国民の信頼を失いつつある安保条約の将来に強い危機感を覚え、この問題の具体的解決策を模索したが、残念ながら、長年にわたる国内説明の修正に必然的に伴う大きな政治的リスクを回避する妙案を見いだせなかった。

事前協議制度の逆説

最後に、どうしても解けない謎が残る。安保改訂交渉において事前協議制度の導入に合意した米側が、なぜ核搭載艦の寄港は事前協議の対象から除外されるべきことについて、日本側の明確な了解を取り付けようとしなかったのか、ということである。

米国にとっては、有事、平時を問わず、洋上の核戦力の運用や第七艦隊の機動性が安保条約によって制約されないことは、対日交渉においてぜひとも確保しなくてはならない優先事項であったはずである。それにもかかわらず、不思議なことに、すでに述べたとおり、米側の交渉責任者であったマッカーサー駐日大使がそのために藤山大臣と折衝したことを示す記録は、日米いずれの側にも見当たらないのである。

しかも、日本政府の国会答弁について米側が初めて問題提起をしたのは、条約発効後三年近く経った六三年四月の大平外務大臣とライシャワー大使の二者会談のときである（日本側にはその記録が存在しない）。その際に同大使は、大平大臣に対し、寄港は事前協議の対象外とする口頭了解が日米間に存在する旨述べたとされる（『ライシャワーの昭和史』）。しかし、そのような口頭了解は、同大臣にとっては初耳であったのはもちろんのこと、日本側においては、いかなるレベルにおいても引き継がれた形跡はない。そもそも、このように重要な問題が、文書ではなく、口頭でしか処理されなかったことは、事実とすれば、外交交渉としては、きわめて異例というほかない。

米海軍の艦船の運用の実体と日本政府の国会答弁の矛盾がますます広がる事態は放置できないと考えた米側は、六八年一月に再度外交チャンネル〔U・アレクシス・〕ジョンソン駐日大使から牛場〔信彦〕外務次官〕を通じ、内密裏に答弁の修正を求めてきた。しかし、日本側は、政治的に不可能として、この要求に応じなかった。そのために米国政府は、やむを得ず、日本政府が寄港も事前協議の対象との立場を一方的に主張するにとどめ、米側の同意を求めない限り、これに明示的に異議を唱えない、との立場をとることになる。有識者委員会がいう「暗黙の合意」が日米間に成立したとすれば、この牛場・ジョンソン会談以後のことであろう。六三年の大平・ライシャワー会談は、当時いかなる意味でも「合意」がなかったことを示している。

いずれにしても、米国の対日防衛義務の明記と並んで、対等な日米関係を求めた新条約の特徴とされた事前協議制度が、皮肉にも、同盟の基礎となるべき両国の相互信頼を深く傷つける結果となった原因は、この問題に対する日米双方の極めて不透明な取り組みにあったことは間違いない。「イントロダクション」という一語が生んだ混迷の責任の一半は、米側も負わなくてはならないであろう。

蛇足であるが、筆者の先輩である村田〔良平〕元外務次官の発言に触れたい。同次官は、最近のインタビューの中で、次官交代時に寄港問題に関する了解を記録した和文の一枚紙を筆者に引き継いだと述べており、これが多くの報道機関によって、密約存在を示す新たな証言として取り上げられた。筆者は当時の歴代事務次官の申し送りに従い、就任早々の海部〔俊樹〕総理と中山〔太郎〕外務大臣に、この問題の要点を説明し、その際に、「密約」は存在しないが、「持ち込み」の意味について、日米の間に立場の相違があることを報告したというのが真相である。その内容を記録した筆者のメモは、今回公開された資料の中に含まれている。

非核三原則と事前協議

幸い、米国の〔ジョージ・H・W・〕ブッシュ（父）政権は、九一年九月に、冷戦終結に伴う核戦略の見直しの一環として、平時における戦術核の軍艦への配備を中止するとの決定を発表した。この結果、安保条約締結後三〇年続いた事前協議と米国のNCND政策との矛盾は、有事の場合は別として、解消されることになった。しかし、日本が米国の「核の傘」が必要と考える限り、非核三原則と事前協議（イエスもノーもある制度）との整合性をどのように維持していくか、という問題は今後とも残る。

歴史に「もし」ということはない、と言われるが、それでも、「もし一九五九年の安保改訂交渉において、日米双方が寄港問題に正面から取り組んだとすれば、どのような結果になったであろうか」と振り返ってみることは、必ずしも無益ではないかもしれない。この場合、米側は、NCND政策は、有事、平時を問わず堅持する必要があり、これと矛盾する形での事前協議制度の運用は受け入れられないとの立場を明確に説明することになる。

これに対し日本側は、平時における核兵器の持ち込みはノーであるが、その例外として、米国のＮＣＮＤ政策を尊重する旨答えるであろう（事前協議制度の導入を前提とする限り、それ以外の選択肢はあり得ない）。この合意を不公表の了解事項とすることは、取り得る選択ではないとすれば、「持ち込み」の定義を文書で明確にし、その内容を公表するよりない。六〇年に発生した大規模な安保反対運動を想起すると、果たしてそのような合意を当時の日本国民が受け入れたか大きな疑問が残る。

〔㉗455号2010、4〕

国民感情と「密約」

一九六〇年の四月五日、新安保条約の国会審議の最中に毎日新聞が前月に行った世論調査の結果を報じた。条約の承認が「よい」と「やむなし」を合わせて三四・六％、「しない方がよい」が二七・九％、「分からない」が三一・四％であった。この数字からは、新条約に対する反対というよりも、世論の迷いが窺《うかが》われた。しかし、それから二カ月後に生じた事態は、政府の予想を遥《はる》かに超えた規模で激烈な安保反対運動であり、条約の国会承認は得られたが、アイゼンハウアー米国大統領の公式訪日は中止、岸政権は、条約発効を待って退陣を余儀なくされる結果となった。

対米従属の不平等条約との批判が強かった旧安保条約の改訂に政治生命を懸けた岸総理が取り組んだ対米交渉の最重点事項は、米国の対日防衛義務を明確化するとともに、米軍の基地使用に一定の制約を課することであった。この二つの目標は、新条約の第五条と、条約と一体の交換公文に定められた事前協議制度によっていずれも達成された。防衛義務については、旧条約の片務性（日本の対米義務の不在)が残ったが、これは、そもそも集団的自衛権の行使を否定する憲法解釈という日本側の事情によるものであった。また、事前協議制度に関しては、後年「密約」の問題が生じた。しかし、改訂交渉の結果を全体として評価すれば、戦後日本外交の大きな成果と言っても過言ではない(本稿㉒〔本書五六—五七頁〕参照)。それにもかかわらず、新条約が国民に受け入れられるまでには、ほぼ一〇年の歳月を要した。

新条約は、旧安保に比べて大幅に改善されたにもかかわらず、なぜ二〇〇万人もの人がデモに参加するような大規模な反対運動が生まれたのであろうか。条約そのものに反対というよりは、政治家岸信介に対する不信(国家主義者、権威主義者とのイメージ)から安保反対を唱えた人も多数いたと言われた。しかし、岸総理退陣後も、安保条約に対する国民の支持が目立って強固になったとは言えない。

一番の問題は、新条約が旧安保から引き継いだ条約の地域性に対し、国民の大勢が強い抵抗感を抱いたことである。米国にとっては、安保条約が、単なる日本防衛のための二国間条約ではなく、東アジアの地域的安全保障システムの中核的役割を担うことが戦略的に重要であった。しかし日本は、そのような地域的役割に必然的に伴う政治的、軍事的リスクを米国と共有することを望まなかった。本稿㉕〔本書六五頁〕で述べたとおり、日本は米国の軍事的傘を必要としたが、その傘が広すぎると、安全どころか、かえって危険と思われた。

一九五八年には、中国大陸沖合の金門《きんもん》、馬祖《ばそ》両島(台湾の国民党政権が実効支配)に対する中国人民解放軍の大規模な砲撃に端を発し、一時的にせよ、米中の軍事的対決が懸念される事態が生じた。

朝鮮半島の軍事的緊張にも、一向に緩和の兆しは見られなかった。こうした当時の東アジア情勢の下では、「戦争巻き込まれ」論も、あながち左翼の空論とばかりは言えないと思われた。国民の多くが、反米でなくとも、日本の安全を米国に任せることを不安に思い、日本の意思に反して米国の戦争に加担したくないと感じた。「イエスもノーもある」のが本来のあり方である事前協議制度を、もっぱらノーと言うための仕組みとして政府が説明したのは、このような国民感情に配慮したからである。（この国民感情は、六〇年代になると、ベトナム戦争反対という形で一層強くなる。）

安保改訂交渉が進むに伴い、米側は、安保条約の地域性をできるだけ薄め、事前協議制度を日本防衛以外の目的のための米軍の基地使用の「歯止め」にしようとの日本の立場に深刻な懸念を抱くようになる。とくに米国は、北朝鮮の再度の侵攻という緊急事態に際し、事前協議をしても日本政府の応諾が得られないというのでは、韓国防衛の義務を果たせないとの危機感を持った。こうした事情を背景に日米間で困難な交渉が行われた結果、最終的に合意されたのが、そのような緊急事態の場合には、例外的に事前協議なしでの基地使用を認める、との趣旨の不公表文書である。（「朝鮮議事録」と呼ばれる同文書は、先般の外務省の密約問題調査チームの検証で、その存在が明らかになったものである。）

日米間に十分な相互信頼があれば、こうした「密約」は不要であったはずであるが、生まれたばかりの日米同盟にそのような相互信頼を期待するのは尚早であった。

〔㉘456号2010、5〕

第6章 沖縄返還――戦後の終わり

小笠原と沖縄

一九六〇年代前半は、日本外交にとって比較的平穏な時期であった。岸内閣による安保改訂という大嵐を体験した国民は、所得倍増計画を掲げた池田内閣の経済優先の内外政策に安心感を抱いた(池田内閣の経済外交については、〇八年一一月の本稿⑯〔本書四〇―四三頁〕を参照ありたい)。しかし、六四年の東京オリンピックの開催を機に、漸く「敗戦国」を脱却したと感じた国民の自信を背景に、同年一一月に登場した佐藤政権は、戦争の後始末(戦後処理)という、いわば「後ろ向き」の外交を卒業し、本来の「前向き」の外交に乗り出そうと考えた。そしてそのために、まず一五年来の懸案であった日韓正常化交渉を決着させ(六五年六月日韓基本関係条約調印)、次いで、サンフランシスコ条約により米国の施政権下に置かれていた小笠原、沖縄の返還に取り組んだ。

佐藤総理は、六五年八月に総理大臣として初めて沖縄を訪れ、「私は沖縄の祖国復帰が実現しない限り、わが国にとって「戦後」が終わっていないことをよく承知しております。これはまた日本国民すべての気持ちでもあります」との声明を読み上げ、返還実現を目指す強い決意を表明した。しかし、対米交渉の機は容易に熟さず、実際に交渉らしい交渉が始まったのは、ほぼ二年後の六七年七月に行われた三木〔武夫〕外務大臣とジョンソン駐日大使との会談からであった。それでも、このときに三木大臣が返還の具体化を申し入れたのは小笠原についてのみであり、沖縄については一般的な意見交換の域を出なかったのである。

戦略的価値が乏しい小笠原については、米側にもさしたる抵抗はなく、同年一一月の佐藤総理訪米に際して発出された共同声明において、小笠原の「日本への早期復帰をこの地域の安全を損なうことなく達成するための具体的な取決めに関し、両国政府が直ちに協議に入ること」が合意された。その後の返還協定交渉は順調に進み、翌六八年四月には協定調印の運びとなった。しかし、沖縄の場合は、問題はそう簡単ではなかった。

そもそも一口に沖縄返還と言っても、日米それぞれの視点には、相当な開きがあった。日本にとってこの問題は、一〇〇万の同胞とともに、長年にわたって外国の統治下に置かれてきた固有の領土の祖国への復帰を求めるという、疑う余地がない正当な要求であった。他方、米国から見ると、沖縄は、アジアにおける封じ込め政策を維持していく上での要《かなめ》となる拠点であり、日本の要求の正当性は否定できなくとも、返還後の同地の戦略的価値が減殺されるような事態はぜひとも避けなくてはならないと考えられた。

このような米国の懸念を象徴していたのが、先に引用した佐藤総理の沖縄訪問の際の声明の案文を事前に知らされた国務省の反応であった。すなわち米側は、同総理が、声明の中で、沖縄の日本復帰の問題と併せて、同地における米軍の安全保障上の重要な役割にも言及するよう申し入れてきたのである。その結果、「極東の平和と安全のために琉球諸島はきわめて重要な役割を果たしております。私は沖縄の安全がなければ日本本土の安全はなく、また日本本土の安全がなければ沖縄の安全もないことを確信しております」との表現が追加されることになった（外岡秀俊ほか『日米同盟半世紀――安保と密約』（朝日新聞社、二〇〇一年、二四四頁））。

沖縄返還交渉で、北米局長（一九六八年六月からアメリカ局長）として外務省事務当局の中心的役割を担った東郷文彦氏（後の駐米大使）は、回想録『日米外交三十年』の中で、六七年夏の三木外務大臣とジョンソン大使との会談（八一頁参照）の席上、同大使が強調した沖縄返還に関する米国の基本的立場を次のように述べている。

「（前略）問題の核心は日本としてアメリカが極東において如何《いか》なる軍事的姿勢を維持することを望むかと云うことであって、アメリカの最小限は何かと云うことではない、返還後日本が沖縄の基地の有用性を保つことを望む限り日本の政治的責任は増大するが、日本は沖縄の現状と政治的責任の増大のいずれを選ぶか、と云うことである」（一二七―一二八頁）

安保条約が有している極東（東アジア）の地域的安全保障システムの中核的役割は、沖縄返還前には、事実上、米国の施政下にある同地の米軍が担っていた。日本の「政治的責任の増大」とは、沖縄が返還になれば、極東の安全保障を維持する責任は、否応《いやおう》なしに、安保条約に基づき日米が共有することが求められることを意味した。

〔㉙457号2010、6〕

「両三年内」

沖縄返還交渉が日米両国政府の間で正式な議題になったのは、一九六七年一一月の佐藤栄作総理の訪米からである。このときの、同総理と〔リンドン・B・〕ジョンソン大統領との首脳会談を踏まえて発出された共同声明で、小笠原返還についての原則的合意が謳われる(前稿㉙(本書八二頁))とともに、沖縄についても、総理大臣により、「両国政府がここ両三年内に双方の満足しうる返還の時期につき合意すべきであること」が強調されたことを受けて、両首脳は、「日米両国政府が、沖縄の施政権を日本に返還するとの方針の下に、(中略)沖縄の地位について共同かつ継続的な検討を行なうことに合意した」旨が明記された。米側は、返還の時期についての「両三年内」の合意にコミットしたわけではないが、施政権返還の方針の下での「共同かつ継続的な検討」には同意したのであるから、日本側から見れば、大きな前進と言えた。

ところで、沖縄返還交渉で、外務省事務当局の中心的役割を担った東郷文彦北米局長(当時)が、回想録『日米外交三十年』の中で、この共同声明にまつわる裏話を披露している。すなわち、「両三年内」の表現は、外務省が予め準備していたものではなく、首脳会談の前日になって、佐藤総理から突然"within a few years"という英文を示され、「私は内心これはむずかしいことになったなと思ったが、否応はない」ということで、急遽和訳を考えなくてはならず、苦労をしたとのことである(一三六頁)。こうした同総理のやや不可解な言動の背後に、実は、京都産業大学教授(当時)の若泉敬氏がホワイトハウスの(ウォルト・W・)ロストウ特別補佐官と裏チャンネルで接触していた事実があったとされるが(3)、このことは、外務省は全く知らされておらず、真相は明らかではない。若泉氏は、二年後、六九年の総理訪米時に再び密使として登場する。

閑話休題。六七年の佐藤・ジョンソン共同声明において、せっかく施政権返還に向けて沖縄の地位に関する「共同かつ継続的な検討」が合意されたにもかかわらず、翌六八年を通じ、返還交渉には実質的な進展は見られなかった。これには、二つの大きな理由があった。一つは、佐藤総理が、返還後の基地のあるべき態様について「白紙」と言い続けたことに象徴されるように、ジョンソン駐日大使が再三指摘した、沖縄返還に伴う日本の「政治的責任の増大」を受け入れるかどうかについての政府(総理)の腹が容易に固まらなかったことにある。今一つは、米国の国内政治情勢である。六八年は大統領選挙の年に当たり、それでなくとも外交への政治の関心が薄くなるところに加え、ベトナム戦争に反対する世論の高まりに直面したジョンソン大統領の再選出馬断念といった事態の下では、沖縄問題に政権の関心が向くことを期待できるような状況ではなかった。

東郷アメリカ局長の共同声明案

しかし、六九年春になると、佐藤総理は、国会答弁等を通じ、次第に「白紙」から抜け出し、「核抜き、本土並み」の返還を目指すとの姿勢を明らかにするようになる。『日米外交三十年』によれば、同総理は、二月には外務省事務当局に「返還の形式は事前協議を含めて何とか本土並みと云う形をとりたい、その枠内でどうしても問題が残ると云う場合には重大な決心をする」との意向を示し、これを受けて外務省側も、「双方の政治的要請と軍事的要請の調整点を見出すため、核と基地の作戦使用の問題について事前協議の関連で具体的に両政府間で検討を進める、と云うことで総理の了承を得た」のである〔一五九―一六〇頁〕。

このように、日本側の基本的考えが漸く固まってきたのに対応し、米側も、民主党から共和党への政権交替でニクソン政権が登場すると、沖縄問題に腰を据えて取り組む姿勢を示すようになった。

こうして徐々に交渉の機が熟し、六月の愛知揆一外務大臣(前年一一月に三木武夫大臣に代わり就任)の訪米時の外相会談(米側は〔ウィリアム・P・〕ロジャーズ国務長官)の結果、交渉の大枠についての合意をみたのである。すなわち、米側は、七二年中の返還実現、返還後の沖縄には安保条約と関連取り決め(一番重要なのは事前協議制度)を修正なしに適用する(これが本土並みの意味)との日本政府の立場を交渉のベースにすることを原則的に受け入れ、一一月に想定されるワシントンでの首脳会談後に出される共同声明に交渉の成果を盛り込むこととされた。以後の交渉の焦点は、共同声明の案文になる。〔㉚458号2010、7・8〕

一九六九年八月某日、当時条約局の条約課で安保関係の事務を担当していた筆者は、課長(中島敏次郎、後の最高裁判事)に「ちょっと来てくれないか」と呼ばれ、長文の草案を手渡された。それは、東郷北米局長(一九六八年六月からアメリカ局長)が自ら起草した日米共同声明の案文であり、これを法的見地から精査するとともに英訳することが、私に与えられた仕事であった。こうしてその日から筆者は、沖縄返還交渉にかかわることになったのである。

後日我々は、同案が入院中の夫人の枕元で一気に書き下ろされたものであることを知り、常人では真似ができない東郷局長の能力に驚かされたのであるが、そのような舞台裏のエピソードを知らずとも、筆者は「局長とはこのような仕事をするものか」と敬服させられた。東郷案が、その後の対米交渉において決定的役割を演じたことは、同案が、複雑な折衝を余儀なくされた「核抜き」関連の部分を除き、ほとんどそのままの形で日米間で最終的に合意されたことによって裏書きされている。

共同声明案をめぐる日米交渉の最大の争点は、返還後の沖縄の米軍基地の使用態様について、双方の立場の接点をどこに見出すかであった。「核抜き」も当然主要な争点ではあったが、米国から見ると、むしろ「本土並み」のほうが、沖縄返還の可否を左右しかねない問題であると思われた。韓国、中華民国(台湾)と相互防衛条約を結んでいる米国にとっては、沖縄の基地の使用が事前協議制度の適用によって著しく制約されることになっては、一朝有事の場合に効果的に対応できなくなる可能性が大きく、そうなれば、極東の地域的安全保障システムが機能しなくなってしまう。事前協議制度を、もっぱら「アメリカの戦争に巻き込まれないための歯止め」との日本政府の国内説明が本音だとすれば、有事に際し、戦闘作戦行動(例えば航空攻撃)発進のための事前協議にイエスという回答が容易に得られそうもない、と米国が考えたとしても不思議ではなかった。この米国の懸念を取り除かない限り、「本土並み」の返還はあり得なかったのである。

「本土並み」には、もう一つ乗り越えなくてはならない問題があった。前にも述べたとおり、「イエスもノーもある」というのが事前協議の本来のあり方である。したがって、米国の懸念に対処する必要があるといっても、限定的にせよ日本政府の自主的判断の権利を放棄して、イエスを予約することはできない。仮にそのような約束をしたとすれば、それは一九六〇年の「朝鮮議事録」の再版にほかならない(拙稿㉘〔本書七九―八〇頁〕参照)。返還交渉にあたっての外交当局の基本方針は、政治的リスクが大きい「密約」は結ばないことであった。

東郷局長の共同声明案の最も注目すべき点は、日米の異なる立場の両立を図るために、安保条約の地域性(条約第六条の極東条項が有する地域的安全保障システムの機能)を初めて公式に受け入れたこと[4]

である。すなわち、共同声明の中で、日本政府を代表する総理大臣が、韓国、台湾地域の安全が日本の安全にとって重要であるとの認識を表明することによって、米側の戦略的ニーズに応えようとしたのである。こうした認識を前提とすれば、有事に際しての米側からの事前協議に対し、日本政府が否定的対応をすることは想定し難いはずである。

また、このような首脳レベルでの認識の表明は、法的な意味でのイエスの予約ではなくとも、いざというときには、イエスという返事を期待できるという明確な心証を米国政府に与える政治的重みを有していると言える。別の言い方をすれば、佐藤総理の後継者は、米国の信頼を失う覚悟がない限り、同総理が表明した認識を引き継がないとすることは政治的にできない。「韓国の安全は日本自身の安全にとって緊要」であり、「台湾地域における平和と安全の維持も日本の安全にとってきわめて重要な要素である」との、最終的に合意された共同声明第四項の文言は、こういう意味で東郷局長の苦心の作であった。

ナショナル・プレス・クラブ演説

それでも米側は、この共同声明での佐藤総理の認識表明では不十分であるとして、事前協議への対応ぶりについての何らかの具体的言質を得ることに固執した。そのために、日本側は、ワシントンでの同総理の演説で、共同声明を補足する趣旨の一方的発言を行う形で米側の要求に対処することにしたのである。　〔㉛459号2010、9〕

「特に韓国に対する武力攻撃が発生するようなことがあれば、これは、わが国の安全に重大な影響を及ぼすものであります。従って、万一韓国に対し武力攻撃が発生し、これに対処するため米軍が日本国内の施設、区域を戦闘作戦行動の発進基地として使用しなければならないような事態が生じた場合には、日本政府としては、このような認識に立って、事前協議に対し前向きに、かつすみやかに態度を決定する方針であります。

台湾地域での平和の維持もわが国の安全にとって重要な要素であります。（中略）従って、米国による台湾防衛義務の履行というようなこととなれば、我々としては、わが国益上、さきに述べたような認識をふまえて対処してゆくべきものと考えますが、幸いにしてそのような事態は予見されないのであります」（傍線筆者）

若干長くなったが、右に引用したのが、佐藤総理がワシントンのナショナル・プレス・クラブで行った演説の事前協議関連部分である。これは、前稿で述べたとおり、事前協議に言及した形で共同声明を補強する言質が必要との米側の要求に応じるために、同総理の訪米準備の最終段階で演説草稿に書き加えられたものである。韓国に対する武力攻撃という事態に際し、「事前協議に対し前向きに、かつすみやかに態度を決定する方針」との表現は、法的なコミットではないが、政治的には限りなくイエスに近い政策の意図表明を意味した。これと比べると、台湾地域関連部分は、かなり抽象的な表現にとどまっているばかりでなく、「そのような事態は予見されない」としており、これは、朝鮮半島と台湾海峡の現実の情勢の違いに加え、有事の場合の対応に曖昧さを残しておくのが賢明との台湾問題についての日米双方の思惑を反映していたと言える。

佐藤総理の演説が、沖縄の基地使用の保証を求めた米軍部の説得にどの程度役立ったかは分からない。しかし、筆者は当時から、米側の目的である、極東の地域的安全保障システムの要という安保条約の機能の確保は、共同声明で達成されたはずであると考えていた。日本の安全は朝鮮半島、台湾地域の平和に大きく依存しているとの日本政府の認識を確認したことこそが共同声明の本質であり、このような認識さえあれば、事前協議にいかに対応すべきかは、自ずと明らかだからである。

「本土並み」と「朝鮮議事録」

いずれにせよ、沖縄の「本土並み」返還は共同声明と総理演説（米側は、これを「一方的ステートメント」と呼んでいたようである）のセットで実現したのであるが、これは、たぶんにタイミングに助けられた面があったことも否定できない。佐藤総理をはじめ、日本側が最も頭を悩ましたのは、実はベトナム戦争の行方であった。嘉手納基地を経由したB52爆撃機によるいわゆる北爆は、前年（六八年）三月から停止され、米越和平交渉は、同年五月からパリで始まっていた。ニクソン政権がベトナム戦争の収拾を真剣に考えていたことは明白であったが、もし和平交渉決裂という事態になった場合には、事前協議で嘉手納の使用を認めるか、それとも、沖縄返還自体を先送りするか、の選択を迫られる可能性があった。

共同声明が、「万一ヴィエトナムにおける平和が沖縄返還予定時に至るも実現していない場合には、（中略）そのときの情勢に照らして十分協議することに意見の一致をみた」と述べたのは、そうした場合を想定しておかざるを得なかったためである。その後和平交渉が進展し（休戦協定成立は七三年一月、但し七五年四月にはサイゴン陥落）、政府として大きな政治的リスクを冒すことになる選択を回避できたのは、まことに幸いであった。

「本土並み」に関連して最後に残った問題は六〇年の安保改訂の負の遺産である「朝鮮議事録」（朝鮮半島での緊急事態への即応）は、共同声明と総理演説ですでに確保されているので、米国の事前協議義務を免除する意味を持つ同議事録は廃棄すべしと考え、そのことを条約局の意見として北米局（一九六八年六月からアメリカ局）に申し入れた。しかし、米側が同議事録の存続に固執したため、結局廃棄を断念せざるを得なかった。後味の悪さが残ったが、筆者は、共同声明と総理演説に照らせば、一朝有事の際に米側が事前協議なしで行動することは政治的にできないと考えた。（拙稿㉘〔本書七九―八〇頁〕参照）の処理であった。筆者は、同議事録の目的〔㉜460号2010、10〕

「本土並み」による沖縄返還実現のために、共同声明の中で日本の総理大臣が表明した、韓国、台湾地域を含む極東の安全なくしては日本の安全も確保できないという地政学的現実の認識は、日本が米国とともに極東の安全保障の責任の一端を担う政治的意思を初めて公に確認したという意味で、画期的意義を有していた。安保条約が、締結後一〇年近くたって、漸く同盟国同士に相応しい姿に一歩近づいたのである。それでは、返還交渉のもう一つの柱であった「核抜き」のほうは、どのように達成されたのであろうか。

「核抜き」と日米共同声明第八項

広島、長崎の悲惨な体験は、日本国民の心理に癒やしがたい深い傷を残した。核兵器を拒否する強い国民感情は、「唯一の被爆国」という言葉とともに、今日でも鮮明に生き続けている。旧安保条約は、東西対立の冷戦下で西側にコミットした日本の安全を米国の軍事力の「傘」によって守ることを意味した。しかし、日本の国民感情は、この米国が差し出した「傘」には「核の傘」が含まれているという事実を直視することを許さなかった。

こうした事情を反映して、その後安保改訂を経て沖縄返還に至るまでのほぼ二〇年の間、日本の政府も国民も、米国の「核の傘」の下に入るということが、日本の外交・安全保障政策にとって具体的に何を意味するのか、また、米国と何を話し合うべきかについて、真剣に考えることはなかったのである。そうしたことが、安保改訂時に、核兵器の「持ち込み」（イントロダクション）という言葉の解釈をめぐり、不毛な論争につながる不透明な結果（拙稿㉗〔本書六九―七八頁〕）を生む原因になった。また、このことは、「核抜き」問題の処理にも大きな影響を及ぼした。

さて、ここからは、「核抜き」をめぐる日米交渉の過程を振り返ってみよう。

佐藤総理は、一九六八年一月、通常国会冒頭の施政方針演説で、「持たず、作らず、持ち込ませず」の非核三原則を表明した。しかし、その中の「持ち込ませず」をそのまま沖縄にも適用するのかとなると、拙稿㉚〔本書八四―八五頁〕で述べたとおり同総理は、「白紙」という慎重な姿勢を容易に崩さず、漸く六九年春になって、外務省事務当局に対し、「核抜き、本土並み」の方針での対米交渉を指示したのである。

当時米国は、メースBと呼ばれる戦術核（中距離弾道ミサイル）を沖縄に配備していた。もちろん米国は、以前から核兵器の具体的所在については肯定も否定もしないNCND政策を維持していたから、沖縄における核ミサイルの存在を公式に認めたことはなかったが、このことは公知の事実であった。

沖縄返還交渉が本格化するに当たり、米国政府は、返還後もメースBを引き続き沖縄に配備すべきかを検討した結果、六九年五月の国家安全保障会議(NSC)において、交渉の最終段階での大統領の判断による撤去への同意を決定した。但し、その場合には、緊急時の貯蔵目的での再持ち込みと通過(トランジット)の権利の確保が条件とされた。このNSCの決定は、その後一部米国紙にスクープされたが、米国政府はこれを強く否定し、日本側としては、真相を確かめる術を持たなかった。そのために、佐藤総理も事務当局も、米側の腹を読めないままに一一月の訪米を迎えることになる。また、そうした状況が、後に述べるような、「密使」と呼ばれる裏チャンネルを通じた交渉が行われる原因となった。

「総理大臣は、核兵器に対する日本国民の特殊な感情及びこれを背景とする日本政府の政策について詳細に説明した。これに対し、大統領は、深い理解を示し、日米安保条約の事前協議制度に関する米国政府の立場を害することなく、沖縄の返還を、右の日本政府の政策に背馳《はいち》しないよう実施する旨を総理大臣に確約した」(傍線筆者)

これが、九月の愛知外務大臣の訪米時にロジャーズ国務長官に提示された、共同声明第八項の日本側最終案であり、「核抜き」は、二カ月後の首脳会談で同案が合意され、決着をみたのである。ここでいう日本政府の政策とは非核三原則を指すのであるが、「持ち込ませず」が具体的に何を意味するかについては触れていないことに留意する必要がある。また、核兵器の撤去が明記されていないが、これは、米側がNCND政策に反する結果になる明記に反対したためである。傍線部分は、

「再持ち込み」問題に対処するために条約局が考え出した文言であるが、これについては、次回（第四六二号）で詳しく取り上げることにする。〔㉝461号2010、11〕

灰色の領域

「総理大臣と大統領は、施政権返還にあたっては、日米安保条約及びこれに関する諸取決めが変更なしに沖縄に適用されることに意見の一致をみた」

これが、「本土並み」返還の日米合意を謳った、共同声明第七項の関連部分である。返還後の沖縄に変更なしに適用される「諸取決め」のうち最も重要なのは、条約第六条の実施に関する交換公文、すなわち事前協議制度である。同制度は、言うまでもなく、戦闘作戦行動の発進のための基地使用ばかりでなく、核兵器の持ち込みもその対象とされているから、同制度を変更なしに沖縄に適用するという場合、核兵器の持ち込みに関するレジームも、当然その中に含まれる。しかし、そこには二つの灰色の領域が存在する。

第一は、事前協議制度と非核三原則との関係である。事前協議のレジームは、戦闘作戦行動の発進であろうと、核兵器の持ち込みであろうと、日本政府の対応には「イエスもノーもある」ということが当然の前提となっている（常に答えが「ノー」というのであれば、協議をする意味がないから、制度自体が成り立たない）。そうであるとすれば、非核三原則を堅持することを宣言している日本政府は、いかなる場合に「イエス」と言うのか、という問題が生ずる。抽象論としては、「有事で、日本の安全という重大な国益がかかっている場合」というようなことが言えるが、それ以上の具体的な定義は、事柄の性質上不可能である。

第二の灰色の領域とは、核搭載艦の一時寄港(航空機の飛来も含む)が、NCND政策を維持する米国との関係で事前協議の対象になるか、という問題である。これに関しては、安保改訂時から生じた日米の解釈の食い違いを詰めないとの「暗黙の了解」が六八年以降成立していたことは、拙稿㉗〔本書六九―七八頁〕で考察したとおりである。その結果、政府は、米国のNCND政策を暗黙裡に尊重せざるを得ない立場に置かれていた。

「本土並み」という場合には、事前協議制度全体が、この二つの灰色部分を含め、「変更なし」に沖縄に適用されることになる。したがって、条約局としては、「核抜き」に関する共同声明の文言は、返還時の沖縄(陸上)には核兵器が存在しないことを米国政府が約束するものであれば足りると考えた。「暗黙の合意」は、当然沖縄についても維持されなくてはならず、また、米国政府は、条約上の権利として、「再持ち込み」のために事前協議を提起できる立場にあり、日本政府が国益上緊要と判断すれば、「イエス」と答える余地が残されているからである。(一定の場合の「イエス」の予約は、戦闘作戦行動の場合と同様に、制度の建前に反するので、できない。)

この間米側は、前稿で述べたNSCの条件付き決定の立場を背景に、「再持ち込み」の道が開かれていることを共同声明の中あるいは別途の不公表の文書で明示するよう強く求めてきた。この米側の要求に最大限どこまで歩み寄れるかを考えた筆者は、課長、局長と協議の上、すでに米側に提示済みの、沖縄返還を「日本政府の政策(非核三原則)に背馳しないよう実施する」との文言の前に、「事前協議制度に関する米国政府の立場を害することなく」という一句を挿入する案を作成し、北米〔アメリカ〕局に示した。この句の挿入によって、日本政府の基本的立場が変わるわけではない（事前協議を提起する米国政府の条約上の権利は、日本政府の一方的な政策表明である非核三原則により否定されることはない）が、そのことを共同声明の中で明確に確認する（すなわち、「持ち込ませず」には、有事の際には例外があり得ることを公に認めた）という意味で、米側に対して強い説得力を持つことを期待したのである。

この案は、最終的には、一一月一九日の首脳会談でニクソン大統領が同意を表明し、共同声明第八項になるのであるが、それまでは、九月に愛知大臣から同案を受け取った米側は、核問題は大統領の専権事項であるとして、一切態度を明らかにしなかった。そのために、総理に同行していた外務省事務当局は、行き詰まりを打開する最後の手段として、不公表の会談録で、万一の場合には非核三原則の再検討もあり得る旨を示唆する方式も検討したが、愛知大臣の同意を得られず、結局採用されなかった経緯がある（「いわゆる「密約」問題に関する有識者委員会報告書」六八—七七頁参照）。

〔㉞462号2010、12〕

「密使」若泉敬

沖縄返還は、日本にとって最も重要な対外関係である米国との関係において、戦争の後始末という、敗戦国としての「後ろ向き」の外交に終止符を打ち、対等で「前向き」の関係構築に向けての展望を開いた。「核抜き、本土並み」の返還は、国民が望んだことであり、これを実現した佐藤総理の指導力は評価されて然るべきである。また、一九六九年の日米共同声明において、日本政府は、安保条約の下で極東の地域的安全保障の責任の一端を分担する意思を表明した。これは、日米関係が戦後二〇年を経て、初めて同盟国同士の関係に一歩近づいたことを意味した。

これは、沖縄返還の「光」の面であるが、その裏には、「影」の面も存在したことも否定できない。まず指摘されなくてはならないのは、沖縄が、その地政学上の戦略的価値の故に、本土復帰後も引き続き東アジアの地域的安全保障体制の中で重要な役割を担っていかざるを得ず、その結果、今日に至るまで沖縄県民は、米軍基地の存在に伴う大きな負担を強いられてきたことである。また、対米支払いを要した財政関連の問題では、返還協定の枠外で不透明な処理が行われ、その全貌は未だに明らかになっていない。[5] そして、「核抜き」との関連では、佐藤総理が「密使」に託した裏チャンネルでの交渉は、政府の基本的立場との整合性を失った二元外交をもたらし、返還交渉の歴史に深刻な歪みを残した。

佐藤総理は、非核三原則の表明（六八年一月末の国会での施政方針演説）に当たって、もっぱら若泉京都産業大学教授（当時）の助言に頼り、外務省、防衛庁の事務当局の意見を徴することはなかった。もしそうしていれば、三原則のうちの「持ち込ませず」は、二つの大きな問題を内包していることを理解したはずである。第一は、日本の究極の安全を米国の核抑止力に依存するのであれば、「持ち込み」の絶対的禁止はあり得ないことである。第二は、核搭載艦、航空機の立ち寄り（いわゆるトランジット）を事前協議の対象にすることは、米国の核戦略の柱の一つであるNCD政策と両立しないので、平時、有事を問わず実行できないことである。

「持ち込み」の定義をめぐる日米の解釈の食い違いについては、偶々《たまたま》佐藤総理の国会演説の直前に米側(ジョンソン駐日大使)から、日本政府の国内説明は安保改訂時の了解に反するとの申し入れが行われたが、「現在の立場を続けるの他なし」との外務省(東郷北米局長)の判断を付記した会談記録が二月五日に同総理の閲読を得ている。(6) したがって、遅くとも同日以後同総理は、この問題を熟知していたと考えられる。また、同総理と外交当局との間の意思疎通が良ければ、事前協議の結果を予約するような秘密の約束を米側と交わすことの政治的リスクの大きさを十分認識したはずである。

機微な外交交渉において、局面打開のために密使を使うこと自体は、批判されるべきものではない。しかし、その場合には、密使による裏チャンネルの交渉と、表の外交チャンネルの交渉との間に、基本的な整合性が確保される必要がある。交渉の重要な争点について、表と裏で互いに矛盾する立場を主張したのでは、相手の信頼を失うばかりでなく、国益を損なう結果になるからである。

「密約」説への疑問

「核抜き」に関する対米交渉の最大の争点は、核兵器の撤去を実現することよりも、緊急時の再持ち込みの権利を確保したいとする米側の要求にどのように対応するかであった。この問題についての日本政府の基本的立場は、次の四点に要約できる。

(1) 核持ち込みに関し、本土と異なる特別のレジームを沖縄について合意することは、「本土並み」の原則に反するのでできない。

(2) 「緊急時」(有事)に際しての再持ち込みは、わが国の安全保障を米国の核抑止力に頼る以上、当然考慮されなくてはならないが、その必要性の判断は、米国一国ではなく、日米両国がそれぞれ行うべきである。そのために事前協議制度が存在する。

(3)「緊急時」を予め具体的に定義しておくことは不可能であるから、事前協議への対応は、そのときの状況に即して決定されるべきものである。

(4)公表、不公表を問わず、右と矛盾する取り決めは結ばない。

共同声明第八項の日本案(大統領は「日米安保条約の事前協議制度に関する米国政府の立場を害することなく、沖縄の返還を(中略)日本政府の政策に背馳しないよう実施する旨を総理大臣に確約した」)は、まさにこの基本的立場を正確に反映したものであった。したがって、同案で最終的合意が得られたとの現地からの知らせを受けた筆者(当時本省で留守番役)は、同案の起草者として、感慨を覚えたことを思い出す。

ところが、その後若泉氏の密使外交が明るみに出され、それに伴い、沖縄への核の再持ち込みを認める「密約」の存在が報じられるようになった。若泉氏の動きは、当時外務省は全く知らされなかったのであるが、筆者の目から見ると、この「密約」説は、二つの理由から信じがたいものであった。

第一に、言われているような首脳間の合意の案が存在したとしても、それは、先に述べた政府の基本的立場に反するものであり、佐藤総理がそのような案を承認したとは思われないことである。

第二に、〔ヘンリー・A・〕キッシンジャー博士(沖縄返還交渉当時の大統領補佐官)の回想録の中で、若泉氏(ヨシダという暗号名を使用)との折衝の詳細が述べられているが、そこで両者が合意したとされる文言は、まさしく共同声明第八項の日本案そのものなのである。しかも同博士は、「核兵器の持ち込みというような重大な決定は、過去のコミュニケによるのではなく、そのときの状況如何による」と、まさに先に述べた日本側の基本的立場(3)と同じことを、自身の考察として付記しているのである。(7)

こうしたことから筆者は、九四年に刊行された若泉氏の告白録『他策ナカリシヲ信ゼムト欲ス』〔文藝春秋〕を読んでも、依然として佐藤・ニクソン秘密合意議事録といった文書は存在するはずがないと思っていた。それだけに、一昨年〔二〇〇九年〕末に明らかになった、両首脳の署名入りの合意議事録が佐藤総理の遺族によって保管されていた事実は、筆者にとっては大きなショックであった。同議事録の内容は、有識者委員会の報告書で詳しく紹介されているが、要するに、「極めて重大な緊急事態が生じた際」には、沖縄への核兵器の再持ち込みを求める事前協議に対する日本政府の「好意的回答」を約したものである。

同総理が、このような文書の政治的、法的正当性を納得して署名したのではない可能性があることは、同総理がこの文書を私蔵し、後継総理を含め、誰にもその存在を引き継がなかったことから推量できるが、確たることは分からない。他方の当事者であるニクソン大統領が同議事録の性格をどのように認識し、いかに扱ったかも、同議事録を含む関係記録が公開されていないので、不明である。ホワイトハウスが、米軍部の同意を取り付けるために、同議事録を実際に使用したかも分からない。

繊維のシナリオ

後になって振り返って見ると、ニクソン大統領にとっては、核兵器の再持ち込みについて佐藤総理の言質を取ることよりも、当時懸案となっていた日本の対米繊維輸出問題で、包括的自主規制への同総理の同意を取り付けることの方が優先度が高かった。旧式化して戦略的価値が乏しくなっていた沖縄の核ミサイルの撤去に大きな問題はなく、ニクソン・キッシンジャーのホワイトハウスは、「核抜き」を日本に対する重要な譲歩として利用すると同時に、中国に対する政策転換のシグナルという、一石二鳥の効果を狙ったのであろう。

再持ち込みの権利の確保はそれなりに重要ではあっても、いずれにしても、日本政府の判断の権利を無視することはできない。それよりも、同大統領にとっては、自身の選挙公約であった南部の繊維産業の保護（そのための日本の輸出規制）の方が、政治的にはるかに重要であった。若泉氏の接触を利用しようとしたのは、このようなしたたかな計算によるものであったと思われる。

こうした背景の下で、若泉・キッシンジャーが描いた秘密のシナリオは、佐藤総理が帰国後繊維業界を説得し、包括的自主規制を実施するというものであった。これが、当時報じられた「善処する」という同総理の言葉の具体的中身であったのである。しかし、このシナリオは、業界の強い反対に遭って完結しなかったために、ニクソン大統領の同総理に対する不信を生むという、不幸な結末を招いた。キッシンジャー博士は、回想録の中で、過大な代償を日本に求める結果になった大統領選挙の公約を批判しているが⑧、密使外交が返還交渉に残した暗い影の歴史を消すことはできない。

次回からは、日中国交正常化を考察する。

〔㉟463号、2011、1・2〕

第7章　日中国交正常化——安保体制と台湾

対日講和と吉田書簡

一九七二年は、戦後の日本外交にとって、画期的な年であった。まず同年五月に、前稿まで七回にわたって考察した対米交渉が結実し、沖縄の本土復帰が実現した。そして九月にはサンフランシスコ平和条約締結以来の懸案であった、大陸中国との国交が正常化された。その結果、日本の対外関係の中で最も重要な米国と中国との間で、戦争の後始末という後ろ向きの外交を卒業し、将来に目を向けた前向きの展望が開かれたのである。今回からは、後者の日中国交正常化交渉を振り返る。

四六年から本格化した中国大陸の内戦は、四九年には毛沢東が率いる共産党の勝利に終わり、大陸に中華人民共和国が誕生した。他方、敗れた蔣介石の国民党政権（国府）は、中華民国の国名を維持したまま、同政権の軍事占領下にあった台湾に立て籠《こも》った。そして、両者がいずれも全中国を代表する正統政府との立場を譲らず、アジアに事実上「二つの中国」が存在することになった。

こうした背景の下で、五一年になって、米国の主導で対日講和会議が招集される運びになると、同会議にいずれの中国を招くかについて、第二次大戦の主要戦勝国である米英間に対立が生じた。五〇年（朝鮮戦争勃発前）に、すでに中華人民共和国政府を承認していた英国は、同政府の代表を講和会議に招くことを主張したのである。（そもそも五〇年当時の英国が、いち早く同政府を承認したのは、社会主義に同情的な労働党政権であったことに加え、同国にとって極めて重要な香港の権益を守るためには、北京との外交関係が不可欠との政治的判断があったからであろう。）

しかし、米国の立場から見れば、朝鮮半島で米軍の兵士が中共軍を相手に血を流している状況下で、その中共の代表を対日講和会議に招くことは論外であった。結局この問題については、米英間の交渉の結果、講和会議にはいずれの中国も招待せず、また、いずれの中国と平和条約を結ぶかは、主権回復後の日本の選択に任せる、との了解が成立した。しかし、これは、講和会議を乗り切るための便宜的な妥協でしかなかった。

対日平和条約調印後間もなく、米国のダレス特使は、同条約を審議することになる、上院外交委員会の有力メンバー二人を帯同して来日し、日本が中国の平和条約の相手に国府を選ばなければ、対日平和条約の上院承認は得られないであろうとして、吉田総理の決断を迫った。

当時の米国では、朝鮮戦争で苦戦を強いられていたこともあって、〔ジョゼフ・R・〕マッカーシー上院議員を先頭に、激しい反共、反中共の声が世論を支配している状況で、それでなくても反共色が強い同特使は、英国との了解を尊重するつもりはなかったのである。（米政府内の知日派も、日本自身の選択に委ねれば、日本は北京と講和し、そうなれば、日本は中立化する可能性があると警戒していた。）

吉田総理自身は、米国の反中共一本槍の中国政策には懐疑的であったと言われるが、それでも同国の国内政治情勢を無視できず、ダレス特使の要求を容れ、年末も押し迫った一二月二四日に、国府との国交正常化を約する同特使宛書簡（いわゆる吉田書簡）を発出したのである。この同総理の決断により、米上院の対日平和条約承認が無事確保されたのであるが、その代償として、日本外交は、中国大陸との関係正常化は凍結という制約を受け入れざるを得なかった。

吉田書簡は、右に述べたとおり、国府との平和条約締結を約束したものであるが、他方、吉田総理は、同書簡の中で、この条約の適用範囲を国府の支配下にある領域に限定する趣旨の意図を表明した。翌五二年四月に調印された日華平和条約は、この意図表明に沿って、付属の交換公文において、「この条約の条項が、中華民国に関しては、中華民国政府の支配下に現にあり、又は今後入る全《すべ》ての領域に適用がある旨」を規定した。交渉の過程で国府側は、全中国を代表する「中華民国政府」の正統性を否定するものとして、この規定に強く反対したが、最終的に譲歩した⑨。

同総理は、この交換公文を根拠に、国内説明では、中国大陸との関係は白紙であると強調し、将来の中華人民共和国との関係正常化への配慮を示唆した。二〇年後に、日中国交正常化が現実の外交上の問題となったときに、この同総理の配慮が果たしてどのような意味を持ち得たかについては、改めて考察することにしたい。〔㊱464号2011、3〕

「ニクソン・ショック」

中国大陸を実効支配している隣国と国交がないという状態は、単に異常であるばかりではなく、日本の国益にとっては、決して好ましいことではなかった。それにもかかわらず、一九五〇、六〇年代を通じ、日本の歴代政権が中華人民共和国との国交正常化に踏み切れなかったのには、二つの理由があった。

一つは、大陸の中華人民共和国政府も、台湾の中華民国政府も、自らが台湾を含む全中国を代表する正統政府であるとの立場を固持し、第三国が、「二つの中国」あるいは「一つの中国、一つの台湾」という立場に立って、それぞれの政府を承認することを認めなかった(そのような国との国交を拒否した)ことである。そのために、日本は、大陸との関係を正常化しようとすれば、日華平和条約締結(五二年)以来の国府との関係を絶つことを覚悟しなくてはならなかった。しかし、そのような政策転換に対しては、国内(とくに与党自民党内)の親台湾派からの強い反対が予想され、政治的に困難と考えられたのである。

第二の理由は、対米関係である。前稿(本稿㊱)でも触れたが、米政府内には、北京と国交を結んだ日本は、西側陣営を離脱して中立化するのではないか、との警戒心が根強く存在した。もしそのようなことになれば、折角築き上げた、北は日本から南は豪州、ニュージーランドに至る、二国間、多国間の条約網による中ソ封じ込めの防壁は一挙に崩壊する。米国としては、そうした事態は、何としても阻止しなくてはならなかった。見方を変えれば、日本にとっては、予想される米国の強い反対を無視して、北京との関係正常化を追求することは、あまりにもリスクが大きく、賢明な政策とは思われなかった。

ところが、六九年に米国にニクソン政権が登場し、客観情勢が大きく変わったことにより、日本の対中外交に新たな展望が開けた。

ニクソン政権にとって焦眉の急の外交課題は、米国のグローバルな地位と威信を損なわずに、泥沼化したベトナム戦争を収拾することであり、そのためには、北ベトナムを支援している中華人民共和国（以下「中国」）の協力を取り付けることが不可欠であった。しかし、ニクソン大統領の念頭には、より大きな戦略的構図があった。すなわち、近年尖鋭化しつつあった中ソ対立に着目し、中国との対話を通じ、米vs中ソの二極関係に代わる、米ソ中の三角関係を構築することにより、冷戦の主たる相手であるソ連との関係において、米国を優位に置こうという狙いであった。

ニクソン氏は、未だ在野時代の六七年に、外交専門誌『フォーリン・アフェアーズ』への寄稿論文の中で、中ソ一枚岩を前提とした中国封じ込め政策の転換を提唱していた。同氏は、大統領に就任すると、安全保障担当補佐官に起用したキッシンジャー博士の七一年における二度の訪中による地均《じなら》しを経て、翌七二年二月には、国交がない中国を大統領自らが訪問するという劇的な演出で、対中和解外交を展開した。そして、中国訪問の最終日に上海で発出された米中共同声明（いわゆる上海コミュニケ）により、国交正常化に向けた路線を敷いたのである。

上海コミュニケは、ソ連の脅威への対応という、米中共通の戦略的利益を踏まえた上での妥協の産物である。コミュニケ交渉の最大の争点は、台湾問題であった。台湾を含む「一つの中国」を事実として認めることを主張する中国側と、「一つの中国」に異論はないが、その実現は平和的手段によるべし、との米側の立場との間の溝は埋まることなく、コミュニケ上は両論併記の形で、問題は先送りされた。ニクソン大統領は、再選の暁には、台湾と断交して北京との正常化プロセスを完結させるつもりであったと言われる。しかし同大統領は、ウォーターゲート事件のために任期半ばで退陣を余儀なくされ、中国側も、ポスト毛沢東の権力継承に際して生じた政情不安といった事情から、正式の正常化は、〔ジミー・〕カーター政権下の七九年まで待たなくてはならなかった。

ニクソン・キッシンジャーのコンビによる対中外交は、米中二国間関係の安定、ひいてはアジア太平洋の平和と安定への道を開いたが、日本にとっても、中国との関係正常化という、歓迎すべき可能性を生み出した。しかし、その過程で日本の「頭越し」に行われたホワイトハウスの徹底した秘密外交（身内の国務省ですら、ロジャーズ長官を含め、完全に「蚊帳《かや》の外」に置かれた）は、「ニクソン・ショック」と呼ばれ、日本の政府、世論に消え難い対米不信という強い副作用をもたらした。

〔㊲465号2011、4〕

田中内閣の発足

一九七一年一〇月二五日国連総会は、中華人民共和国政府の代表権を認める決議を圧倒的多数（賛成七六、反対三五、棄権一七）で採択し、長年にわたった国連における中国代表権問題に終止符を打った。（台湾として国連に止まることを潔しとしなかった国府は、直ちに脱退を宣明した。）米国の対中政策の転換が引き起こした国際政治の大きな流れを象徴する出来事であった。これまで、米国とともに一貫して中国に対する代表権に反対してきた日本政府（佐藤政権）も、国連中心主義の大義名分に沿って、北京との関係正常化を模索するようになる。しかし、中国の指導部は、「反共、親台湾」と敵視していた同政権を相手にするつもりはなかった。

翌七二年七月、七年八カ月の長命を記録した佐藤内閣が、沖縄返還の実現を花道に退陣し、代わって自民党総裁選に勝利した田中角栄氏が政権の座に就いた。そして新総理は、就任早々、早期の中国との国交正常化を表明した。(10) 中国から見た田中総理は未知数であったが、少なくとも前任者よりはまし、と思われ、この機会を捉え、真剣に対日交渉に取り組むことを決めた。周恩来首相が、従来から日中関係に積極的で、かつ、同総理との間に太いパイプを有すると見られていた公明党の竹入〔義勝〕委員長（当時）を北京に招き、対日関係正常化に関する具体的構想を提示した裏には、中国指導部のこうした政治的意思があったのであろう。（竹入訪中の結果については、改めて次回で取り上げる。）

新内閣発足後間もなく、外務省の事務当局は、大平外務大臣の指示を受け、来るべき正常化交渉の準備に取りかかった。筆者は当時条約課長として、アジア局の橋本恕《ひろし》中国課長と二人三脚のような形で、この仕事に取り組むことになった。（事務方の主役はもちろん橋本課長であったが、後に述べるような、共同声明の起草に関する作業については、同課長から「君に任せる」と一任された。）我々事務レベルの者にとって何よりも幸せであったのは、早い段階から、中国との交渉に当たって日本が維持すべき二つの原則的立場について、政治レベル（総理、外相）との間に基本的コンセンサスが形成され、そのことが双方の相互信頼につながったことである。

コンセンサスの第一は、日中国交正常化と安保体制の両立である。すなわち、台湾地域を含む極東の地域的安全保障システムの中核という安保条約の機能が、中国との正常化によって損なわれるようなことは絶対に避けなくてはならない。より具体的には、「本土並み」での沖縄返還のベースとなった、六九年の佐藤・ニクソン共同声明で表明された、韓国、台湾地域の安全が日本の安全にとって重要との日本政府の認識が正常化によって変わることがあってはならない、ということである（二〇一〇年九、一〇月号掲載の本稿㉛㉜〔本書八六―九〇頁〕参照）。

コンセンサスの第二は、正常化後の日台間の経済関係を含む非政府的交流の存続の必要性である。田中内閣は、中国との正常化実現のためには、「一つの中国」の原則を受け入れ、国府との外交関係を含むすべての国家間の関係を終了させなくてはならないことは覚悟していた。他方、「台湾」という地域的主体との間の貿易その他の様々な民間の交流は維持されるべきであり、そのための何らかの仕組みが必要と考えられた。国と国との関係はなくなっても、一つの地域としての台湾との関係を残すことについては、日本国内では幅広い世論の支持があり、何よりも、親台湾派を含む自民党の了承を取り付けるために不可欠であった。

中国の対日方針

他方、中国は、「対日復交三原則」を宣明し、これを日本が受け入れることによりはじめて関係正常化が可能になる、としていた。この三原則とは、第一に中華人民共和国政府は中国を代表する唯一の合法政府であること、第二に台湾は中華人民共和国の領土の不可分の一部であること、そして第三に、日台条約（日華平和条約を指す）は不法、無効であり、廃棄されなければならない、というものであった。

大平大臣から事務当局に与えられた課題は、前に述べた日本政府の二つの原則的立場を踏まえつつ、中国が掲げる三原則にいかに対応すべきか、という点に集約されたのである。

〔㊳466号2011、5〕

中国が掲げる「対日復交三原則」のうち、第一原則（中華人民共和国政府は中国を代表する唯一の合法政府である)は、前稿で述べたとおり、国府との断交という重大な政治決断を要するとはいえ、田中内閣としては想定内のことであり、中華民国政府から中華人民共和国政府への政府承認の変更という法的行為は、国際法上も国内法上も問題がなかった[11]。他方、第二原則(中華人民共和国の領土の一部であるという台湾の法的地位の承認)と第三原則(「日台条約」の廃棄)は、いずれも日本にとっては受け入れがたい問題を提起するものであった。

第二原則は、別の言い方をすれば、台湾の支配をめぐる中華人民共和国政府と国府の対立は中国の国内問題であり、台湾の「武力解放」は内戦の継続に過ぎず、他国がこれに介入することは認められない、との意味である。これは、中台統一を国家的悲願とする中国の一貫とした立場である。しかし、台湾の武力解放を中国の国内問題と認めることは、台湾防衛の条約上の義務を負う米国としては、受け入れられるものではなかった。武力解放の権利は放棄しないとする中国と、中台統一はあくまでも平和的手段によるべしとの米国との対立は、上海コミュニケの交渉の最大の争点となり、この米中間の溝は埋まることがなかったのである。

この問題を日本の視点から見ると、どういうことになるであろうか。中国の第二原則は、武力による中台統一の正統性を認めることにほかならないから、これは、日中国交正常化と安保体制の両立という日本の基本的立場と矛盾し、六九年の佐藤・ニクソン共同声明の趣旨にも明確に反するものであった。

それでは、日華平和条約の廃棄を求める第三原則は、どのように理解すべきであろうか。中華人民共和国の視点に立てば、中国大陸に実効的支配を確立し、建国宣言を行った一九四九年以降に、台湾に逃げ込んで一地方政権と化した国民党政府との間で結ばれた、正統性を欠いた条約によって日中間の戦争状態を終結したとする日本政府の主張は、到底承認できるものではなかった。しかし、日本の立場からすれば、日華平和条約締結時の国際社会の大勢は、引き続き台湾の中華民国と国交を維持し、国連加盟国の地位も認めていたのであるから、日本が同国と平和条約を結んで国交を回復したことは、格別異常な行動ではなく、国際法に反する行為でもなかった。したがって、日本としては、同条約の効力を自ら否定して廃棄するというようなことは、国際信義にもとり[12]、日本という国の品格にもかかわると考えられた。

以上の考察から明らかなとおり、中国の復交三原則のうち、第二、第三原則については日中間に大きな立場の相違があり、これを埋めるには、双方の建設的な外交上の智恵が求められたのである。

「竹入メモ」

国交がない国との外交交渉は難しい。事前に外交チャンネルを通じて妥協点を探り、交渉の地均しをすることができないからである。(その意味で、米中和解の扉を開いたキッシンジャー博士の七一年の訪中は、極めて異例なケースである。)当時日中間では、多くの政治家を含め、様々な人的交流があり、情報には事欠かなかったが、そうした中で、主観的な色が付いた話ではなく、中国の最高指導部(具体的には、毛沢東主席、周恩来首相)が、日本との国交正常化について、どのように考えているかを知る手掛かりとなるような、信頼できる情報は容易に手に入らなかった。

その結果、外務省の事務当局は、正常化交渉の準備といっても、率直なところ、暗中模索の状態であった。そうしたときに、日中間のチャンネルとして決定的に重要な役割を果たしたのが、公明党の竹入委員長がもたらした周恩来首相との会談記録（いわゆる竹入メモ）である。

〔㊴467号2011、6〕

　一九七二年七月、竹入公明党委員長は、中国政府の招きに応じて訪中、二七日から三日間、延べ七時間にわたって周恩来首相と会談し、もっぱら日中国交正常化についての同首相の考えを聴取して帰国した。「竹入メモ」とは、このときの詳細な記録である。竹入氏は、帰国後直ちにこの会談記録を田中総理に手交した。そして、同記録は早速大平外務大臣に回付され、同大臣の指示により、事務当局（アジア、条約両局の局長以下の少数のスタッフ）の精査に委ねられた。こうして竹入メモは、来るべき中国との交渉の準備過程で十二分に活用されることになる。

　この竹入メモの取り扱いで際立っていたのは、政治レベルと事務レベルの間の信頼関係であった。総理と外務大臣の間に信頼関係が存在しないと、外務省は悩まされることになる。日中国交正常化という、日本にとって極めて重要な交渉に臨むに当たって、外務省がこのことについて全く心配する必要がなかったことは、幸いであった。しかし、そのことよりも、我々を勇気づけたのは、田中総理も大平大臣も、事務当局（外務官僚）を信頼し、そのプロとしての能力をフルに活用しようとしたことである。そうでなければ、竹入メモという貴重な情報を手元に止めず、直ちに事務レベルに下ろして検討させるというようなことはしなかったであろう。

　同メモを熟読した筆者は、これが中国の本音であるならば、交渉が成功する望みが十分にあると考えた。もちろん、この時点で想定される重要な争点のすべてについて合意できる見通しが得られた、というわけではない。しかし、わが方が譲れないと考えていた二つの原則的立場、すなわち、日中国交正常化と安保体制の両立と、台湾との非政府的交流の維持については、同メモに記録された周首相の発言から判断する限り、中国側がかなり柔軟に対応する用意があることが窺われた。

日華平和条約や台湾の地位といった、復交三原則関連の争点も、智恵を絞れば何とか妥協点を見出せるのではないか、との感触が得られた。また、尖閣諸島に触れる必要なしとの同首相の発言は、双方が譲れない問題をめぐって交渉が行き詰まることは避けたい、との判断を示唆しているように思われた。また、全体の合意文書を、条約形式によらず、共同声明にしたいとの同首相の意向も、我々の考えに沿ったものであった⑬。

日華平和条約と戦争状態の終結

このように、事務当局は、竹入メモから得られた周首相の構想を考慮に入れつつ、具体的な共同声明案の検討に入ったのであるが、条約局がまず取り組んだのは、日華平和条約（裏を返せば、中国との戦争状態の終結）の問題であった。

そもそも中国との関係において、国交正常化後も引き続き同条約が有効と主張することは、余りにも一方的で、到底交渉のベースとなり得なかった。他方、前稿（本書一〇九―一一二頁）で考察したとおり、日本としては、同条約の正当性を自ら否定することはできない以上、そうした立場を損なわずに、中国が受け入れることができる方式を考え出さなくてはならなかったのである。条約局としては、同条約が、積極的措置を講じなくとも、日中国交正常化の結果、いわば「自然死」を遂げることが法的に説明できさえすれば、この問題は半ば解決すると考えた。そこで、高島〔益郎《ますお》〕条約局長（後の外務事務次官、最高裁判所判事）、筆者（条約課長）と丹波〔實《みのる》〕事務官（後の駐ロシア大使）の三人は、幾度か内閣法制局に赴き、長官ほか同局幹部と会合を重ね、次のように論点を整理した。

(1)日華平和条約の中心的規定である戦争状態の終結は、国際法上条約発効と同時に最終的効力（「処分的効果」という）が生じる。したがって、仮に条約自体が失効しても、条約成立前の戦争状態が復活することはない。

(2)戦争状態の終結のような、国家間の基本的関係を律する事項についての国際約束は、相互に国全体を代表して結ばれたものであるから、事柄の性質上、その効果を地域的に限定することとはあり得ない。したがって、同条約の適用地域に関する交換公文（本稿㊱〔本書一〇四頁〕参照）は、この種の事項には適用がない。賠償請求権の放棄も同様である。

(3)同条約のその他の実務的規定については、同交換公文に基づき、中華民国政府の支配下にある領域（台湾）のみに適用されることになっているので、同領域を支配していない中華人民共和国政府は、これに拘束されない。

(4)以上の帰結として、同条約は、中国との国交正常化後も引き続き法的効果の存続を必要とする規定が存在しないので、国交正常化に伴って終了すると認められる。

(5)同条約の終了は、中華人民共和国政府の承認に伴い必然的に生じるものであるから、別途の国内措置（例えば国会の同意）を必要としない。

このように、日華平和条約の問題については、同条約の「自然死」という考え方で論点整理がなされた結果、国交正常化に際し、政府の一方的声明により同条約の終了を宣明する方針が立てられた。しかし、これだけでは、戦争状態の終結は同条約に基づき国府との間で完結との前提に立っている以上、到底中国が受け入れることができるものではなかった。現に周恩来首相は、日中間の戦争状態は共同声明発出の日に終了する旨を明記するよう求めていた（竹入メモ）のである。

この問題を解決するために条約局が提案したのは、二つの「同床異夢」方式であった。一つは、国交正常化前の日中間の関係を「戦争状態」以外の言葉（例えば「不正常な状態」）で表現し、双方がそれぞれ自国の立場と矛盾しないと解釈する余地を作るというものであり、今一つは、表現上の工夫により、戦争状態がいつ終了したかを明記しない方法である。筆者は、そのいずれが中国にとって受け入れやすいか判断がつかず、本番の交渉での中国側の反応を見るよりないと思った。

台湾の帰属問題

台湾の地位（復交三原則の第二原則）についても、竹入メモからは、容易に「落とし所」が見えなかった。もともとこの問題は、サンフランシスコ講和会議において主要戦勝国間の意見が一致しなかったために、日本が領有権を放棄した台湾の帰属先を決めることができず、結果的に一九四九年以後の国府の台湾支配が事実上黙認された（中華人民共和国政府は同地域に支配を及ぼすことができない）ことから生じたものである。

このような戦後の経緯を踏まえた日本政府の公式の立場は、「サンフランシスコ平和条約に基づき、台湾に対する領有権を含む全ての権利を放棄した日本は、同地域の帰属に関し発言する立場にない」というものであったが、これは、日本が台湾の帰属問題をめぐる国際的論争に巻き込まれることを避けるための論理であった。しかし、これでは正常化交渉において、中国との間で接点を見出せるとは思えなかった。竹入メモを通じて示された周首相の提案は、「台湾は、中華人民共和国の領土であって、台湾を解放することは、中国の内政問題である」との一文を「黙約事項」(共同声明に含めない不公表の了解事項)にするというものであり、前記の政府の立場とは、水と油のような違いがあった。

我々が中国側に提示すべき対案を検討する過程で注目したのは、米中の上海コミュニケであった。同コミュニケでは、「米国は台湾海峡の両側のすべての中国人が、中国はただ一つであり、台湾は中国の一部分であると主張していることをアクノレッジする」と述べられており、中国政府が公表した訳文では、この「アクノレッジ」という語は「承認」となっていた。わが方の照会に対し米側は、「アクノレッジとは、それ以上でも以下でもない」と答えてきた。要するに、中国の主張を事実としては認めても、主張の内容を受け入れたものではない、ということである。日中国交正常化と安保体制の両立を確保するためには、日本も中国の立場を「承認」できないことは明白であった。

当時条約局が苦慮したのは、外務省内を含めて、台湾の地位の問題が安保体制と密接に関係していることを理解している向きが少なかったために、我々が難解な法律論を用いて正常化交渉を邪魔しているのではないかと思われがちだったことである。そうこうする間に、某日、橋本中国課長から一案を示された。台湾が中華人民共和国の領土の一部であるとの中国の立場を「十分理解し、尊重する」という内容であった。これは、当時直前の五月にオランダが中国を承認した際に合意された、中国の立場を「尊重する」(respect)とのコミュニケの表現を取り入れたものと言えた。

条約局はこの橋本案に同意し、結局同案が日本の正式の案になるのであるが、筆者は中国が同案に合意する可能性は乏しいと考えた。中国が、日本の植民地であった台湾に対する強い影響力を警戒し、米国と共謀して台湾独立を支援するのではないか、と疑っているとすれば、「十分理解し、尊重する」とのわが方案の表現は、一見中国の立場に大きく歩み寄ったかのように見えても、具体性に欠け、周首相の目には「中味がない」と映るのではないかと思われたのである。

〔㊵468号2011、7・8〕

「ポツダム宣言方式」という腹案

台湾の地位の問題に関しては、中国が前稿で述べたわが方案を受け入れなかった場合に備え、日本にとって譲りうるギリギリの案を用意する必要があると思われた。そのような案とは、台湾に対する日本の姿勢についての中国の根強い懸念に何らかの形でより明確に答えると同時に、それが安保体制と矛盾しないことを確保する、との二つの要件を満たすものでなくてはならなかった。そこで筆者が考え出したのは、中国の立場を「十分理解し、尊重する」とのわが方案の末尾に、「ポツダム宣言第八項に基づく立場を堅持する」との一句を加えることであった(以下この案を「ポツダム宣言方式」という)。

この「ポツダム宣言方式」については、若干の注釈を要しよう。

周知のとおり、ポツダム宣言とは、一九四五年七月に、米、英、華三国の首脳が共同で日本の降伏条件を宣明した文書である。日本は、翌八月にこれを受諾して降伏したのであるが、同宣言の第八項は、同じ三国首脳が四三年に対日戦争の遂行目的を掲げて発出したカイロ宣言の領土条項の履行を求めている。そしてカイロ宣言は、満州とともに、台湾、澎湖島の中華民国への返還を謳っているのである。ここでいう「中華民国」とは、もちろん同宣言発出当時の中国の正式国名である。

しかし、中華人民共和国が誕生した四九年以後、同国政府を承認した国にとっては、カイロ、ポツダム両宣言で用いられている「中華民国」という中国の正式国名は、「中華人民共和国」に変更されたことになる。したがって、「ポツダム宣言第八項に基づく立場を堅持する」とは、日本政府は、同宣言を受諾したことにより、カイロ宣言の領土条項、具体的には台湾の中国、国交正常化後は中華人民共和国への返還を受け入れる立場にあることを確認したものである。日本が台湾独立あるいは「二つの中国」を支持する意思がないことを、このような形で明確にすることによって、日中の立場の接点を見出そうとしたのである。

他方、筆者は、この「ポツダム宣言方式」であれば、中国との国交正常化と安保体制との両立という、日本の立場を維持できると考えた。すなわち、同方式は、台湾が将来中国に帰属することに日本は異議を唱えない旨を約したものではあるが、他方、中国が主張しているように、「台湾はすでに中国の領土になっている」との認識を示したものではない。したがって、同方式により日本は、中国(中華人民共和国)が未だかつて支配を及ぼしたことがない台湾を武力で併合することが国内問題である、との中国の主張を認めたものではないのである。

仮に中国が武力で台湾を「解放」しようとすれば、国際社会は、そのような事態を、中国の内戦ではなく、国際紛争とみなさざるを得ないであろうし、日本の安全も当然深刻な影響を受けることになる。したがって「ポツダム宣言方式」は、台湾の中国への帰属が、当事者同士の話し合いにより平和裡に実現することを想定しているのである。

同方式は、高島局長の決裁を得て、条約局案として固まったが、大平大臣まで上げることなく、あくまでも事務当局の腹案ということで、鞄に入れて北京に持って行くことにした。大臣を信用しなかったということでは全くなかったが、条約局としては、万一最後のカードが外に漏れることは避けなくてはならず、いざというときには、北京で大臣、総理に諮れば良いと考えたのである。

この段階で筆者に残された仕事は、来るべき北京での正常化交渉において、中国側に提示すべき共同声明案と、その背景となる日本政府の立場及び考え方を詳述する外務大臣の冒頭発言案を起草することであった。そのために、筆者は、日常のルーティンに煩わされずに思考をまとめたいと思い、一週間の休暇を取り、都心を離れてこの二つの文書を書き上げた。

共同声明案の方は、全体像は見えていたので、さして時間をかける必要はなかった。苦労したのは、冒頭発言案であった。どうすれば、重要な争点についての日本の立場と論点を明確に述べると同時に、日本が真剣に中国との正常化を欲しているとの姿勢を説得力をもって示すことができるかを考え、幾度も書き直したことを記憶している。この冒頭発言案は、帰京後大平大臣のところで一言一句を読み上げ、共同声明案は、大臣とともに官邸に赴き、田中総理に各項毎に説明し、それぞれの了承を得た。

〔㊶469号2011、9〕

三つの課題

総理訪中を控えた田中内閣には、予め処理を要する三つの課題があった。第一は、米国のニクソン政権との意思疎通。第二が、政府の対中正常化方針についての自民党の了承取り付け。そして第三が、国交終了を想定した、国府との最後の政府間対話であった。

第一の課題については、日本側には、前年の二つの「ニクソン・ショック」(中国と通貨)という苦い記憶があったが、それにもかかわらず中国をめぐる日米の政策の摺り合わせの重要性は十分に認識されていた。八月三一日〔と九月一日〕にハワイで行われた首脳会談において田中総理が意図したのは、ニクソン大統領に対し、日中国交正常化を安保体制に触れずに達成するつもりである旨を明言することにより、「日本は安保について中国に譲歩するのではないか」との米側の懸念を取り除くことにあった。その意味で、ハワイ会談は、日本側が描いていたシナリオどおりに運んだと言える。

もっとも、後になって振り返ると、米側の懸念は、当時日本側が考えていた程深刻なものではなかったかもしれないと思える。キッシンジャー博士は、自身の回想録の中で、米中和解に至る過程において米側は、日米同盟が日本の「一人歩き」を封じる役割を果たしていることを幾度となく強調し、中国側が次第にこうした米側の論点を受け入れるようになったと述べている⒁。そうであれば、ニクソン大統領は、日中交渉における中国の安保体制についての柔軟な出方をある程度予想し、むしろ「田中総理のお手並み拝見」といった感じで、同総理の発言を受け止めていたのではなかろうか。竹入メモに示された、日中共同声明では安保条約や佐藤・ニクソン共同声明に触れる必要なし、との周恩来首相の発言も、こうした米中対話の効果を反映していたのかもしれない。

蛇足を加えると、ハワイ会談での同大統領の関心は、もっぱら日米貿易不均衡是正の問題にあった。会談には同席しなかった筆者は、このときの首脳間のやり取りが、後にいわゆるロッキード事件に発展するとは、当時夢想だにしなかった。

課題の第二は、具体的には、自民党内で国府との断交に強硬に反対している親台湾派の説得を意味した。党内とりまとめの場になったのは、小坂善太郎元外務大臣を会長とする日中国交正常化協議会であったが、その実体は、全党的な合意形成というよりは、親台湾派に「ガス抜き」の機会を与える場であった。同協議会及び党の総務会は、最終的に、台湾との「従来の関係」を維持することを条件に、中国との正常化を了承する旨の決定を行ったのであるが、「従来の関係」が外交関係を含むか否かについては、親台湾派の顔を立てて、意図的に明確にされなかった。

第三の課題であった国府との対話は、日本政府の北京承認に強く反発した国府が、外交関係の断絶に止まらず、貿易、投資その他の民間交流の全面停止といった極端な行動に走るのを防ぐのが目的であった。政府は、この国府説得という困難な役割を、かつて外務大臣として日韓交渉をまとめた党内屈指の老練政治家であり、かつ、親台湾派の長老とも目されていた椎名悦三郎氏に託することとし、同氏を政府特使（同時に自民党副総裁）として台湾に派遣した。椎名特使は、携行した田中総理の蔣介石総統宛親書を九月一八日に厳家淦副総統に手交（同総統は、体調不良を理由に特使とは会談せず）、翌一九日に蔣経国行政院長と実質会談を行った。(15)

国府の説得といっても、そもそも政府は、外交関係断絶を想定しつつも、自らそのイニシアチブを取ることは得策ではないと考えており、また、ポスト正常化の日台間の実務関係の維持については、北京との交渉の結果次第という状況であったので、総理親書の中味も同特使の発言も、漠然としたものにならざるを得なかった。それでも同特使が、期待された使命を無事果たすことができたのは、同特使の独特の人柄と、国府の自らが置かれた状況についての冷静な判断によるものであろう。

政府は、同特使の帰国（一九日）を待って、九月二一日に、二五日からの総理の訪中を正式に発表した。〔㊷470号2011、10〕

首脳会談と外相会談

田中総理、大平外相以下の政府の代表団は、九月二五日午前に北京着、釣魚台の迎賓館に入り、午後から人民大会堂での周恩来首相との首脳会談に臨んだ。国交正常化交渉は、四回の首脳会談と三回の外相会談、その間に二七日夜の田中・毛沢東会談を経て妥結し、二九日午前に日中共同声明の署名式が行われた。正味三日間、文字どおりの短期決戦であった。

総理、外相に随行した外務省の事務方のうち、条約局からは、高島局長、筆者、丹波事務官の三名が参加した。正常化交渉については、すでに多くが語られているが、以下は、筆者の目から見た交渉の実像である。筆者を含む条約局のスタッフは、第二、第三回の首脳会談と、二七日午前に万里の長城往復の車中で通訳のみを交えて行われた非公式外相会談には同席しなかったので、実像といっても、全貌ではない。それでも、共同声明の作成に深く携わった者の視点は、外交史としての一定の価値はあると考えている[16]。

第一回の首脳会談は、全体会議の形式であったので、筆者も末席で陪席したが、思い出になったことがある。会議場の入口で、日本側一行を迎えた周首相に、大平外相が我々随員を一人一人紹介したのであるが、高島条約局長を引き合わせると、同首相は、高島局長と握手しながら、「中国も、最近条約の重要性を認識し、外交部内に国連・国際法局を創設し、国際法を勉強中である」と述べたのである。当時まだ文化大革命の最中であったにもかかわらず、周首相が、このような国際社会のルール重視の発言をしたことは予想外であり、興味深く思われた。

本格的な交渉は、訪中二日目の二六日午前に開かれた、大平大臣と姫鵬飛外交部長との第一回外相会談から始まった。双方の儀礼的挨拶の後、わが方が共同声明案を提示した。ここで想定されていたシナリオは、筆者が起草した冒頭発言[17]を大平大臣が読み上げるというものであった。ところが、同大臣は、「それでは、これから共同声明案の内容を高島条約局長に説明させます」と述べ、冒頭発言を同局長に振ったのである。思わぬ展開に、局長の隣に座っていた筆者は内心慌てたが、同局長は、落ち着いて淡々と手元の冒頭発言を読み上げた。筆者は、そのときは「大臣は狡《ずる》い」と思ったが、後刻これは、同大臣の深謀遠慮かもしれない、と考えるようになった。

冒頭発言は、前にも述べたとおり、正常化に対する日本政府の真剣な姿勢を強調しつつも、重要な争点についてのわが方の基本的立場は明確に論じるように書かれたものである。したがって、中国側にとっては、相当耳障りな内容を含んでいる。おそらく大平大臣は、固い法律論を含め、日本側の最大限の主張を開陳した冒頭発言は事務方に任せたほうが、これからの交渉を考えた場合に、政治レベルでの柔軟性の余地を残しておくために良策と判断したのではなかろうか。後に述べるような、同日午後の第二回首脳会談の展開を見ると、筆者のこの推測は当たっていたように思われる。

三つの争点

この第一回外相会談は、わが方による共同声明案の一方的説明で終わり、三つの主な争点についての中国側の反応を待つことになった。

第一は、戦争状態の終結の問題であり、わが方案（共同声明案第一項）は、日中両国政府が戦争状態の終了を「ここに確認する」としていた。共同声明発出の時点での戦争状態の終了を確認するのみで、終了の時期は明示しないことにより、双方の立場の違いを棚上げしようとした苦心の表現であった。

第二の争点は、最大の難問と考えられた、台湾の地位の問題であり、わが方案（第四項、後の第三項）は、台湾は中華人民共和国の領土の不可分の一部であるとの中国の立場を「十分理解し、尊重する」（橋本中国課長案、本稿㊵（本書一一六―一一七頁）参照）となっていた。ここで留意する必要があるのは、高島局長の冒頭発言において、この問題に関する日本政府の立場を、次のとおり明らかにしたことである。

「（前略）カイロ、ポツダム両宣言の経緯に照らせば、台湾は、これらの宣言が意図したところに従い、中国に返還されるべきものであるというのが、日本政府の変わらざる見解である。わが国は、また、「中国は一つ」との中国の一貫した立場を全面的に尊重するものであり、当然のことながら、台湾を再び日本の領土にしようとか、台湾独立を支援しようといった意図は全くない。したがって、わが国としては、将来台湾が中華人民共和国の領土以外の如何なる法的地位を持つことも予想していない」

これは、本稿㊶(本書一一七―一一九頁)で紹介した、わが方案の末尾に「ポツダム宣言第八項に基づく立場を堅持する」を加えたポツダム宣言方式の考え方を口頭で説明したものである。中国側が、この口頭説明で満足しない場合には、これを文字にして、日本の最終案として提示しようというのが、条約局の「腹案」だったのである。

なお、このポツダム宣言方式が、当事者同士の話し合いによる平和的解決を前提としていることは、すでに述べたとおり(本稿㊶)であるが、この点は冒頭発言の右に引用した部分の直後で、次のように、明確に述べられている。

「このような見地から、日本政府は、台湾が現在中華人民共和国政府とは別個の政権の支配下にあることから生ずる問題は、中国人自身の手により、すなわち、中国の国内問題として解決されるべきものと考える。他方、わが国は、台湾に存在する国民政府と外交関係を維持している諸国の政策を否認する立場になく、また、米中間の軍事的対決は避けられなくてはならないというのがすべての日本国民の念願である以上、台湾問題はあくまでも平和裡に解決されなくてはならないというのが日本政府の基本的見解である」

最後に第三の争点は、共同声明案には書かれていないが、日本にとっては大きな関心事である、中国との関係正常化(国府との外交関係断絶)後における日台間の実務的関係継続の問題である。中国側は、この問題については、台湾の地位、日台間の大使館、領事館の相互撤去とともに、一括して「黙約事項」(秘密了解)として処理したい旨の提案をしていた(竹入メモ)。しかし、日本側は、冒頭発言において、秘密文書は作らないことが基本方針であるので、この方針に沿って、日台間の交流の問題は「口頭の了解」に止めたいと述べたのである。

外相会談の結果を踏まえて同日午後に開かれた第二回首脳会談において、周恩来首相は、日本側の姿勢を強く批判した。同首相の批判の第一点は、前夜の同首相主催の公式晩餐会における田中総理の挨拶の中で、過去の日中関係に関連して用いられた、(中国国民に)「ご迷惑をかけた」との表現[18]が、問題を矮小化し、中国人民を侮辱するものであるということであり、第二点は、外相会談における日本側の冒頭発言で、賠償問題は日華平和条約で処理済みとした「外務省の発言」は受け入れられない、というものであった。後者の点は「外務官僚の法律論ではなく、田中総理、大平外相の政治判断を求めたい」との意味であったのであろうが、これが後に、周首相が高島局長のことを「法匪」と非難した、とのまことしやかな神話を生んだ[19]。

首脳会談後、大平大臣と我々事務方とが集まった場で、同大臣が沈痛な面持ちをしながら、「なかなか君たちが言うようにはならんね」と漏らす局面があった。大臣は、首脳会談での周首相の強硬な発言ぶりに影響され交渉の前途が容易でないと感じたのであろう。

しかし、筆者は、それまでの首脳会談、外相会談の議論からは、それ程暗い見通しを持たなかった。第一に、わが方の冒頭発言に対する周首相の批判の矛先が、田中総理、大平外相の政治レベルではなく、外務省の事務レベルに向けられたものであったこと、第二に、戦争状態終結問題に関しては、何とか妥協点を見いだせないかと苦慮している節が窺われたこと、第三に、台湾の地位に関する冒頭発言部分に対する直接の反論がなかったこと、そして第四に、安保条約に触れなくてよい、との周首相の竹入氏に対する発言が守られていることを考慮すると、中国側も交渉を成功させたいと真剣に考えていると思われたのである。そこで、僭越といわれることを覚悟のうえで、あえて大臣に、「これは睨《にら》めっこです。先に目を逸らした方が負けですから、ここは頑張って下さい」と申し上げたのである。⑳

次稿で述べるとおり、幸い筆者の予想は適中することになる。

〔㊸４７１号２０１１、11〕

日台断交へ

共同声明をめぐる交渉は、訪中三日目の九月二七日午前の万里の長城往復の車中で行われた非公式の外相会談、午後の事務レベル協議を経て、夜の第三回外相会談で事実上決着、深夜に最終的な修文作業が行われた。

戦争状態終結問題については、第三回外相会談において、姫外相から、周首相と協議の結果として（周首相自身の案の意味と思われた）、次のような妥協案が示された。すなわち、共同声明本文の第一項では、日中間の「これまでの不正常な状態は、この共同声明が発出される日に終了する」という、戦争状態の終結に直接触れない日本の立場に沿った表現を取り入れながら、前文に、「戦争状態の終結と日中国交の正常化という両国人民の願望の実現は、両国関係の歴史に新たな一頁を開くことになろう」との一文を挿入することにより、中国側の立場も守られたとの説明が可能になって㉑

いた。何としても交渉をまとめる、との周首相の強い意志と智恵が読み取れる案であった。大平大臣は、この周首相案に同意し、戦争状態終結問題は決着した。

台湾の地位に関しては、前日にわが方が提示したポツダム宣言方式に対し、中国側は、特段のコメントを行わないまま、最終的な修文の詰めの作業に応じてきたので、同方式で同意が得られたものと理解された。同方式は、台湾は中華人民共和国に帰属済みとの中国の立場とは異なるものであったが、周首相は、同方式が意味する「二つの中国」あるいは「一つの中国、一つの台湾」を支持しないとの日本の明確なコミットを評価するとともに、それ以上の譲歩を日本に求めれば、交渉はまとまらない(この問題は、本質的に米中間の問題である)と判断したのであろう。

筆者は、これで「睨めっこ」は終わったと思ったが、実際には、この第三回外相会談前に田中総理と毛沢東主席とのトップ会談がセットされ、これが交渉妥結との中国側の判断を示すシグナルであった。

翌二八日午後に開かれた第四回首脳会談では、主としてポスト正常化の日台関係が話し合われたが、その焦点は、大平大臣が読み上げた、「日中国交正常化後の日台関係」と題されたメモに対し中国側がいかに反応するか、であった。同メモは、橋本中国課長が起案したものであり、(1)日本政府は、「二つの中国」の立場をとらず、台湾独立を支援する考えはない(冒頭発言の再確認)、(2)日中国交正常化後の日台間の各種の民間交流を抑えることはできない、(3)日台間の公的関係終了後は、「何等かの形で、民間レベルの事務所[22]」を相互に設ける必要がある、との三点に集約された。

中国側は、この同大臣の発言に異議を唱えず、正常化後の日台間の民間交流を容認した。これに伴い、当初台湾関連問題を処理するために周首相が提起していた秘密了解文書作成の問題も解消した。日中正常化と安保体制の両立とともに日本側の二大関心事の一つであった、台湾との事実上の交流関係の維持は、このようにして確保されたのである。

正常化交渉は、翌二九日午前に行われた共同声明署名式及びその直後の大平外務大臣の記者会見で幕を閉じた。署名式は、共同声明に条約並みの重さを持たせたいと考えた中国側の強い要望によるものであった。法律的文書（条約）ではない共同声明に双方の首相が署名するというのは、筆者が知る限り、先例がなかったが、署名の有無により文書の性格が変わることはない、との高島条約局長の判断で、中国側の要請に応じたものである。大平大臣の記者会見では、中国側との事前の了解に従い、「日中国交正常化の結果として、日華平和条約は、存続の意義を失い、終了したものと認められる」との政府の公式見解（本稿㊵〔本書一一三―一一五頁〕参照）を表明した[23]。

国府は、同日対日外交関係の断絶を宣言した。

反覇権条項

さて、日中国交正常化に関する考察を完結する前に、なお二つの論点について追記しなくてはならない。一つは、いわゆる反覇権条項の問題。そして今一つは、台湾の地位の問題の後日編である。

「日中両国間の国交正常化は、第三国に対するものではない。両国のいずれも、アジア・太平洋地域において覇権を求めるべきではなく、このような覇権を確立しようとする他のいかなる国あるいは国の集団による試みにも反対する」

この日中共同声明第七項の第二文が反覇権条項と呼ばれるようになったものであるが、そもそもこれは、周恩来首相の提案であり、更にその原点は、上海コミュニケである。同コミュニケの反覇権条項の発案者はキッシンジャー博士とされているが、いずれにせよ同博士の回想録では「覇権」(hegemony)とはソ連の拡張主義を指し、反覇権は米中の「共通の立場」になったとされている。(24)

共同声明案作成の過程で、わが方として、この周首相の提案にいかに対応すべきかが検討された。その結果、米vsソ中という国際政治の二極構造を三極構造に変えようとする米中の勢力均衡ゲームに日本が参加するのは危険な「火遊び」との認識は、事務レベル、政治レベルの双方で共有された。

しかし、中国との交渉においては、安保・台湾(平和条約問題を含む)についての日本の基本的立場を守ることを優先して考えなくてはならない、との結論になった。その場合、反覇権条項については、「日本も中国に同調し反ソ陣営に参加するのか」といった、想定される批判に対しては、覇権反対は当然のこと、との一般論で対処できると考えられた。(日中が正常化すれば、いずれにせよ、日ソ関係の冷却化が避けられないことは、織込み済みであった。)このような判断から、北京での交渉の最終段階では、周首相案の反ソ色を薄めるために、「日中両国間の国交正常化は、第三国に対するものではない」との一文を冒頭に加えることとしたのである。中国側も、それに異議を唱えることはなかった。

後に、日中平和友好条約の締結交渉において、反覇権条項を盛り込むべきか、盛り込むとしてもいかなる表現とすべきかが、両国の国内政情の影響を受け、一大争点になったが、(25)正常化交渉の段階では、率直に言って、そのような事態に発展するとは、筆者も予想しなかった。当時の条約局の平和友好条約についての警戒心は、交渉が始まると、中国側が、戦争状態の終結や台湾の地位のような、正常化に際して解決したはずの争点を再度持ち出すのではないか、ということであった。そうした可能性を予め封じるために、第一回外相会談での高島条約局長の冒頭発言において、同条約は、「将来の日中関係がよるべき指針や原則を定める前向きの性格」のものとすべきであり、「戦争を含む過去の日中間の不正常な関係の清算に関連した問題は、今回の話合いとその結果である共同声明によってすべて処理し、今後にかかる後向きの仕事をいっさい残さないようにしたい」と釘を刺したのである。㉖

「一つの中国」

台湾の法的地位の問題に関しては、その後年月が経過するに伴い、七二年の交渉経緯が忘れ去られ、日中双方において、ポツダム宣言方式の意味を正確に理解しないままに誤った論争が行われる向きがある。筆者は、過去に幾度か、中国の外交部関係者と意見交換をしたことがある。その際に先方は、日中共同声明において日本は、台湾の地位に関する中国の立場を「十分理解し、尊重」するとしていることを根拠に、日本が中国の立場を受け入れている（すなわち、台湾は安保条約の適用外）と主張したので、筆者は、それは誤りであり、「十分理解し尊重」で合意することを拒否したのは中国側である事実を指摘した。そのうえで筆者は、改めてポツダム宣言方式の意味を説明し、同方式で明らかにされている「一つの中国」にコミットした日本政府の立場は、国交正常化以来不変であることも確認した。

交渉記録を確認せずに、自分に都合の良い解釈をしていると、重大な誤解が生じる危険があることを示す一例である。「一つの中国」の原則を受け入れ、台湾独立は支持しないが、台湾の地位の最終的解決は当事者間の平和的話し合いによるべし（米国も同じ立場）とは、予見しうる将来にわたり、台湾地域に限らず、より広く、アジア太平洋の平和と安定を維持する唯一の現実的な政治的枠組みであることを忘れてはならない。

来年（二〇一二年）は、国交正常化四〇周年になる。正常化交渉の産物であった日中共同声明は、その後の中国の変貌、国際情勢の激変にもかかわらず、両国関係の発展とアジア太平洋の平和を支える太い柱の役割を果たした。この成果は、田中総理、大平外相のコンビが強い指導力を発揮しつつ、外務省の事務方を信頼して、その能力を活用し、事務方もその信頼に応えるべく努めた結果である。政治主導の外交のモデル・ケースであり、筆者にとっても働き甲斐があった良い思い出になっている。

〔㊹472号2011、12〕

第8章　国益と国際秩序——移行期の外交

「分水嶺」を越えて

前稿まで一年半にわたって考察した沖縄返還と日中国交正常化は、戦後の日本外交にとって、過去の清算という、後ろ向きの外交から、将来に目を向けた、より本格的な外交に移行する分水嶺であった。しかし、そこには、新たな課題が待ちかまえていた。すなわち、それまでの日本は、米国主導の戦後の国際秩序を与件として、その枠組みのなかで国益の増進を図ることが外交の基本的使命であった。それが今後は、戦後二〇年、日本の平和と発展を支えてきた国際秩序を、先進民主主義諸国（西側）の一員として守っていく責任を分担する立場に立たされるようになったのである。

これが「分水嶺」の本当の意味であったが、日本にとって、この外交の移行期に適応するのは容易ではなかった。分水嶺を越えたことにより、日本の国際秩序へのかかわり方が、受け身から能動へと大きく替わり、それに伴い、外交が守るべき国益についての考え方も転換を迫られることになったからである。(27)

「国益」という言葉は、分かりやすいようで、実際には分かりにくい。例えば、最近のＴＰＰ（環太平洋経済連携協定）をめぐる論議では、皆が異口同音に国益を守ることを主張する。しかし、誰も国益の中味を定義しないので、肝腎の「アジア太平洋におけるどのような国際秩序が日本の国益に合致するのか」という問題についての国民の理解は深まっていないように思われる。

「国益」とは何か。いかなる国であっても、守らなくてはならないと考える基本的国益は三つある。国の安全、政治的独立、そして国民経済の繁栄である。しかし、そのような一般論から具体論に進むと、国益の内容は国によって異なり、国の数だけ国益が存在する。それぞれの国の歴史や文化をはじめ、多様な要素によって形成される国民の価値観、とくにその時々の国の指導者の価値観によって、その国が国益として対外的に主張する安全保障、政治、経済の利益は異なるから、そこから摩擦、対立が生じ、時には戦争に発展する。そのような事態を防ぐために、互いの利害の調整を図るのが外交の仕事である。

それでは、どうすれば、そのような異なる国益の調整が効果的に行われ、国際関係がゼロサムではなく、互恵的な関係になれるか。この設問に答えるべく、一七世紀以来、様々な国際秩序が考案され、また実際に構築されてきたのが近代国家の歴史である。

国際秩序とは、国家間の関係を規律するルールと、そのルールの実効性を担保するシステム（仕組み）のことである。ルールといっても、拘束力を有する条約、事実上守られている慣行、グローバルなもの、地域的なもの等、多種多様である。また、ルールに実効性を持たせるためのシステムも、常設的な機構が存在するものから、組織化されていない緩い仕組みまで、画一的ではない。

そのような国際秩序は、どのようにして形成されるのだろうか。国内社会のような政府が存在せず、主権国家の集合体である国際社会では、秩序作りもその維持も、国家、とりわけ国際政治経済に対して大きな影響力を持つ「大国」（major power）と呼ばれる国の仕事になる。

それでは、そうした影響力はどこから生まれるのか。単に軍事力、経済力が強大なだけでは、大国とは言えない。大国は、自国の国益ばかりではなく、中小国を含む国際社会全体の利益（国際公益）を考慮し、そのために、安定し、規範性がある秩序を考え出す構想力と、そのような秩序を多くの国に受け入れさせる説得力を持たなくてはならない。これが、「外交の力」ともいうべきものであるが、その重要な要素は、秩序のベースとなる価値（理念）の普遍性である。国は、当然のことながら、自国の基本的な体制と相容れない価値に立った国際秩序を受け入れることはないからである。したがって、秩序作りを主導する国は、高度の普遍性を持った価値の力を含む、総合的な影響力を持たなくてはならない。

第二次大戦後の米国は、このような意味で圧倒的な国力を有し、その力を使って、ほとんど独力で国際秩序を作る役割を担った。

〔㊺473号2012、1・2〕

「パックス・アメリカーナ」

米国が築き上げた戦後の国際秩序は、不完全ながらも、今日に至るまで、半世紀以上にわたり地球規模で国際社会に平和と繁栄をもたらした[28]。そして日本は、この秩序に参加することにより、国の安全、政治的独立、国民経済の繁栄という基本的国益を最大限に確保することができた。最近になって、この第二次大戦後の秩序が、果たして二一世紀の諸課題に対応しうるか、との疑問の声が生じている。しかし、筆者には、状況の変化（例えば、米国の国力の相対的低下、中国の台頭）に応じた部分的な調整や手直しは当然必要としても、秩序の基本理念と仕組みは依然として健全であり、むしろ、これに代わりうるルールとシステムは、予見できる将来も生まれてこないように思われる。

戦勝国のリーダーとして、戦後の秩序形成に主役を果たした米国のトルーマン政権で国務長官を務めたディーン・アチソン氏は、当時の米国外交の成果を旧約聖書の天地創造に例えた。もちろん、同氏の評価については、史家の意見が分かれるところであろうが、戦後の国際秩序が、国際公益を増進するうえで、過去のいかなる試みよりも優れていることは間違いない。

ルールも、その実効性を担保する仕組みも、安定性と永続性を欠いては、その目的である社会の一体性を確保することはできない。そして、安定し、長続きする秩序は、二つの要件を充たさなくてはならない。一つは、普遍性である。別の言い方をすれば、「一つの社会に一つの秩序」ということである。二つ以上の秩序が競合、対立する社会は、安定しない。二つ目の要件は、規範性である。秩序は守られなくてはならず、そのためには、社会の構成員の大勢がそのような認識を持ち、もしルール破りを行う者が現れた場合には、これを罰する仕組みが必要である。

戦前の国際社会の秩序には(それが秩序と呼べるものであったとしても)、普遍性も規範性もないに等しかった。世界には、宗主国と植民地の間の、支配と従属という権力構造が支配する地域と、主権国家の勢力均衡によって不安定な平和が保たれる地域とが併存した。いわゆる戦間期には、米国のウィルソン大統領のイニシアチブで、国際連盟が創設され(一九二〇年)、また、一九二八年には、戦争の合法性を否定した不戦条約が成立したが、前者は、米国の脱落により、当初から普遍性を欠き、後者は規範性がなく(自衛権の濫用が放置された)、第二次大戦を防ぎ得なかったことは、周知のとおりである。

こうした戦間期の教訓も踏まえて、戦後米国が構築した国際連合、ブレトンウッズ体制（ＩＭＦ・世銀）、ガットの三本柱を中核としたルールとシステムは、初めて国際秩序と呼ぶに足る普遍性と規範性を備えたものであった。そして、何よりも注目すべきは、この秩序が、自由主義、民主主義、市場経済という三つの理念をベースにしたものであったことである。米国主導であったために、「パックス・アメリカーナ」とも呼ばれた国際秩序が生まれた背景には、次のような戦後の世界の流れが存在した。

(1)戦争の人的、経済的コストの飛躍的増大に伴う、戦争の非道徳性に対する認識の定着（とくに核兵器の出現がこの傾向を促進）。

(2)平和的手段（貿易、投資）による経済的利益の確保が可能との認識の共有（保護主義の否定。自由貿易の肯定）。

(3)民族自決の原則の確立（帝国主義、植民地主義の正当性の否定）。

(4)軍事力に依存した勢力均衡が平和維持のシステムとしては脆弱との認識の共有。

(5)ナチズム、ファシズム、日本の軍国主義の敗北に伴い、自由、人権、法の支配といった理念、価値観の普遍性が広く認められるようになった。

戦後の秩序構築に当たって、当初米国が描いていたビジョンは、主要戦勝国（国連安全保障理事会の常任理事国）の協調による秩序の維持であり、その際に中心的役割を果たすことを期待されたのが、集団安全保障体制（collective security system）であった。しかし、米国の大きな誤算は、主要戦勝国の一つであるソ連が、自国の体制と基本的に矛盾する理念に立った秩序を受け入れることを拒否し

たために、その普遍性が欠けてしまったことである。〔46 474号2012、3〕

米国が描いた、自由主義（リベラリズム）の理念を基調とした普遍的な国際秩序は、主要戦勝国の協調を前提として、初めて成り立つものであった。しかし、現実の世界では、自由主義と共産主義という二つの異質な理念に基づく秩序が対立する国際政治構造が生まれた。これが冷戦である。冷戦により、米国が構築しようとした集団安全保障システムは、機能しなくなった。[29] その結果、国際社会の平和は、国連が効果的な強制力を有する決定を行うまでの経過的措置としてのみ行使が認められる自衛権に依存することになったのである。

このようにして、冷戦下においては、集団安全保障のルールとシステムが廃棄されることはなかったが、自由主義諸国の安全保障は多国間、二国間ベースで、自衛権の行使を条約に基づき制度化することにより確保することになる。ソ連を中心とする共産主義諸国も、同様の体制でこれに対抗した。そして、このような東西対立の構図の背景には、伝統的な勢力均衡の考え方の復活とともに、核兵器の出現に伴う、相互抑止という概念[30]が、新たな国際秩序の姿として誕生する。

「無風時代」

さて、戦後の日本は、「自由主義諸国との協調」を外交三原則の一つに挙げ、その具体的政策として、冷戦下の国の安全と民主主義（自由主義）国としての政治的独立を、サンフランシスコ体制に委ねる道を選んだ。[31] この選択は、安保条約に基づき、米軍に基地を提供する義務に伴う社会的、経済的コストの負担を意味したが、集団的自衛権の行使が禁じられているとの憲法解釈もあり、防衛力（軍事力）の面でのコストは、質的にも量的にも、小さかった。視点を変えると、サンフランシスコ体制は、東西対立の下では、単に日本の国益を守るためだけではなく、アジア太平洋の平和と安全という国際公益を確保する地域的秩序としての役割を有していた。

しかし、一九五〇年代、六〇年代の日本には、そのような認識は乏しく、したがって、この国際公益に貢献するために必要なコストを米国と分担することが、自由主義諸国の一員として望ましい、との意識もなかった。当時の日本では、戦後復興をなし遂げた後は、ひたすら先進工業諸国の経済水準に追いつくことが国民的目標であり、政府の外交政策も、この目標の達成に焦点が向けられていた。アジア太平洋の平和と安全の確保は、もっぱら米国の仕事である、と思われた。これが、七〇年代以降、米国の国内で、日本が安保条約に「ただ乗り」（free ride）している、との批判を生む原因になる。

しかし、日本の戦後復興期から高度成長期に到る時代は、国際的には米国が、文字どおりの超大国として、世界に君臨した時代であった。パックス・アメリカーナは、共産圏諸国の拒否に遭い、国際秩序としての普遍性を欠いていたとはいえ、米国の影響力は、あらゆる分野で圧倒的に強く、世界第二の経済大国になった日本が、受け身の姿勢で、国際秩序の利益を一方的に享受しているのを許容した。一九七一年八月の「ドル・ショック」から始まった国際通貨体制の大きな変化（固定相場制から変動相場制への移行）は、米国にそうした余裕がなくなってきたことを示していたが、それでも、当時の日米関係は、安保条約の自動延長（七〇年）と沖縄返還というハードルを乗り越え、「無風時代」といわれた。

筆者は、七四年五月に、胃潰瘍の手術後の体調回復を待って、在米大使館に赴任した。その際に、送別の昼食会を催してくれた米国のインガソル大使が、「外務省が、病後間もない外交官をワシントンに送っても問題ないと判断したこと自体が、今日の平穏な日米関係を象徴している」と、冗談を言ったことを覚えている。

〔(47)475号2012、4〕

「無風時代」といっても、日米間に厄介な問題が生じなかった、ということではない。例えば、七三年一一月には、第四次中東戦争の副産物ともいうべき、第一次石油ショックが起こり、日本は、中東からの原油供給の確保という重要な国益を優先し、パレスチナ問題に関し、あえて米国とは異なる、アラブよりの姿勢を取ることになった(32)。また、七四年九月には、いわゆる「〔ジーン・R・〕ラロック発言(33)」が報じられ、非核三原則にもかかわらず、米国の核搭載艦の寄港が事実上恒常化しているのではないか、という問題が日本国内で大きな議論を呼び、安保条約の信頼性が問われた。

それでも、沖縄返還後の七〇年代前半は、日米の外交当局が両国関係の土台を揺るがしかねない性質の問題への対応を迫られることはなかった。この時期の日米関係は、まだまだ脆弱であったが、東西の緊張緩和（デタント）と米中和解に助けられ、「ひよわさ(34)」が表面化しなかった。

平穏な日米関係を象徴したのは、七四年一一月の〔ジェラルド・R・〕フォード大統領の訪日、そして、翌七五年一〇月に行われた、昭和天皇の訪米である。前者は、言うまでもなく、六〇年（予定されていたアイゼンハウアー大統領の訪日が、安保改訂をめぐる日本国内の混乱のために、直前に中止）以来の懸案であった現職米国大統領の初の訪日であり、後者も、歴史上初めての天皇訪米であった。当時大使館員の一人として、ワシントンで陛下ご一行の接遇に当たった筆者は、終戦から三〇年を経て、日米が漸く太平洋戦争を過去の歴史とすることを受け入れたと、深い感慨を覚えた。

サミットの本質

さて、短い「無風時代」が過ぎて、七〇年代半ばになると、日本は、新たな「大国」として、国際秩序にかかわることを求められる、二つの外交案件に取り組むことになる。一つは、七五年一一月、フランスのジスカール・デスタン大統領が発議し、パリ郊外のランブイエ城で開かれた「サミット[35]」であり、今一つは、翌七六年六月に発効した、日本の核不拡散条約（正式名称は核兵器不拡散条約、本稿では英語の名称 Treaty on the Non-Proliferation of Nuclear Weapons の略称ＮＰＴを用いる）の批准である。日本にとってサミットは、パックス・アメリカーナに代わる、西側の先進民主主義諸国（industrial democracies）による集団協調体制に参加して、そのことに伴う国際責任を分担することであった。またＮＰＴの批准は、核武装の選択を公式に放棄し、国際社会の責任ある一員として、核兵器の拡散防止のための新しい秩序の維持に協力することを意味した。

ランブイエ・サミットの目的は、七三年の石油ショック（原油価格が一挙に五倍に急騰）による世界経済の混乱にいかに対応すべきか、という緊急の課題について、首脳レベルで協議しようというものであった。イニシアチブを取ったフランスの当初の構想は、主催国の仏のほか、米、英、西独の四カ国の会合であった。しかし、ヨーロッパでは、イタリアが参加を強く求め、日本も、世界第二の経済大国の参加は当然と主張（米国がこれを支持）し、結局六カ国の首脳の会議となった。そして、最初は一回限りという予定であったものが、集まってみると、その有用性が首脳間で認識され、翌年からはカナダも加わり、いわゆる「G7」として、事実上恒常化することになる。
サミット(G7)の本質ともいうべき最大の特色は、これが、自由という価値を共有し、国際秩序のあり方について共通の思考を有している民主主義国の集まり、ということである。ランブイエ・サミットで発出された宣言には、次のようなくだりがある。

「我々がここに集うことになったのは、共通の信念と責任を分かち合っているからである。我々は、各々個人の自由と社会の進歩に奉仕する開放的かつ民主的な社会の政府に責任を有する」　〔㊽476号2012、5〕

振り返って見ると、ランブイエ・サミットは、産油国の石油戦略が引き金となった、世界経済の深刻な混乱に対応する効果的な処方箋を書いたわけではない。それでも、七人の首脳が年に一回集まり、日常のルーティンに煩わされずに、率直、自由な意見交換を行う機会を持つことが有意義と考えたのはなぜだろうか。

今でこそ、中国をはじめとする、いわゆる新興国の台頭により、G7(現在はロシアが加わりG8)の有用性が薄れたと論じる向きがある。確かに、その傾向は否定できない。(そのことに伴う問題は、後日別の機会に考察することにしたい。) しかし、冷戦が終わる一九八〇年代末頃迄のG7は、世界のGDPの六五%、世界貿易の五〇%、政府開発援助(ODA)の九〇%以上を占めていた[36]。こうした数字は、この七カ国の足並みが揃えば、世界の経済ばかりでなく、政治にも決定的な影響力を持ち得ることを意味していた。

当初G7は、もっぱら経済問題を話し合う場と考えられ、メディアにも「経済サミット」と呼ばれていた。ところが、回を経るごとに、他の分野にも議題が広がり（例えば、航空機ハイジャックのような、国際テロへの対応）、やがては七九年の在テヘラン米国大使館員人質事件、同年末に起こったソ連のアフガニスタン侵攻（七〇年代の東西デタントの崩壊）が契機となり、政治が経済と同じような比重を占めるようになった。これは、単に首脳達が、（多くの政治家がそうであるように）経済よりも政治の話題を好んだからだけではない。より重要なことは、彼らがG7の影響力を自覚し、効果的な政策協調によってその影響力を行使すれば、自分たちが望む国際秩序を実現できると考えたからにほかならない。

G7の本質は、前稿で述べたとおり、先進工業国グループというだけではなく、世界の主要な民主主義国の組織であることにあるが、このことは、何を意味するのだろうか。

国内の政治経済体制について、自由、人権、法の支配といった、一定の基本的価値を共有する民主主義国は、国際秩序のあるべき姿についても、自ずと共通の考え方（like-mindedness）を持つことが期待される。すなわち、G7が追求する国際秩序は、普遍性があると考えられる自分たちの価値に合致した、開放的でリベラルなシステムであり、G7の政策協調の理念は、このような秩序の構築であった。

G7の第二の特性は、そのグローバルな性格である。米国もカナダも、太平洋国家という側面を持っているが、歴史的にも文化的にも、ヨーロッパとの結び付きが強い大西洋国家である。しかし、日本がその一員となることにより、G7は、欧米一色ではなく、アジア・太平洋を包含した、グローバルなシステムという特色を持つことになる。そして、欧米六カ国では、アジアの問題は置き去りにされるか、さもなければ、欧米的な限られた視点からの対応になりかねない。ところが、日本が加われば、そのような関心の偏在が避けられ、より公正で普遍性のある秩序作りが可能になることが期待される（少なくとも、日本はそう考えた）。

政策協調の現実

Ｇ７の政策協調は、当然のことながら、年に一度、首脳が集まったときにだけ行われるのではない。Ｇ７は拘束力がある条約も常設的な機構もない、融通無碍な組織であるが、実際には、シェルパ（山登りの案内人、山頂のサミットに首脳を案内する役）と呼ばれる首脳の個人代表が、首脳同士及び首脳と各国の政府機構とのパイプ役になり、随時政府間の協議が行われる。そして、その成果は、最終的には、首脳の会合で発出される、宣言、声明、その他の文書にまとめられることになる。

さて、こうしたサミット・プロセスによるＧ７の政策調整は、現実には、二つの理由により、理念どおりに行われたとは言えない。一つは、民主主義国としての価値の共有はあっても、各国の固有の国益と、秩序が守るべき国際社会の利益との融合が容易ではないこと、そして今一つは、日米欧三極の力と、それぞれが実際に分担する用意がある国際責任との間に大きな不均衡が存在したことである。〔㊾477号2012、6〕

一九七〇年代半ば頃になると、戦後のパックス・アメリカーナに代わる新たな国際秩序の枠組みとして、日欧の台頭を反映した「三極関係」(trilateral relations)という概念が西側の知識層の間でしばしば論じられるようになる。[37]そうした流れの中で、先駆者的な役割を果たしたのが七三年に発足した「三極委員会」(The Trilateral Commission)と呼ばれる民間組織である。同委員会は、西側の基本的価値に立脚した国際秩序を守るには、これからは米欧に日本を加えた三者による国際責任の分担が不可欠であることを広く国内の官民双方に訴える目的で立ち上げられた、知的交流のための組織であった。八〇年代に向けてG7サミットが定着していった背景には、こうした日米欧の有識者の後押しがあったのである。(ちなみに、三極委員会は、今日も活動を続けている。)

ところで、すでに論じたとおり、G7の国際的影響力は、その経済力ばかりではなく、普遍性がある基本的価値に基づく秩序の維持という目的の共有によるとは言っても、[38]他方、七カ国それぞれの固有の国益に基づく独自の政策の優先順位が存在するから、「小異を捨てて大同につく」政策協調が常に円滑に行われる保証はない。典型的な例は、フランスのG7へのかかわり方である。仏は、言うまでもなく、西側の主要な一員であるが、それにもかかわらず、同国は、自国のアイデンティティを固持しようとして、しばしば独自の立場をとる。その一環として、G7においても同国は、サミットが政治問題を取り上げることには常に消極的であった。G7が経済サミットではなく、政治経済サミット化すれば、必然的に米国の影響力が強まり、自国の存在が埋没しかねないという、独自の国益上の判断があったのである。[39]

日本のサミット外交を制約するもの

さて、日本にとってのG7サミットは、自らが欲する国際秩序の実現のために、相応の影響力を行使できる貴重な多国間外交の場であった。しかし、当時の日本のサミット外交を振り返ってみると、いくつかの理由により、持てる力を十分に発揮できたとは言い難い。まず一つには、日本が戦前も戦後も、国際政治の舞台では新興国（別の言い方をすれば「新参者[40]」）であったために、大国相手の首脳レベルの多国間外交に不馴れであったということがある。また、この時期は、国内政治が安定せず、歴代政権が短命であったことも、サミットにおける日本の存在感を薄くした。しかし、何よりも日本のサミット外交を制約したのは、Ｇ７の政策協調に貢献するためには欠かせない、柔軟な国内の政治経済構造が育っていなかったことである。

国際秩序作りに能動的に参加しようとすれば、国益を国際公益（国際社会に共通の利益）に融合させる内外政策が求められる。ところが、これまで既存の秩序を与件として、受け身で行動してきた国にとっては、これは必ずしも容易いことではない。

一例を挙げよう。七七年のロンドン・サミットや翌年のボン・サミットでは、世界経済の安定的成長を確保するためのマクロ経済政策の調整が重要議題となり、その関連で、国際収支の黒字国である日独が積極的な内需拡大を図って世界経済を引っ張るという、いわゆる「機関車論」が提唱された。政策協調のあり方としての機関車論の当否は別として、客観的に見れば、グローバルな不均衡是正のためには、黒字国の実効ある内需拡大と市場開放の必要性が強調されるのは当然であった。しかし、戦後一貫して「欧米先進国に追いつき追い越せ」との旗印の下に推進してきた輸出拡大第一主義からの転換は、日本の政治指導者のみならず、国民全体の思考の枠組みの抜本的リフォームなくしては不可能であった。

〔㊿478号2012、7・8〕

従来米欧には、戦後奇蹟の復興を遂げた日本が、先進国の仲間入りをした後も重商主義的貿易政策を追求し、グローバルな自由貿易体制の維持に目立った貢献をしなかったとの批判があるが、これは必ずしも当たらない。現に政府は、七三年にＧＡＴＴの閣僚会議を東京に招致し、以後妥結までに六年を要した関税の一括引き下げ交渉（いわゆる東京ラウンド）に積極的に参加し、サミットにおいても、他のＧ７メンバーとともに、東京ラウンドの推進を支持した。そして、同ラウンドにおいて最終的に日本がコミットした平均関税率は、対米、対ＥＣで最も低い水準になったのである。

しかし、自由、無差別、多角的の三原則を柱とする開放的な国際貿易秩序と、それを担保する法的枠組みであるＧＡＴＴに対する日本の基本姿勢は、自由貿易の利益を最大限に享受しながら、世界第二の経済大国になった国に相応しいものに進化したとは言えなかった。そのために日本は、口では「貿易立国」を唱えながら、ＧＡＴＴの場で自由貿易のリーダーとしての役割を果たせなかった。

日本にとっては、自由貿易とは、日本の輸出に対して世界の市場が開かれていることであり、日本の市場が世界の商品に対して開かれていることではなかった。このような、輸出市場の確保を優先的な国益とする思考は、六〇年代前半に、西欧諸国の対日輸入差別の撤廃（ＧＡＴＴ三五条援用撤回）に精力を注いだ時代には当然と言えた。しかし、本来自由貿易とは、輸出の自由ではなく、輸入の自由であり（そうでなければ、輸出の自由もあり得ない）、自由貿易体制とは、主要貿易国が輸入を最大限に自由化することによって、保護主義を封じ込め、世界貿易の拡大を図るシステムのことであり、ＧＡＴＴはそのためのルールとして生まれたのである。

今や世界の主要貿易国になった七〇年代の日本は、本当に自らを貿易立国と認識するのであれば、自由貿易体制という国際公益を守る責任を分担することが国益と考え、そのためには、これまでのように輸出大国を志向するのではなく、輸入大国になることを目指さなくてはならなかった。このような思考の転換が進まなかった結果、八〇年代の日本は、米国のみならず、ヨーロッパやアジア諸国との貿易摩擦に悩まされることになる。(41)

イラン・アフガン問題

七〇年代における国際秩序の維持、そのための国際責任の分担の問題は、東西関係が、七五年のヘルシンキ宣言に象徴されるデタント時代であったこともあり、主として経済の分野（エネルギー、貿易、マクロ経済、南北問題）に限られた。しかし、七〇年代末になって、ソ連の拡張主義的政策（アフガニスタン侵攻がその典型）によりデタントが崩壊すると、G７の場を含む西側の中で、同盟のあり方、そして同盟維持のための責任分担が論じられるようになり、更にそうした文脈において、日本の姿勢が問われるようになる。

ところが、日本では、長い間政府もメディアも、安保条約に基づく日米関係を「安保体制」と呼び、「同盟」と呼ぶことはなかった。他方米国は、当初から日本を「同盟国」(ally)と認識し、そのように呼んでいた。この違いを解消するのに、安保改訂後ほぼ二〇年を要した。「同盟」という言葉が戦前の三国同盟を想起させ、同盟イコール戦争とのイメージが国民の間に根強く存在し、政治家もあえてそうしたイメージを取り除くことはしなかった。そのために、国内では、日米は同盟国同士との意識も生まれず、そもそも同盟とは何かについての理解も育たなかった。

日本の政治指導者で、公の場で初めて米国を同盟国と呼び、かつ、日米を「共存共苦」の関係と表現したのは、七九年五月にカーター大統領との首脳会談のために訪米したときの大平総理である。同総理は、翌八〇年の国会での施政方針演説で、「たとえわが国にとって犠牲を伴うものであっても」対米協調を堅持すべしと述べ、同盟は犠牲（コスト）を伴うとの認識を明らかにした㊷。

〔51 479号2012、9〕

筆者は、一九七九年八月から約八カ月、外務省（アメリカ局と）北米局に勤務し、参事官として局長を補佐する仕事に携わったが、その間に、日本外交にとって大きな試練となる二つの案件への対応に追われた。一つは、同年一一月イランの米国大使館がイスラム過激派のデモ隊に占拠され、大使館員が人質になるという前代未聞の事件であり、今一つは、年末に始まったソ連軍のアフガニスタン侵攻であった。両者に共通していたのは、いずれも安保体制の枠外（安保条約に基づく日米間の権利義務とは無関係）の問題ではあったが、それにもかかわらず、日本が対応を誤れば、日米の同盟関係に重大な亀裂を生じかねない案件であったことである。

米大使館員人質事件は、米政府の度重なる要求にもかかわらず、イラン政府が大使館からのデモ隊の排除と大使館員解放のための必要な措置をとらなかったために、アメリカ全国民を激怒させ、更に、一見米・イラン間の二国間の事件を、国際秩序（国際法の重要な原則）を守るための西側vsイランの問題に発展させた。米国は、イラン産原油の禁輸を行うとともに、西側同盟国に同調を求めたが、日本は、当初法令上の根拠がないとして、米国の要請に応じなかった。これを不満とした米国の〔サイラス・R・〕ヴァンス国務長官は、パリでの日米外相会談（事件発生の直後）の席で、大来〔佐武郎）外務大臣に対し、日本の対応が「無神経」（insensitive）と、外交儀礼上は異例の強い言葉を用いて批判した。

イラン産原油は、日本の原油輸入総量の一五％を占め、加えて、イラン政府の要請に応じてスタートした、大型石油化学プロジェクトの権益保護の問題を抱えた日本政府は、イランとの対決となる禁輸は国益に沿わないと考えたのである。最終的に政府は、米欧と足並みをそろえて禁輸に踏み切り、米国もこれを高く評価したが、途中経過は、大平総理の「共存共苦」の同盟観とは整合性に欠けると言わざるを得なかった。

アフガニスタン問題は、より戦略的性格が濃いケースであった。七五年のヘルシンキ宣言に象徴されたデタントは、ヨーロッパ情勢の安定化及び米ソの核軍拡への歯止めには貢献したが、他方、ソ連の通常戦力の増強、そして何よりも、同国のヨーロッパ域外（第三世界）への機会主義的な膨張政策を封じる効果は有しなかった。ソ連のアフガニスタンへの軍事介入は、その直接的動機（現地の共産主義政権の支援）の如何にかかわらず、これを許容すれば、やがてはソ連のインド洋、湾岸への勢力圏の拡大につながり、それは、西側経済のライフラインとも言うべき石油供給ルートへの直接的脅威を生むばかりでなく、グローバルな東西の政治的均衡を覆す事態を招く恐れがあると考えられた。

日本政府は、イラン問題の轍を踏まないように、米国が西側の協調行動を求めた対ソ措置の三本柱（モスクワオリンピックのボイコット、対ソ公的信用供与の抑制、アフガニスタンの周辺国に対する経済援助）に積極的に応じた。八〇年六月に開かれたG7のベネチア・サミットで発出された「政治問題」

という文書では、「我々はここに、ソ連のアフガニスタン軍事占領は現在容認できないものであり、また将来も容認しない決意であることを再確認する」と強調し、また、ソ連の行動は、「国際連合憲章の諸原則及び真のデタントを維持する努力とも相容れないものである」との認識を表明した。

しかし、実際の対ソ共同歩調となると、西側の足並みが揃わず、米国のリーダーシップの信頼性、G7の連帯に疑問が呈された。西欧諸国は、ソ連の軍事介入の正当性を認めるべきではないことに関しては、米国と認識を共有したが、この問題をめぐってソ連と対決することは、長年のデタント政策の成果であるヨーロッパの政治的安定を揺るがしかねない、と心配したのである。(43)日本の国内においても、オリンピックのボイコットは、スポーツに政治を持ち込むのは邪道だとして不評であり、公的信用供与の抑制についても、賛否が分かれた。しかし、ここでは、大平総理の「たとえ犠牲を伴うものであっても」という日米同盟堅持の姿勢が優先した。

イラン・アフガン問題は、基本的価値を共有する先進民主主義諸国の間でも、各国の個別の利益と国際秩序の擁護という共通の利益を両立させることが必ずしも容易ではないことを示した。しかし、平和あるいは法の支配といった国際法益を守るためには、大国は当面の国益を犠牲にしなくてはならないときがある。〔(52)480号2012、10〕

宮澤演説

筆者は、一九八〇年三月にロンドンで開催された三極委員会の年次総会で宮澤喜一氏（後の総理、当時は元外務大臣）が行った基調演説のスピーチ・ライターを務めた。同氏は、打ち合わせに伺った筆者に、好きなように書いて良い、と言われたので、過去三カ月間イラン・アフガニスタン問題に携わった経験に基づき、西側同盟のあり方、その中での日本がとるべき道についての私見を書き下ろした。しかし、外交問題に明るく英語の大家でもある同氏が、私の草案にどのような反応を示すか見当がつかず、全面的に書き直しを指示されるのではないかと内心覚悟していた。ところが意外なことに、同氏は、僅かな手直しのみで、「これでよい」と草案を採用されたので、筆者はホッと安堵した。

以下は宮澤演説（"To Meet the Challenge"）の要約である。

先進民主主義諸国の「同盟」の目的

国際の平和と安全の維持

世界経済の健全な発展

自由と民主主義という価値の擁護

同盟が直面する基本的課題

米国の力の相対的低下によって生じた国際政治経済関係の構造的変化への対応

国際秩序維持のための責任の分担

米の分担要求に対し、日欧は消極的

その結果、現状では「力と責任の不均衡」が存在

日本の問題

経済の分野では、国際責任を自覚、不十分ながらもそれなりの努力

経済大国は政治の分野でも責任を伴うことは、最近まで認識せず安全保障上の責任（防衛力強化）については、国民的合意が欠如

課題への効果的対応を支える四つの要素

(1)アフガニスタン問題のグローバルな性格を認識（前稿脚注1（本書注四三）参照）。日欧が米と協力し、ソ連の勢力拡大を抑止する責任を分担すべし

(2)日欧が国益を再定義。各国の国益の統一性を求めるのではなく、それぞれの国益が両立するように調整すること。そのためには、短期的には犠牲を払う必要があることを国民に納得させる政治的指導力が不可欠

(3)米は、同盟国が異なる国益を有する事実を受け入れること。同盟が効果的な集団行動をとるためには、両立可能な複数の国益の存在を前提として、共通の立場の形成に努力することが必要

(4)同盟国各々の固有の国益の存在を前提とする限り、協議と調整が必然的に先進民主主義国の協調のために必須のプロセスとなる（これに関連しては、日欧間のコミュニケーションの欠如が問題）。協議と調整を通じた同盟国間の合意形式には時間と忍耐を必要とする

この演説は、三極委員会の米欧の識者の間では、時宜に適し、また、日本の政治家としては珍しくはっきりと意見を述べたものと評価され、他の場で引用されたこともあった。宮澤氏自身も、満足されたように見受けられた。他方、外務省の同僚からは、「フォローアップができず、有言不実行となる」と批判された。確かにそうした可能性がないわけではなかったが、当時の国際情勢、そ

の下で日本が置かれた状況、特に「力と責任の不均衡」の是正に日本が貢献しなくてはならないとの認識は間違っていない、との自負はあった。

実際に八〇年代になると、「力と責任の不均衡」の是正を求める米国の〔ロナルド・W・〕レーガン政権は、日欧の同盟国に対し、国際秩序維持のコストの負担増（防衛力の増強、市場開放、途上国に対する開発援助）を繰り返し要求するようになった。国際責任の分担と言っても、誰もが納得するような客観的な物差しがあるわけではないから、宮澤演説が提起した「協議と調整」は日米間でも米欧間でも難航した。日本ではこのプロセスは、防衛摩擦あるいは経済摩擦と呼ばれた。

こうした米国と同盟国との話し合いにおいて米側は「重荷の分担」（burden sharing）という表現を用いるのが常であった。そこで筆者は、あるとき米国のベーカー国務長官に、この表現はいかにも米国が一方的に分担内容を決めて、同盟国に請求書を送ってくる印象を与えるので適当ではなく、協議を前提とした「責任分担」（responsibility sharing）と言うべきであると主張し、同長官も納得して、それからは「責任分担」という言葉を使うようになった経緯がある。〔㊿481号2012、11〕

米ソの相互抑止

昨年〔二〇一二年〕、イアン・ブレマーという米国の新進気鋭の国際政治学者が『「Gゼロ」後の世界』[44]と題する本を著して注目された。彼の論点は、今日我々は国際秩序を構築し、それを守る意思と能力を兼ね備えたリーダーとなる国または国の集団が存在しない時代を迎えており、将来の展望も極めて不確実に見える、というものである。（「Gゼロ」とは、G8もG20もそうした役割を果たす力はなく、米中のG2も現実性がない、という意味である。)

第二次大戦後の一九四〇年代後半から六〇年代にかけての四半世紀は、ブレマーがいう「Gゼロ」とはまさに対照的な時代であったと言うことができる。戦勝国のリーダーとして戦後世界に登場した米国は、その圧倒的な国力を背景に名実ともに唯一の超大国として、自由主義の価値観に立ったリベラルで開放的な国際秩序(ルールとその実効性を担保するためのシステム)を築いた。しかしこうした米国主導の秩序は、ソ連圏諸国が自らの体制に合致しないとして拒否したために、米国が求めた普遍性を達成できなかった。それでも、ブレトンウッズ体制と呼ばれるIMFと世界銀行を核とする国際金融体制と、GATTに基づく自由貿易体制は、非共産圏世界の経済活動の規範となり、二〇世紀後半の世界経済の飛躍的発展の原動力となった。そして、日本がその最大とも言える受益国になったことは良く知られている。

ところが、戦後秩序の最大の目的である戦争を防止し、平和を守るシステムとして構想された国連の安全保障理事会を中核とする集団安全保障体制(collective security system)はソ連が受け入れなかった結果、戦勝五大国である常任理事国の協調を前提とした同体制は機能不全に陥り、国際平和は、国連憲章上は本来国連の決定が行われるまでの過渡的権利に過ぎない自衛権を二国間、多国間の条約によって組織化した集団防衛体制(collective defense systems)に依存せざるを得なくなったことは、すでに述べたとおりである。[45]

そのために、第二次大戦後の国際政治秩序は、一方では戦争(国際紛争を解決する手段としての武力行使)を禁じながら、その基本的ルールに規範性を付与することに失敗した。その意味で、戦後の国際社会は、朝鮮戦争という例外を除き、戦間期の国際連盟時代に逆戻りして、もっぱら勢力均衡(balance of power)に依存した不安定な平和しか得られないことになった。これが冷戦である。しかし、不安定ながらもこの冷戦時代の平和を戦間期とは全く異なる性格のものにした要素がある。核兵器の出現である。

核兵器は、その在来兵器とは全く次元が異なる絶大な破壊力の故に、国際政治において「抑止力」という新たな概念を生んだ。圧倒的に強大な軍事力を保有する国は、高度の安全を手に入れることができるとする考えは、特段新しいものではない。しかし、核兵器は、広島、長崎で実証された非人道的な大量破壊能力により、一旦使用されれば破滅的な被害を相手に与えることができる「保有しても使えない兵器」という異質な兵器と認識されるようになった。それでも、個人の理性では「使えない」と考えられる兵器も、国家の生存が懸かる極限の状況の下ではあえて使用されるかもしれない、という可能性が残る。この小さな可能性が、「核兵器は侵略(戦争)を抑止する」との戦略理論を生んだのである。〔54４８３号２０１３、１・２〕

国連中心の普遍的な集団安全保障体制に代わる、多国間、二国間条約に基づく集団防衛体制をベースとする冷戦下の国際政治秩序は、米ソ二極間の相互抑止に依存することになった。(46) これを象徴しているのが、一九七二年に成立したＡＢＭ条約〔弾道弾迎撃ミサイル制限条約〕である。米ソ両国は、同条約に基づき大陸間弾道ミサイルに対する防衛兵器システムの原則的な配備禁止を受け入れ、相手国のミサイル攻撃に対し自らをいわば裸にすることにより、相互抑止をより確実なものにすることを企図したのである。

ところで、西側の集団防衛体制の大黒柱となったのは、いうまでもなくヨーロッパではNATOであり、アジア太平洋では日米安保条約であったが、両者は、多国間と二国間という形式上の違いに止まらず、核政策に関しては、全く異なる道を選択した。

集団防衛体制の下で米国が同盟国にさしかける「核の傘」は、専門家の用語では「拡大抑止(力)」(extended deterrence)と呼ばれ、核保有国自身の抑止力とは異質なものと認識されている。すなわち、核保有国が、自国の生存が危険に瀕したときには、核で反撃するであろうことは想定される。そうでなければ、そもそも抑止は成り立たない。

しかし、核保有国Aの同盟国が別の核保有国Bの攻撃により同様の事態に陥ったときに、果たしてAが当該同盟国を守るために核を使用することにより、Bの核による反撃のリスクを冒すかどうかは、同盟関係の信頼性いかんによるのであって、断定はできない[47]。そこで、NATOのヨーロッパ諸国は、同盟の一体化(核保有国自身の抑止力と拡大抑止力との差をなくす)のために、核兵器の域内配備を認め[48]、さらに、その有事の際の運用にも参画する体制を作った[49]。これが、NATOの核計画グループ(nuclear planning group－NPG)である。

例外としての中曽根外交

日米安保は、核については、NATOとは対照的な仕組みを作った。すなわち、日本は、米国の「核の傘」の下に入る道を選びながら、核兵器の平時における国内配備を拒否し、さらに核兵器の「持ち込み[50]」を事前協議の対象としたのである。事前協議制度自体は、核兵器の導入といった、日本自身の安全に直結する米軍の行動が必要とされるか否かの判断を米国に一任するのではなく、日本自らが自国の国益に照らして判断する権利を留保するという意味で、安保条約の対等性を確保する重要な仕組みである。

しかし、政府は〔一九六〇年代前半から〕、事前協議をもっぱら「ノー」と言うための制度として国民に説明し、七〇年代以降は、非核三原則により、平時、有事を問わず、核兵器の国内への持ち込みを認めないという極端な立場を取るようになった。その結果、日本政府は、いわば「遠くから差し掛けられている」核の傘が本物かどうかについて、慢性的な不安に悩まされることになる。そして、この不安は、六〇年代後半に中国が核保有国の仲間入りをすると、一層深刻になる。

こうした不安を取り除くには、どうすればよいか。第一の選択肢は、核武装をして、自らの抑止力を保持することである。そうでなければ、ＮＡＴＯのように、米国の核兵器の導入を認め、日米同盟の抑止力の一体化を図ることである。ところが、日本にとっては、そのいずれも現実性がある選択肢にはなり得なかった。前者は、明白な孤立化への道であり、後者は、国民世論が受け入れる見込みがなかったからである。　〔55 485号2013、4〕

以前筆者は、日本の安全保障政策を研究している某ジャーナリストとのインタビューの中で、「日本は自らの核戦略を持とうとしたことがあるのだろうか」との質問を受けた。答えはもちろん「ノー」である。日本は、一九六〇年の安保改訂に際し事前協議制度を導入し、理論上は、同制度の対象となる米国の核兵器を、いつ、いかなる状況下で現実に使用することになるかについて、日米の政策決定者間で話し合う道が開かれた。(51) 実際問題として、そのような話し合いなくして、いざ有事の時に事前協議が行われても、日本政府は、適切な判断ができないであろう。

しかし、今日に至るまで、そのような協議が日米間で行われたことはない。平時、有事を問わず核兵器の持ち込みを認めないとする核政策[52]の下では、そもそものような協議は想定し得なかったのである。また、米国としても、核兵器そのものに対する拒否反応が強い日本との協議によって、自国の核戦略に不必要な制約[53]を受けることは避けなくてはならないと考えるのが自然と思われる。

ところで、米国の核戦略に関し、日本政府が積極的に意見を述べた唯一のケースがある。八〇年代の中曽根政権の時代である。当時米ソ間で中距離核戦力(intermediate nuclear force 略してＩＮＦと呼ばれた)の削減交渉が行われていたが、日本は、同交渉において、アジアを犠牲にしてヨーロッパ正面のソ連の核戦力の削減が行われることに[54]反対し、削減はあくまでもグローバル・ベースで、アジア(具体的には日本)の安全を考慮に入れながら行われるべきことを強く主張した。

この日本の論点に対し、当初米欧は、対ソ交渉を複雑化させるものとして難色を示したが、やがてその正当性、妥当性を認めるようになり、八三年のウィリアムズバーグ・サミットの対ソ軍備管理交渉に関する「ステートメント」では、「我々サミット参加国の安全は不可分であり、グローバルな観点から取り組まなければならない」と宣明された。西側の安全の一体性が日米欧三者の共通の認識として公に認められた最初の例という意味で、このサミットのステートメントは画期的な文書であり、中曽根外交の重要な成果であった。また、この日本のグローバル・ベースでの削減との主張は、最終的にソ連も受け入れるところとなり、八七年に実現した最終合意では、ソ連のＩＮＦは、グローバル・ベースで全廃されることになったことも忘れてはならない。

冒頭で引用した某ジャーナリストの筆者に対する次の質問は、「核を持たない日本は、独自の核戦略を持たずに、ひたすら米国の核の傘を信じて、それに頼るだけで良いのだろうか」という、問題の核心を突くものであった。筆者の答えは、「米国の核戦略への全面依存は、日本が自らの意思で選択した道である」であった。

核不拡散条約の誕生

前稿〔本稿㊺本書一五六―一五八頁〕で述べたとおり、米国の拡大抑止力に依存する米国の同盟国は、「遠くから差しかけられている」核の傘の信憑性について、慢性的な不安に悩まされる。その結果、日本の総理大臣は、何年かに一度は、米国の大統領に対し、核の傘が本物である、との確約を求めることになる。これに対して大統領は、日本防衛の義務を必ず守る旨を表明する。そのようなある種の「儀式」を必要とする対米姿勢を良しとしないのであれば、非核三原則を放棄し、核武装をするか、それとも、核兵器の国内配備を認め、米国の抑止力との一体化を図るかを選択しなくてはならない。六〇年代の後半に、日本はその決断を迫られることになる。その契機になったのは、中国の核実験の成功〔六四年〕と、核不拡散条約〔ＮＰＴ〕の誕生〔六八年〕である。〔㊻４８６号２０１３、５〕

核不拡散条約は、今日でこそ、その規範性が問われる事態となっているが、同条約が発効した一九七〇年代以降、政治安全保障分野におけるグローバルな国際秩序として重要な役割を果たしてきた。

ＮＰＴは、核兵器保有国の増加は核戦争の危険を増大させるとの基本的認識に立って、すでに核兵器を保有している五カ国（米、ソ、英、仏、中）を除くすべての国による核兵器の取得、製造を禁止する、というルールの普遍化と規範化を目指すものである。

しかし、この条約は、発足当初から、秩序としての構造上の弱点を内包していた。とくに、NPTが核の平和利用を積極的に認めている（第四条）だけに、そのような核の軍事目的への転用を効果的に防止する仕組みが不可欠となるが、そのための国際原子力機関（IAEA）による査察は、原則として締約国の協力（査察対象施設の申告）を前提とする非強制的な制度にとどまっている。

NPTの最大の問題点は、その差別的構造である。すなわち、先に挙げた五カ国[55]のみが、「一九六七年一月一日前に核兵器その他の核爆発装置を製造しかつ爆発させた国」の定義（第九条3）に該当する国として、核兵器の保有が認められる特権的地位を占める[56]。そして、この五つの核兵器国以外の国はすべて非核兵器国として、核兵器の保有を禁じられる。これに対し核兵器国は、核軍備に関する「効果的な措置」について「誠実に交渉を行うことを約束する」との抽象的義務を負うのみであり（第六条）、しかも核兵器国は、この抽象的義務すら果たしていない[57]。このことは、核兵器国に対する非核兵器国の強い批判の的になってきた。

NPTは、こうした制度的、道義的弱点にもかかわらず、その基本的目的である核兵器の拡散防止に大きく貢献したと言える。すなわち、世界の大多数の国がNPTの締約国となり、核兵器を「持たず、作らず」の義務を受諾したのみならず、北朝鮮のケースが発生するまでは、締約国の中で、脱退条項（第一〇条）を援用して核兵器保有の道を選択した国は現れなかったのである[58]。

日本の苦悩

ところで、日本のＮＰＴ外交を考察する前に触れておかなくてはならない重要なポイントがある。それは、ＮＰＴ体制の成立を主導した米ソの隠れた目的が、西独と日本の核武装の阻止にあったことである。冷戦下の米国の戦略的視点で見れば当然のことであるが、西独あるいは日本が米国の拡大抑止力の信頼性に疑問を持ち、自ら独自の抑止力を保持するために核武装することは、ヨーロッパやアジア太平洋において米国が築いた国際秩序を揺るがす大きな不安定要因となるので容認できない。基本的に現状維持国となったソ連も、東西関係の不安定化をもたらす日独の核武装は阻止しなくてはならないことについては、米国と利益を共有していた。したがって、米ソ両国とも、ＮＰＴ体制の中に日独を取り込むことによって、アジアとヨーロッパにおける秩序の安定化を確保しようとしたのである。〔57 487号2013、6〕

中国が核保有国の仲間入りをしたことは、日本の国際的座標軸を揺るがす程のインパクトを持たなかったとはいえ、政治家レベルでは、大きな衝撃をもたらした。一例を挙げれば、一九六四年一〇月の中国の核実験の直後に政権の座に就いた佐藤栄作総理は、同年一二月のライシャワー駐日大使との会談に際し、「もし相手が「核」を持っているのなら、自分も持つのは常識である」との考えを披露したとされ、こうしたことが、米国政府内部においては、同総理は日本の核兵器開発に関心を有する人物との評判を生んだ[59]。

しかし、政治家佐藤は、総理大臣としては現実主義者でなくてはならないことを理解していた。すなわち、佐藤総理は、日本の世論が到底核武装を受け入れる状況ではないことから、「常識」を封印することにしたのである。そこで六五年一月の訪米時のジョンソン大統領との首脳会談では、米国の対日防衛コミットメント(拡大抑止を含む)の再確認に重点を置き、会談後に発出された共同声明においては、「大統領は、米国が外部からのいかなる武力攻撃に対しても日本を防衛するという同〔日米安保〕条約に基づく誓約を遵守する決意であることを再確認した」旨明記された。それでも同総理は、ラスク国務長官の質問に対しては、「個人的には、中国が核兵器を持つならば、日本も核兵器を持つべきであると考える。ただし、このことは日本国内の感情ではないので、非常に内輪でしかいえないことである」と持論を述べている[60]。

同総理は、一方では日本国民の強い反核感情を当面の与件として認識しつつも、他方では、米国の拡大抑止の信頼性には、個人的に疑問を持っていたように思われる。そのような現実主義的政治家が、後に米国の核の傘の否定にもつながりかねない非核三原則を唱えるようになった背景は明らかではない。なお、同総理の将来の核武装の可能性を否定しない「弱者の恫喝」ともいえる手法は、米国に拡大抑止(核の傘)を確認させるのには有効であったかも知れない。他方、その結果、日本の核武装に対する米国の警戒心を必要以上に強め、日本の核保有を阻止することが米国の不拡散政策の優先事項となり、日本は却って自らの手を縛ることになった感がある。

六八年七月に署名のために開放されたNPTは、自らの国益を踏まえた米ソ両超大国の合作であった。最初に核不拡散の国際的イニシアチブをとった国は、国連総会(五九―六一年)でその趣旨の決議案を推進したアイルランドである。しかし、不拡散問題が実質的に動き始めたのは、六一年に発足したケネディ政権がこれに積極的に取り組むようになってからであり、次のジョンソン政権時になってその努力が実を結び、漸くソ連の協力を得ることに成功したのである。不拡散問題についてのソ連の最大の関心事は、西独の核武装を阻止することにあり、ＮＰＴは、これを実現するための枠組みという性格を有していたが、同時に、今や現状維持国となったソ連が、米国が提唱する核不拡散というグローバルな国際秩序の構築に協力することに前向きになったことも意味した。

このようにして生まれたＮＰＴは、日本の目から見ると、「核不拡散はより平和な世界をもたらす」との大義名分の下で、核保有国としての特権的地位を恒久化するための仕組みという側面を有していた。六六年一二月、当時の牛場外務審議官が、米国の〔ニコラス・〕カッツェンバック国務次官に対し、「日本は核兵器計画を企てているわけではない。しかし、条約のせいで一等国としての核保有国と二等国としての非核保有国の間に線が引かれるとしたら、それ以上に遺憾なことはない」と述べ[61]、進行中の米ソ交渉に牽制球を投じている。また、筆者の先輩である故村田良平氏〔元外務事務次官〕はその回想録の中で、ＮＰＴについて、「内容からいえば、これほどの不平等条約はない」と書いている[62]。

このようなＮＰＴの不平等性についてのパーセプションのために、与党自民党内のコンセンサスの形成に時間がかかり、日本政府が条約に署名したのは、条約発効直前の七〇年二月、批准は、署名後実に六年を経過した七六年六月であった。〔58　488号2013、7・8〕

日本のＮＰＴへの対応振りは、お世辞にも歯切れの良い外交とは言えなかった。一九六〇年代後半から七〇年代にかけての日本は、世界第二の経済大国として国際的に認知され、Ｇ７の一員として、国際秩序の形成、維持に地位相応の責任を果たすことを求められるようになっていた〔本稿53

〔本書一五四頁〕参照）。しかし、核兵器に関する国際秩序については、日本は、そのような国際責任をいかに果たすべきか、との設問に対し、説得力がある答えを見出すことができなかった。それは、日本が置かれた特異な立場によるものである。

「恐怖の均衡」と日本

核兵器という、人間が作り出したモンスターをどのように管理すべきか――。これは、第二次大戦後の国際社会が抱え込んだ最大の難問である。広島、長崎を体験した日本にとっては、「唯一の被爆国」というのが、この問題を考える場合の原点であるべし、との点については、幅広い国民的合意が生まれたと言える。そして、この原点に立てば、日本外交が追求する政策目標は、核兵器の廃絶、すなわち核兵器が存在しない世界を可能にする国際秩序を作ることであるべきであろう。そうであれば、核不拡散は、廃絶に向けての方向性が明確な核軍縮とリンクされている限り、歓迎すべき第一歩と位置づけることが可能であった。しかし、現実の国際政治は、日本外交にそのような選択肢を考慮する余地を与えなかった。

核兵器廃絶の唯一の機会は、一九四六年、国連の原子力委員会に米国が提案した、核兵器を含むすべての原子力の研究、開発、生産を超国家的機関（拒否権を認めない）に集中するという構想が議論されたときである。提案者の米国代表の名をとってバルーク案と呼ばれるようになった本構想は、当時米国が独占していた核兵器を国際機関の管理に委譲し、自らの核の保有を放棄するという意味で、画期的性格を有していた。第二次大戦後、圧倒的な国力で国際政治に登場した米国ならではの理想主義的色彩が濃い構想であったが、これが実現していれば、核兵器が存在しない世界が生まれたかも知れない。

しかし、このバルーク案は、四八年の国連総会で採択に漕ぎつけたが、安保理事会でソ連の拒否権により葬られ、その後は冷戦の勃発により、二度と類似の機会が訪れることはなかった。ソ連は、自国の拒否権が認められない超国家的な国際機関を受け入れるつもりはなく、また、自ら独自に核兵器を開発、保有する道を選んだのである。

米ソを核とする東西対立が国際政治の基本構造となった状況の中で、西側の一員となることを選択して国際社会に復帰した日本にとって唯一の現実的な道は、米国の軍事力の傘の下に入ることにより、自らの平和と安全を守ることであった。そして、その傘の重要な部分に核兵器の絶大な破壊力が有する（あるいは有すると信じられる）抑止力が含まれていることは、否定しようもない現実であった。そうした中で、核兵器の廃絶を目指した核軍縮を主張することは、単にドンキホーテ的外交と見られて国際的に相手にされないだけではなく、日本自らの安全に欠かせない米国との安全保障関係を否定する政策にほかならなかった。西ヨーロッパのＮＡＴＯ諸国も、日本と同様に米国の核の傘の下に入ったが、実際に核の被爆国となった日本とは、米国の拡大抑止力に対する認識が根本的に違っていた[63]。

六二年一〇月のキューバ危機で核戦争の崖っぷちに立った米ソは、増殖する相互不信に刺激されて核軍拡に走り、これに一応の歯止めをかけるまでに一〇年を要した。七二年に米ソが署名した戦略兵器制限条約（暫定協定）（ＳＡＬＴ〔Ｉ〕）と弾道弾迎撃ミサイル制限条約（ＡＢＭ条約）は、軍備管理

(arms control)という言葉が示すとおり、無制限な核軍拡競争を抑制する仕組みではあっても、核軍縮のための合意ではなかった。このようにして、膨大かつ多様な核兵器が米ソ双方に蓄積された状況を、戦略問題の専門家は、相互確証破壊(英語の頭文字をとって「狂気」を意味するMAD)と呼び、俗に「恐怖の均衡」と称するようになった。こうした背景の下で生まれたNPTが、核保有国の数が少ないほど、核戦争が起こる可能性が減るという、核不拡散の正当性にもかかわらず、その差別性の恒久化の可能性のみが目立つことになったのは当然と言えた。〔[59]489号2013、9〕

NPT問題を担当していた外務省の事務当局(当時の国連局)は、一貫して条約の早期署名、批准の立場であった。事務当局の基本的考え方は、日本がNPT参加を拒否して核武装の道を選択することは非現実的であり、また、万一、国際情勢が激変し、米国の核の傘が期待できないような状況が生じた場合には、NPT体制から離脱する道が残されている(条約第一〇条)というものであった。なお、一九六九年に外務省が作成した、「わが国の外交政策大綱」には、「NPTに参加すると否とにかかわらず、当面核兵器は保有しない政策をとるが、核兵器製造の経済的・技術的ポテンシャルは常に保持するとともにこれに対する掣肘《せいちゅう》をうけないよう配慮する」と述べられている[64]。

当時筆者はこの問題に関与することはなかったが[65]、個人的には、国連局の立場が国益に合致すると考えていた。条約の不平等性(核兵器国の特権的地位が恒久化する可能性)はわが国にとって納得しがたいものではあったが、核不拡散を確保する国際秩序の構築が優先すべき国益であることは明白と思われた。また、日本がNPT体制に参加しないことを米国が許容するとは思われず、そのような国際的孤立を意味する選択が国益に合致するとは到底考えられなかった。

それでも、当時外務省内にも、核武装の選択肢を放棄することに躊躇する声が存在した。昨年〔二〇一二年〕出版された『〝核〟を求めた日本』と題する「NHKスペシャル」取材班のドキュメンタリーによれば、六九年二月に箱根で行われた、日・西独外務省事務レベルの非公式協議において、日本側から、両国が米国からより自立する道として、将来の核武装の選択肢を留保すべきではないか、との趣旨の問題提起が行われ、西独側を驚かせたという経緯が協議に参加した当事者とのインタビューをベースに明らかにされている㊻。

筆者は、非公式にせよ、このような協議が日独間で行われていたことは全く承知しなかったが、いずれにしても、協議参加者の発言は、外務省の意見ではなく、個人ベースのものとの前提で行われたものであろう。それにしても、日本側が米国の核の傘の下に留まることを潔しとせず、将来自ら核を持つ可能性を示唆したのに対し、独側が、ドイツはそのような可能性を求める立場になく、むしろ、核兵器を持つ意味がない世界を追求する努力をすべきではないか、と反論したことは興味深い。

「核四政策」とNPT批准

本稿では、これまで五回にわたり、世界第二の経済大国として、国際秩序構築の政治的責任も背負う立場に置かれた日本が、国益と国際秩序が両立する、整合性がある核政策を容易に見出すことができなかった背景を考察してきた。

最大の問題は、冷戦下の日本の安全という、最も優先度が高い国益を守るための国際秩序が、日本人が二度と使われてはならないと信じている兵器によって支えられている、という国際政治の現実であった。核兵器は、一方では「使えない兵器」と言われながら、他方ではそれにもかかわらず、使われる可能性があることによって戦争を抑止できるとの認識が国際的に広く共有されるようになった。しかし、冷戦初期の「大量報復」はもちろんのこと、その後多くの専門家が主張した、戦術核から戦略核への段階的エスカレーション論である「柔軟反応」であっても、核抑止についての戦略論は、原爆投下を体験した日本人には、容易に受け入れがたいものであった。

このような日本の国民感情と安保体制を支える米国の核の傘との矛盾を何とかより整合性があるものにしようと試みたのが、一九六八年一月、当時の佐藤総理が国会で表明した非核三原則と、それを取り込んだ「核四政策」であった。「持たず、作らず、持ち込ませず」の非核三原則は、核の傘を否定はしないが、傘はできるだけ遠くから差しかけて欲しい、という日本の政治家としての同総理の正直な気持ちを表したものであった[67]。

しかし、これだけでは安全保障の見地からの踏み込みが足りないとの側近の助言から生まれたのが核四政策である[68]。同政策は、非核三原則、核軍縮、核の脅威に対する米国の核抑止力への依存、核エネルギーの平和利用の四本柱から成っている。この四本柱の中で最も注目すべきは、日本の総理大臣が、米国の核抑止力への依存を初めて公式に表明したことであった[69]。もっとも、この核四政策が、非核三原則を含めて、どの程度熟慮の上でのものであったかは大いに疑問である[70]。とくに指摘されるべき点は、米国の核抑止力は核の脅威に対するものとされ、通常兵器による侵略には自衛力で対応するとされていることであるが、わが国の「専守防衛」の自衛力がそれだけの能力を有しているとは考えられず、また(ソ連の)優勢な通常戦力による攻撃を抑止するための核の第一使用を排除しない米国の核戦略との整合性も欠いていた。

核の傘を柱とする安全保障政策を忌避する日本の国民感情は、時に「核アレルギー」と呼ばれることもあるが、こうした感情の背後にある「核兵器は、いかなる理由があろうとも、二度と使用されてはならない」という認識は、アレルギーと言われる程病的なものではなく、むしろ正常な反応と言えよう。

筆者は、外務省在職中、二〇年以上安保体制(核抑止力を含む米国の軍事的傘によって日本の安全を守る政策)を擁護する仕事に携わり、今日でもこの政策は日本の安全に欠かせない、と考えている。その反面、私は、核兵器の使用は、通常兵器とは異次元の非人道的性格の故に正当性(legitimacy)を有しない、との認識を捨てることができない。それ故に、米国のレーガン大統領が、八六年一〇月、アイスランドのレイキャビックにおける米ソ首脳会談で突如核兵器の全廃を〔ミハイル・S・〕ゴルバチョフ書記長に提案し、双方の随員をあわてさせた、という逸話に共感を覚えた。唯一の被爆国の国民ならずとも、冷戦時代に東西両陣営の核政策に関与した人の多くは、相互確証破壊(MAD)の正当性に疑問を抱いたに違いない(71)。

日本は、迷い抜いた末に、条約の不平等性には目をつぶり、核武装の選択を諦め、米国の拡大抑止の信頼性に国の安全を託する決意をして、七六年にNPT批准に踏み切った(72)。ちなみに、西側陣営の中で、第二次大戦の敗戦国として日本と似た立場に置かれていた西独は、日本と全く異なる選択をした。すなわち同国はNATOの枠内で、米国の核兵器の国内配備を認めたばかりでなく、航空機等の核兵器の運搬手段を提供し、いわゆる「二重の鍵」(dual key)と呼ばれる仕組みで、米国と抑止力を共有する道を選んだのである。(この仕組みにより、西独は、万一の場合には、米国による核の使用を拒否できる可能性を残したことを意味した。)もっとも、この選択が、前に述べた〔本書一六八頁参照〕日・独協議で〔エゴン・〕バール代表が主張した「核兵器を持つ意味がない世界を追求する」との同国の立場とつながるか否かは別問題であった。

国際司法裁判所の勧告

日本がNPTを批准してから二〇年後の九六年、国際司法裁判所(ICJ)は、国連総会及び世界保健機構(WHO)総会の要請に応じて、「核兵器による威嚇・その使用の合法性」に関し次のような勧告的意見を発出した。(73)

「(前略)核兵器の威嚇または使用は、武力紛争に適用される国際法の規則、そしてとりわけ人道法の原則および規則に一般的に違反するであろう」

「しかしながら、裁判所は、国際法の現状および裁判所が利用しうる事実の諸要素から考えると、国家の存亡そのものが危険にさらされている自衛の極端な状況において、核兵器の威嚇または使用が合法であるか違法であるかについて確定的に結論を下すことはできない」

このICJの勧告的意見は、七人の判事による多数意見(74)であるが、その最も重要な論点は、核兵器の類をみない非人道性は認識されても、冷戦時代を通じ、核保有国に限らない多くの国が国としての存立を核兵器の抑止力に依存してきたという、国際社会の政治的現実(極限状況においては、違法との法的確信が確立していないこと）を無視できなかったことであろう。

ＩＣＪの意見で注目すべき今一つの点は、核保有国出身の判事を含む全員一致の意見として、次のように述べていることである。

「厳重かつ効果的な国際管理の下において、あらゆる点での核軍縮に導く交渉を誠実に遂行し、かつ完結させる義務が存在する」[75]

このように、ＩＣＪが、ＮＰＴにも規定されている核軍縮交渉を完結させる義務を指摘していたにもかかわらず、核保有国は、これを一五年間無視し続けた。そして、漸く二〇〇九年になって、米国の〔バラク・〕オバマ大統領が有名なプラハ演説で「核兵器がない世界」を目指す、との画期的方針を宣明した。同演説は、本格的な核軍縮に向けてのはずみを生み出すかと思われ、大統領のノーベル平和賞受賞をもたらしたが、残念ながら、この期待は、内外の強い抵抗に遭い、裏切られた結果になっている。

ＮＰＴが構築したグローバルな核不拡散体制は、四半世紀の間、国際秩序として効果的に機能した（締約国は二〇一二年現在一九〇カ国に達し、この間北朝鮮を除き、新たな核保有国は生まれなかった）。日本のＮＰＴ体制への参加は、国益と国際秩序との整合性が確保された、正しい選択であった。しかし、二一世紀に入り、北朝鮮やイランの核兵器開発あるいはテロリストによる核使用の脅威により、ＮＰＴ体制は大きな危機に直面している。第二期を迎えたオバマ大統領は、核軍縮の推進に意欲を示しているが、展望は決して明るくない。核兵器が存在しない世界の平和を維持する秩序はいかにあるべきか、また、そこに至る道程はどのようなものか、国際社会はこの問いに対する答えを見出していない。

〔⑥⓪490号2013、10〕

第9章　冷戦を乗り越えて——大国面をしない大国の外交

脱冷戦の世界

私は、一九八九年八月に外務事務次官を拝命し、外務省事務当局の責任者として、同月に発足した海部内閣の下で中山(太郎)外務大臣を補佐することになった。職責の重さは十分自覚していたつもりであったが、以後私が事務次官の職にあった二年間は、図らずも戦後未曽有ともいうべき激動期に直面し、非力の思いが強く残った。

最初に世界を襲った大激震は、同年一一月九日に起きた「ベルリンの壁の崩壊」(具体的には東独当局による同国民の西独向け出入国の自由化)に端を発した「鉄のカーテン」の溶解、そして一二月二、三日に地中海のマルタ島で行われた米ソ首脳会談で発出された冷戦終結宣言である。この大変動のプロセスは、翌九〇年一〇月の東西ドイツの統一[76]を経て、最終的には九一年一二月にソ連邦という国家が消滅して完結する。第二の激震は九〇年八月のイラク軍のクウェート侵攻が引き金になって勃発した湾岸戦争である。いずれの事件も、戦後四〇年近く日本外交の座標軸を規定してきた枠組みを根底から揺り動かす性質の出来事であった。湾岸戦争と日本外交についての考察は次章に譲り、本章では、冷戦終結の問題を取り上げることにしたい。

冷戦の終焉は、言うまでもなく、第二次大戦後の国際政治の基本構造を形成してきた東西対立の解消を意味した。相互確証破壊という極めて脆弱な土台の上に辛うじて成り立っていた東西の均衡が、軍事的対決を誘発することなく、西側の静かな勝利という形で平和裡に消滅したことは、まことに喜ぶべき結果であった。しかし、このことは、同時に、世界が戦後経験したことがない、不確実、不安定な時代を迎えたことをも意味した。日本外交にとっては、「東側の消滅」により「西側の一員」というこれまでの国際社会での立ち位置が問われることになった。

事務次官としての一年目、私は、脱冷戦の世界の平和と繁栄をより確実なものとする新たな国際秩序を構築する国際社会の努力に日本はどのように参画すべきか、そのために日本外交が直面する課題は何か、について、あらゆる機会を利用して国内に向けて発信することに全力を挙げた。そうした努力(講演、寄稿、メディアとの懇談、テレビ出演等)の中で私が最も強調したのは、「大国面《づら》をしない大国の外交」の緊要性であった。

まず、「大国の外交」とは何か。中小国の外交は、既存の国際秩序を与えられた枠組みとして受け入れ、その中で自国の国益の極大化を図る。そのような意味で、戦後「世界第二の経済大国」と呼ばれるようになった一九七〇年代頃までの日本外交は、中小国の外交として、最も成功したケースである。国内的には、この外交路線を支えた日米安保体制に対しては様々な批判が存在したが、外交が追求すべき最優先の国益である国の平和と国民の繁栄が最大限に実現されたことは間違いない。

しかし、誰もが知る国際政治のイロハであるが、世界政府が存在しない国際社会の秩序(国際関係のルールとその実効性を担保するシステム)は大国が作る。それは、大国のみが秩序を作りそれを守る能力(これを「国力」という)を有するからである。この能力は、単に軍事力だけではない。そのほかにも、経済力、秩序の土台となる理念、文化の力、そして自らが欲する秩序を他国に受け入れさせる説得力(すなわち外交の力)が国力の重要な要素を構成する。第二次大戦後の世界で、米国が超大国として絶大な指導力を発揮し、最終的には西側を冷戦の勝利に導いたのは、こうした複合的な要素で構成される国力がソ連を圧倒的に上回ったからである。八〇年代になると、日欧の台頭が先進民主主義諸国間の秩序維持のための責任分担の問題を生んだことは、すでに述べたとおりである。[77]

〔61　491号2013、11〕

コストの分担

一九八〇年の日米欧三極委員会での宮澤喜一氏(後の総理)の基調演説を起草した際の筆者の論点は、日欧の経済的台頭に伴う米国の国力の相対的低下がもたらした「力と責任の不均衡」の是正のためには、日欧(特に日本)が西側同盟の中でより大きな責任を分担する必要がある、ということであった。[78] しかし、西側先進民主主義国間のより公平な、すなわち国力相応の責任の分担は、すでに述べたとおり、「言うは易く行うは難し」で、責任に伴うコスト(防衛費と市場開放)の負担増を求める米国と、それに消極的な日欧との間で絶えず政治的、経済的緊張を生む結果となった。

国際関係を論じるときに、「国際公益」(international public interest)とか「国際公共財」(international public goods)という概念がよく使われる。前者は国際社会の構成員全員が享受すべき利益であり、後者はそのような国際公益を確保するための国際社会のインフラである。国際公共財を構築、維持するには当然費用がかかるから、その費用は、本来であれば国際社会の構成員であるすべての国家がその能力に応じて負担すべきものである。国連その他の国際機関の維持費は、概《おおむ》ねこの原則に従って加盟国が分担している。しかし、国内社会と異なり、国際社会においては、このようなケースはむしろ例外である。国際公益と個々の国家が有する国益とは、一致しない場合が多いからである。西側先進民主主義諸国の同盟のコストはいかに分担されるべきか。自由貿易体制維持のコストは、先進国と発展途上国との間でどのように分担するのがフェアか。いずれも、簡単に答えが出るような性質の問題ではない。八〇年代の西側社会は、このような国際社会のインフラのコストを誰がどれだけ負担すべきか、との課題への対応に多大の時間と政治的エネルギーを費消した。「力と責任の不均衡」は、放置すれば国際秩序の不安定化に繋《つな》がるとの認識は日米欧の間で共有されてはいたが、不均衡の是正に欠かせない三者それぞれの思考の転換が容易でなかったからである。

私は、八五年末から一年半余りの間、大使としてマレーシアに勤務し、ほぼ八年ぶりに国外から、また、はじめて発展途上国の目線から日本外交を考える機会を得た。そして、その体験の私なりの結論を「外から見た日本外交」と題した所感にとりまとめて、離任直前に本省に送った。その中で私が最も強調したのは、日本が「無自覚に基づく無責任」な大国として国際秩序に対する脅威になりつつある、ということであった。国際秩序を維持する大国の責任を自覚しないままに放棄した周知の例は、第一次大戦後孤立主義に走った米国である。もちろん、当時の米国と八〇年代の日本を同列に論じることはできない。しかし、マレーシアから見えた日本は、世界第二の経済大国としての政治的、経済的責任を自覚しているようには思われなかった(79)。二つの例を挙げてみよう。

八五年九月に行われた主要通貨の為替レートの調整（プラザ合意）の結果円が急騰し、わが国から円借款を受け入れている多くの発展途上国は、円建ての借款債務の予期しない負担増に直面して、救済措置を求めるようになった。真っ先にその声を上げたのがマレーシアであり、私は、着任早々から、首相以下同国の要人から「何とかして欲しい」との要請を頻繁に受けた。私は、同国の要請はもっともと思われたので、何らかの衝撃緩和策を講じるよう具申したが、東京からの訓令は、「為替リスクは借入国が負うべきものであることを指摘すべし」、というものであった。政府が救済措置のために重い腰を上げたのは、日本からの新規借款の受け入れを渋る国が続出し、外交的に事態を放置できないことに気づいたからであり、それは、そろそろ私が離任する頃であった。

今一つは、いわゆる前川レポート(80)のケースである。八六年四月に政府に提出された同レポートは、国際的に高い評価を受け、そこで提唱されている構造改革が実行されれば、日本は、最早輸出大国ではなく、内需主導の輸入大国に転換すると期待された。私も訓令に基づき同レポートのＰＲに努めたが、残念ながら、この構造改革は、国内の様々な抵抗に遭って、有言不実行に終わった。

〔(62)４９２号２０１３、12〕

竹下内閣の「国際協力構想」

筆者は、一九八七年の夏にマレーシア勤務を終えて帰国し、政治担当の外務審議官に就任した。外務審議官とは、日本の国際的存在が大きくなるに伴い、諸外国との高いレベル（次官級）での協議や折衝が急増したのに対応するために設けられた、事務次官のスタッフ（組織上は大臣―次官―局長のライン外）である。もっとも、経済担当の外務審議官の場合は、通称「シェルパ」と呼ばれるG7首脳の個人代表という仕事が大きな比重を占めていたが、政治担当にはそのような予め決められた担当事務はなく、遊軍的性格が強いポストであった。

いずれにせよ、両外務審議官とも、もっぱら「外回り」の仕事が中心であったから、一年の三分の一は海外出張、残りはそのための準備かフォローアップというパターンであった。私の場合は、同年一一月に発足した竹下政権が標榜した「世界に貢献する日本」の中心的柱に据えるべく、村田事務次官が力を入れた「国際協力構想」[81]の肉付けを手伝うことになった。

竹下総理の「世界に貢献する日本」も、村田次官の「国際協力構想」も、八〇年代前半に、日本は世界第二の経済大国に相応しい国際責任を担おうとしないとの国際的批判が高まり、そうした批判への対応に追われる防御的な外交から脱却し、より主導的な外交を展開すべきである、との認識から生まれたものと言える。「力と責任の不均衡」に起因する国際秩序の脆弱化の責任はもっぱら日本に帰せられるとするのは、もちろんフェアな議論ではない[82]。

しかし、前稿（本稿62本書一七七―一七八頁）で述べたように、海外からの私の目に映った日本は、国際秩序維持の責任を自覚していないと批判されてもやむを得ない、と思われた。軍事面での国際協力には、戦後の日本の生き方に関連した制約が存在するのは当然としても、経済の分野では、貿易立国に相応しくない閉鎖的な保護主義が目立ち、到底自由貿易体制の担い手と呼ばれる資格があるとは言えなかった。したがって、竹下総理の「世界に貢献する日本」を空虚なスローガンに終わらせないためには、状況対応型の防御的外交から責任ある大国としての能動的外交への転換を具体的政策によって裏付けることが必要と考えられたのである。

国際協力構想の中身をどのようなものにするかについては、村田次官を中心に、関係局の参加を得て議論を重ねた結果、国際安全保障分野への積極的寄与を意図した「平和のための協力」、政府開発援助（ＯＤＡ）の飛躍的拡充を内容とする「繁栄のための協力」、そして（今で言うソフト・パワーである）国際文化交流の推進の三本柱に取りまとめられた。そして、この三本柱は、八八年前半の総理のヨーロッパ訪問に始まり六月のトロント・Ｇ７サミットに至る過程で、総理自身の口から日本の国際的な公約として表明されたのである。

総理が就任早々に行った国会での所信表明演説の振付けからスタートして半年余りの間、村田次官が国際協力構想実現のための内外の根回しに注いだ努力は、それでなくとも多忙な事務次官としては異例と言うべきものであり、補佐する筆者も瞠目の思いであった。

あるとき同次官は私に、「日本の国力は今がピークだ。これから国力が低下していくときに、このようなこと（国際協力構想）をやろうと思ってもできない。今しかできないのだ」と漏らすことがあった。当時、日本の将来についてより楽観的に考えていた私は、正直半信半疑であったが、同次官が何故あれほど国際協力構想に熱心であるかを知ることができた。筆者は、他方、国際協力構想を動かした同次官の発想と行動力には敬意を表するに吝《やぶさ》かではなかった。とくに、日本の国力の将来についての見方は、後年筆者自身が痛感することになった。　〔㊾４９３号２０１４、１・２〕

村田事務次官（一九八七年七月―八九年八月）の申し子とも言うべき「国際協力構想」は、これを外交の表看板に据えて推進しようとした竹下内閣が、リクルート事件に躓いて、八九年六月に退陣を余儀なくされると、その後の政権によって継承されることはなかった。同内閣が一年半余りの短命内閣であったことを考えると、同構想が定着しなかったことは、無理からぬところでもあった。しかも、以後〇一年四月に小泉〔純一郎〕内閣が登場するまでの一二年間に実に九人の総理大臣が誕生するという、極めて不安定な国内政治状況の下では、残念ながらどのような外交政策の構想（イニシアチブ）も、「これが日本外交の基本路線である」として、内外に説得力を持って打ち出すことは難しかった。

「大国面をしない大国の外交」

それでも筆者は、村田氏の後任として事務次官の職に就くと、国際協力構想の内容をできる限り生かすべきだと考えた。同構想の三本柱（平和のための協力、繁栄のための協力、国際文化交流の推進）が、筆者が強調する「大国面をしない大国の外交」[83]を肉付けするための中身に相応しい、と思われたからである。

世界第二の経済大国には、国際秩序の形成・維持に積極的に参加し、貢献する責任がある。日本がG7の一員であるのはそのためであり、また、諸外国から大国相応の外交を求められる所以でもある。それでは、「大国面をしない」外交とはどういうことか。

国際秩序に能動的にかかわるという意味で、大国としての外交を日本が推進するにあたって、大国面をしてはならないと筆者が主張したのには、二つの理由があった。

第一は、当時の日本人に傲《おご》りが見えるようになったことである。少なくとも、八〇年代を通じ、それまで日本の国際的地位の向上を好意的に評価していた外国の友人の中に、「最近の日本は傲慢になってきたのではないか」と漏らす人が多くなったのである。米国の学者エズラ・ヴォーゲルの『ジャパン・アズ・ナンバーワン』が世に出されたのは七九年のことである。さすがに当初は、この本のタイトルを額面どおりに受け取った日本の読者は多くないように思われたが、八〇年代の後半になると、米国における「アメリカ衰退論」[84]の台頭にも助けられ、「もはやアメリカから学ぶものはない」といった議論が真面目に行われるようになった。このような単純なナショナリズムが外交に影響を及ぼすようになれば危険と感じたのである。

大国面をしてはならないと考えた第二の理由は、二〇世紀の前半に軍国主義の暴走を許した日本の歴史に対する反省である。日本の国際的地位が上がるに伴って、「日本は第二次大戦の歴史の結果と向き合っていないのではないか」という声が、近隣のアジア諸国のみならず、広く欧米からも聞こえるようになった。平和条約が結ばれ、賠償が支払われても、それだけで過去が清算されるわけではない。人間の記憶、とくに被害者の記憶は、容易に消えないからである。戦後、軍国主義と決別して再出発した日本が、真に国際社会に受け入れられるためには、過去の歴史への反省と、それを実際の行動に反映させる継続的な努力が欠かせない。そのような反省と行動を伴わない国は、国際社会から大国と認められることはないであろう。「大国面をしない」とは、そういう意味である。

「経済大国は必ず軍事大国になる」。これは歴史学者の間では、かなり有力な説である[85]。大国面をしない大国の最も重要な証は、日本が国際秩序の脅威となるような軍事大国にならない、との内外への誓約を遵守することである。経済大国の軍事大国化が歴史の必然であるとすれば、日本の生き方はこの歴史に対する有意義な挑戦である。しかし、問題は軍事大国にならなくとも、それだけで大国としての国際責任を果たしていることにはならないことである。八〇年代になると、しばしば聞かれるようになった日本像として、「経済的巨人、政治的小人《ピグミー》」というのがある。経済力相応の政治的責任(コストとリスクを伴う)を回避しているとの批判である。[86]

「大国面をしない大国の外交」は、このような批判に対する答えになると考えた。〔64 495号2014、4〕

一九九〇年三月、海部俊樹総理は通常国会での施政方針演説の中で、九〇年代の日本外交の在り方に関し、次のように述べた。

「我々の求める新しい国際秩序は、第一に、平和と安全が保障されること、第二に自由と民主主義が尊重されること、第三に、開放的な市場経済体制のもとで世界の繁栄が確保されること、第四に、人間らしい生活のできる環境が確保されること、第五に、対話と協調を基調とする安定的な国際関係が確立されることを目指すものでなければなりません」

国際秩序に能動的にかかわる外交が求められる以上、日本自身がいかなる秩序を欲しているかを、まず明確にしなくてはならない。海部総理の演説は、まさにこの課題に正面から答えようとするものであった。[87]

外務省の事務当局を与《あずか》る筆者としては、同総理が示した外交方針の大枠の中で、国際協力構想の三本柱を生かしていくことができれば、それは、筆者が主張する「大国面をしない大国の外交」にも沿ったものになると考えた。

ODAと国際文化交流

三本柱の中で比較的順調に育ったのは、政府開発援助（ODA）の拡充を内容とする第二の柱「繁栄のための協力」であった。すなわち、八八―九二年の五年間に、ODAの総額を五〇〇億ドル以上（八三―八七年の五年間の実績の倍増）とするとの量的目標を打ち出したのであるが、これは、折からの円高・ドル安の為替レートの変動という追い風を受け、財政当局の協力も得られて達成された。その結果、日本は、米国を追い越し、最大の援助供与国となった。(88) しかし、ODAの拡充には、単なる量的拡大だけではなく、質の改善（無償援助の増加）に加え、援助実施体制の強化（とくに現地の援助スタッフの増強）という問題がある。

こうした面での日本のODAは、国際的に見て到底合格点とは言えない状況であった。円借款の比重が大きい日本のODAの贈与比率は、OECD諸国の中で最下位に甘んじていた。資金援助の手段として、借款と贈与といずれが優れているかは、一概には論じ得ないところであるが、明らかに返済能力が乏しい国に借款を供与するのは、被援助国の目線に立った援助とは言えない。また援助関連要員一人当たりのODA予算額を比較すると、日本はOECDの主要援助供与国中最大であった。これは、決して日本の要員が効率的であったことを意味せず、相手国のニーズの正確な把握や個々の援助プロジェクト・プログラムの評価等、援助の質を上げるための仕事をこなす人手が不足し、結果的に相手国の要請をそのまま受け入れる、いわゆる「要請主義」に陥る傾向が強くなった。援助大国の道遠し、というのが当時の筆者の偽らざる実感であった。

第三の柱となる国際文化交流の推進は、今でいうソフト・パワー強化の一手段であるが、これには、二つの越えなくてはならない高いハードルが存在した。一つは、言うまでもなく予算の制約である。米国はもちろんのこと、西欧の主要先進諸国も、日本とは比較にならない多額の予算を文化交流に充てている。一例を挙げると、当時(八〇年代後半)、日本政府の文化交流予算は九〇億円に満たなかったのに対し、英国は、日本の四倍以上の予算で同種の活動を行っていた。(89) 日本では、予算が不足するとまずカットされるのは文化関係の費用というのが、政府、民間共通の実情である。これではソフト・パワー大国になれるはずがない。

第二のハードルは、理念の欠如である。国際文化交流の目的は何か。何のために国民の税金を使って文化交流事業を実施するのか。文化交流によって守られる日本の国益は何か。外務省の文化交流部(当時)にも、文化交流の主要実施機関である国際交流基金にも、こうした問いに対する公式の答えは存在しなかった。〔(65)496号2014、5〕

国際協力構想の中核と考えられた「平和のための協力」を論じる前に、筆者が提唱した「大国面をしない大国の外交」との関連で、若干書き加えたいことがある。日本外交に、大国の外交に相応しいソフト・パワー(非強制的な力)が備わっているかという問題である。

日本外交の力

大国が国際秩序を構想し、構築し、そして維持していくために保持しなくてはならない「力

(power)」は、四つの要素によって構成される。平和を守るための軍事力、富を創造する経済力、国際的合意を形成する外交の力、そして最後は、秩序の骨格となる理念、思想の力である。この四番目の力に普遍性がないと、真の大国として、国際社会のリーダーにはなり得ない。

第二次大戦後、冷戦が終結するまでの四十余年の間、米国が国際秩序の形成、維持に主導的役割を果たしたのは、この四つの要素の総合力が圧倒的に強かったからであり、とくに、米国が追求した秩序の骨格となった、自由、人権、民主主義、法の支配という多元主義(pluralism)の理念が、他のいかなる理念、思想にも勝る普遍性を有していたことによる。米国が名実ともに超大国と呼ばれたゆえんである。また、一九七〇年代以降、日欧の経済的台頭により、米国の地位が相対的に低下した時代になってからも、米国が築いた自由で開放的な政治経済秩序が維持されたのも、米国が掲げた理念が西側社会で共有され、その一体性の基盤としての役割を果たしたからである。

日本は、米国のような理念型の国ではない。また、西側の一員といっても、日本は、理念の面では後発国である。更に、軍事については、日本は、憲法九条の下で、自らに厳しい制約を課しているため、この分野での国際秩序への貢献は限られたものにならざるを得ない。そうなると、そもそも日本の場合、「大国の外交」というのがあり得るのか、という疑問さえ生じる。しかし、筆者は、このような疑問は誤りであり、日本は、国際秩序に有意義な貢献をする能力を有していると考える。

国際政治の世界での日本外交の活動は地味であるため、海外では、「経済は一流、政治は三流」というイメージが日本について語られることが多い。しかし、あまり知られていないことであるが、国際的な日本のイメージは決して悪くないのである。例えば英国のBBCが行っている世論調査では、「世界に良い影響を与えている国」として、日本は常に上位にランクされている。これは、日本が戦争を否定し、平和にコミットしている国であることが広く知られるようになってきているからであろう。「政治は三流」であっても、必ずしも悪いことではないばかりか、むしろ積極的に評価されて良い面があるのである。発信の仕方によっては、日本の平和主義は国際的に道義的影響力を持ち得ることが分かる。

日本の平和へのコミットメントと外交努力が結びついて、国連の場で結実したイニシアチブが、従来の伝統的な国家の安全保障を補完する「人間の安全保障（human security）」という新しい概念である。安全保障とは、国家の安全のみならず、市民レベルでの安全を守るものでなくてはならないとの考え方は、すでに前稿〔本稿㊿本書一八三頁〕で引用した九〇年の海部総理の施政方針演説の中で、「人間らしい生活のできる環境が確保されること」が日本が求める国際秩序の五本の柱の一つとして強調されている。「人間の安全保障」という概念が、人道援助や開発援助の理念として国際的に認知されるにはそれからほぼ一〇年の年月を要したが、日本の国際社会への有意義な知的貢献として評価されるべきものである。

最後に、ソフト・パワーの重要な要素である国際文化交流に触れたい。国境の壁が薄くなり低くなるグローバル化が進む二一世紀の国際社会においては、その普遍性と、自らの民族的、文化的、宗教的固有性の主張との対立が、世界各地で紛争を引き起こしている。両者の間に調和点を見出し、対立を極小化するためには、固有のアイデンティティを維持しようとする異文化間の対話から生まれる相互理解、そして、グローバル化によって生じる共通の問題を解決するための国際協調が欠かせない。

このような対話と協調のプロセスは、長い年月を要し、通常の外交の手段として効果を期待できる性質のものではないが、二一世紀の平和を支える一番重要な柱になることは間違いない。日本にとって国際文化交流は、発信よりも受信が大きな意味を持つ。異文化を受け入れるために国の扉を開くことは、歴史的に自らの文化の固有性にこだわってきた日本にとっては、厳しい挑戦である。

〔㊿498号2014、7・8〕

カンボジア和平

国際協力構想がスタートした一九八八年、同構想の第一の柱である「平和のための協力」の具体的内容として当時外務省が考えていたのが、国連の平和維持活動（ＰＫＯ）への本格的参加と、カンボジア和平への積極的関与であった。

ＰＫＯへの本格的参加とは、停戦監視のようなＰＫＯの主要活動に自衛隊の参加を実現することであった。以前から外務省は、ＰＫＯは憲法九条１項により禁じられている「国際紛争を解決する手段」としての武力の行使には該当しないので、他の国連加盟国と同じ立場で自衛隊がＰＫＯに参加することは可能であるばかりでなく、わが国の国際貢献の一つの態様として望ましいと考えていた。しかし、自衛隊のＰＫＯ参加を実現するためには、まずＰＫＯの任務遂行に伴ってその必要が生じる可能性がある武器の使用が、憲法九条が禁じる武力行使に該当する恐れがあるとする内閣法制局を説得しなくてはならず[90]、次に防衛庁（現防衛省）所管の自衛隊法を改正し、ＰＫＯへの参加を自衛隊の任務として新たに規定する必要があった。この二つの高い壁を乗り越えるには、政治レベルの意思決定が不可欠であったが、当時はそのような決定が可能な状況ではなかった。

カンボジア和平への積極的関与とは、一〇年越しのカンボジア内戦に終止符を打ち、同国の平和を構築するための多国間のプロセスの中で、日本が重要な役割を担うということである。[91]それでは、外務省はなぜこの問題に高い優先権を付したのであろうか。

東南アジアは、日本にとって常に戦略的に重要な地域であった。七七年八月に表明されたいわゆる「福田ドクトリン」[92]で、東南アジアが一体として平和裡に発展することを期待し、日本はそのために積極的に寄与する意図を表明したのも、こうした認識に基づくものであった。しかし、こうしたＡＳＥＡＮ諸国とインドシナとの一体的発展を阻害したのがベトナムのカンボジア侵攻(七八年)に端を発したカンボジアの内戦[93]であった。

中ソの代理戦争といった性格を帯びるようになり、その結果慢性化したカンボジアの内戦も、筆者が外務審議官を務めていた八七、八八年頃になると、徐々に収拾に向かう動きを見せるようになったが、その背景には、ソ連におけるゴルバチョフ書記長の登場によって始まったグローバルな国際政治構造の大変革、すなわち冷戦の溶解があった。このこと自体は日本にとっても歓迎すべき変化であったが、同時に、それは日本外交の大きな失点になる危険を内包した動きと思われた。すなわち、和平交渉は内戦の当事者であるカンボジア四派と関係国(米中越等)によって取り仕切られ、和平成立後の復興資金の負担の請求書だけが日本に回ってくる、というシナリオが容易に想像されたのである。

こうした状況に置かれないようにするためには、どうしても日本自身が和平交渉に参加しなくてはならず、そのためには日本の和平案が必要であった。そこで筆者は、アジア局（現アジア大洋州局）が作った和平試案を携えて、八八年の一一月にワシントンとハノイを訪れ、同案の売り込みに努めた。「和平の話し合いに日本を入れずに、後になって金を出せ、というのはフェアではなく、納得できない」と主張したのである。

〔(67)４９９号２０１４、９〕

日本のカンボジア和平への関与には、三つの側面があった。第一は、和平交渉自体への参加。次に、合意された和平協定実施のために設けられた、国連カンボジア暫定機構（ＵＮＴＡＣ）への人的協力（とくに自衛隊の派遣）。そして、カンボジア復興のための経済援助である。

和平交渉への参加を求める日本に対する関係国の反応は、当初好意的なものではなかった。まず当たり前のことであるが、参加国の数が増えることは、交渉がより複雑になる可能性を意味する。とくに米国は、カンボジア各派に任せておいたのでは話し合いはまとまらないから、国連の安全保障理事会、具体的には五常任理事国（Ｐ５《ピーファイブ》）の主導で和平案を作り、それをカンボジアの当事者に「押し付ける」ことを考えていたから、日本の要求は「余計な雑音」と受け取った。

ベトナムも、Ｐ５のメンバーではなかったが、日本の参加には強硬に反対した。[94] 日本の和平案がクメール・ルージュ（ポルポト派）の政権参加を認めるものであったのが、その理由であった。クメール・ルージュ打倒のためにカンボジアに侵攻した自国の行動の正当性が否定されると考えたのである。狂気の大量虐殺の実行者に新政権への参加を許すことに積極的な者はいなかった。しかし、日本は、内戦当事者の中で最大の兵力を有するクメール・ルージュを新政権に取り込まないのは、

「虎を野に放つ」に等しく、事実上内戦が終わらないことを意味すると主張したのである。

日本の和平交渉への参加の要求に対する逆風は、時が経つとともに、二つの理由から変わり、米国も日本の参加に前向きの態度を示すようになった。[95] 一つは、日本の要求（復興援助の大口負担と交渉参加は不可分）はフェアと認めざるを得なかったこと、そして第二には、日本がカンボジアの複雑な内情を最も正確に把握していることが分かってきたからである。[96] 九〇年六月にカンボジア和平に関する国際会議が東京で開かれたことも、こうした風向きの変化を示すものであった。

交渉は、和平成立後の新政権の在り方をめぐって紆余曲折を経たが、漸く九一年一〇月に包括的和平合意文書（パリ和平協定）の調印に漕ぎつけた。その頃までには交渉の枠組みはＰ５＋１《ピーファイブプラスワン》の形で確立し、日本はその欠かせない一員になっていた。

こうして和平交渉のテーブルの座に就いた日本は、その後のカンボジア復興のための経済援助については、国内世論の支持もあり、国際的な期待に応える大きな役割を果たした。日本はカンボジア復興に関する国際会議を東京で開催（九二年六月）して対カンボジア援助のイニシアチブをとり、さらに翌九三年以降パリで開かれたカンボジア復興国際委員会（ＩＣＯＲＣ）の議長を務めた。また、量的には、九四―九八年の五年間に、総額五四二百万ドルを超える無償援助を供与したが、その規模は、米、仏、豪等の他の援助国に比し、圧倒的に大きかった。[97]

カンボジア和平は、国連にとっても、未曽有の経験であった。和平協定に基づき設立されたＵＮＴＡＣは、通常のＰＫＯの域を遥かに超えて、九二年三月からほぼ一年半にわたり、事実上の統治機構として、例を見ない国家再建の任務を遂行した。この間、日本にとって幸いだったのは、二人の極めて有能な日本人が重要な役割を演じた結果、「日本の顔」が国際的に印象づけられたことである。一人は、国連事務総長の特別代表としてUNTACの活動を統括した明石康氏（当時国連事務次長）であり、今一人は、国連難民高等弁務官（UNHCR）の職にあって、三七万人といわれたカンボジア難民の帰還という困難な任務に当たった緒方貞子氏である。

日本にとって和平協定が成立して残された最大の課題は、九二年三月に発足したUNTACへの人的協力をいかに実現するか、であった。〔㊳500号2014、10〕

カンボジア和平への積極的関与が、単なるスローガンに終わらず、日本外交の有意義な実績として内外から評価されるためには、当然のことながら、UNTACに対する人的協力が不可欠であった。しかし、そこには、内閣法制局の憲法解釈と自衛隊のPKOへの参加を可能にするための所要の法改正という二つの高い壁が存在したことは前稿（本書一八八―一八九頁）で述べたとおりであり、この壁を乗り越えるのにどうしても必要な政治レベルの意思決定を妨げていたのは、国民の内向きな意識であった。

「一国平和主義」との葛藤

日本が平和であればそれで良し（国際社会の平和はアメリカに任せる）、という意識は、戦後ほぼ四〇年にわたる冷戦期を通じ日米安保体制に基づく米国の抑止力によって日本の平和が守られてきた結果として、国民の間に根を下ろしたものである。こうした意識に大きな衝撃を与えたのが湾岸戦争（一九九〇―九一年）であった。当時筆者は、日本が一人前の国として国際社会から評価されるためには、日本は「一国平和主義」から脱却し、国際秩序を守るために汗をかかなくてはならない、とあらゆる機会に主張した。筆者の主張が世論を動かすだけの力を持ったと自負するつもりはないが、湾岸戦争への対応に苦悩する日本の姿が国際社会からは奇異の目で見られたことに多くの国民がショックを受けたことは間違いない。

湾岸戦争のときに外務省は、海部総理を説得し、多国籍軍の後方支援の任務に従事する「平和協力隊」(実体は自衛隊)を派遣するための国連平和協力法案を国会に提出したが、野党の反対が強く、結局会期末に同法案は廃案に追い込まれた。

九一年一一月に海部内閣の跡を継いだ宮澤内閣は、カンボジア和平への積極的関与を完結させるためのＵＮＴＡＣへの人的協力、具体的にはＵＮＴＡＣが実施するＰＫＯへの自衛隊の参加の実現に多大な政治的精力を注いだ。湾岸戦争のときと異なり、いくつかの要素が政府の「追い風」になった。

第一に、世論の大勢が、湾岸戦争への日本の対応振りに対する国際的批判の繰り返しは避けたいと考えるようになったことが挙げられる。第二に、カンボジアの和平プロセスへの参加は、湾岸戦争の多国籍軍への協力と異なり、平和国家としての日本の活動に相応しい、とのイメージが存在し、このことは二つの面で政府の助けとなった。すなわち、国会対策上は、野党の一部(とくに公明党)の賛成を取り付ける上での決定的要因になった。また、ＰＫＯへの参加は、形式的には自衛隊の海外派遣ではあっても、そのような日本の行動に批判的な近隣諸国もＰＫＯには反対できないので、外交上の制約が著しく軽減されたといえる。

こうした追い風にもかかわらず、長年にわたり国民の意識に根を下ろした一国平和主義の抵抗は一朝一夕には収まらなかった。自衛隊派遣の実現のために政府が国会に提出した国際平和協力法案に規定された平和維持隊（ＰＫＯ部隊）の業務のうち、停戦監視等の本体業務と呼ばれる中核的活動は、憲法上疑義がある武器の使用につながる可能性があるとの理由から、当面は凍結を余儀なくされることになった。[98]これは国会の承認に必要な多数を確保するための妥協の産物であった。

カンボジアＰＫＯへの自衛隊の参加は、前述のとおり、本体業務が凍結されたこともあり、施設部隊六〇〇人（延べ人数一二〇〇）にとどまり、決して大規模なものではなく、ＵＮＴＡＣの規模が約二二〇〇〇人であったことを考えると、国力相応とは言い難かった。

九二年九月から活動を始めた日本のカンボジアＰＫＯは、翌九三年四―五月に二名の文民犠牲者が生じ、大きな試練に直面した。国際平和協力法が定める、いわゆるＰＫＯ五原則[99]の前提が崩れたので要員を撤収させるべし、との声が起こり、政府はこの世論の強い圧力にさらされたのである。当時筆者は、ワシントンで連日日本の報道をフォローしながら、どうなることかと憂慮したのを覚えている。最終的には、宮澤総理の決断により事態は収拾されたのであるが、万が一にも撤収ということになっていたら、それまでの日本のカンボジア和平への努力は水泡に帰したところであった。

〔(69)501号2014、11〕

第10章　湾岸戦争――問われた日本の平和主義

アメリカのリーダーシップ

一九九〇年八月二日、イラクは突如クウェートに侵攻した（この日は、偶々筆者の五九歳の誕生日であった）。国連憲章の明白な侵犯に対し、国際社会は結束して迅速に対応した。

同日、国連安全保障理事会は、イラクのクウェートからの即時無条件撤退を求める決議六六〇を採択。

同月六日、安保理は、対イラク包括的経済制裁を内容とする決議六六一を採択。

さらに同月二九日、国連加盟国に対し、イラクのクウェートからの全面撤退実現のための「あらゆる必要な手段」をとることを認める決議六七八を採択。同決議により、米国などがクウェート解放のためにとるべき軍事行動に、国連憲章に基づく強制行動（enforcement action）のお墨付きが与えられた。

これが、一般的には、湾岸戦争と呼ばれる地域紛争の骨格である。注目すべきは、米国のリーダーシップである。まず米国は、湾岸地域に米軍を主力とする多国籍軍を集結してイラクに軍事的圧力を加え、戦わずしてクウェート解放を実現する可能性を外交的に模索し、この時期を「砂漠の盾」と名付けた。さらにイラクが撤退に応じない状況の下で、多国籍軍は、九一年一月一七日から空爆を開始、二月二四日には地上戦を展開、一〇〇時間の地上戦後ブッシュ大統領は一方的に停戦を宣言。この時期は「砂漠の嵐」作戦と呼ばれた。

米国主導の多国籍軍によるクウェート解放の実現を国連憲章に照らせば、中ソを含む安保理の常任理事国が拒否権を行使することなく一致して行動した結果、憲章が想定した平和回復のための集団安全保障体制が見事に機能した希有なケースであった。

米国はそのリーダーシップを発揮するのに、前例がない形をとった。多国籍軍とは、一種の有志連合であったが、米国は、何らかの理由で軍隊を派遣できなくとも、財政的に協力する余地があると思われる国に対しては、資金面での支援を要請した。そのような協力を求められたのが、日本、ドイツ及び湾岸の産油国であった。しかし、資金協力といっても、まずもって所要総額がいくらになるか米国自身も見当がつかず、また、分担について予め合意された一定の方式があったわけではないので、外交的には、要請する米国にとっても、要請される側の友好国にとっても、厄介な問題になった。

海部総理への進言

日本にとって、湾岸戦争とは何を意味したのだろうか。冷戦期においては、東西対立に起因した紛争であれば、西側の一員である日本の座標軸に疑問が生じる余地はなかった。ソ連のアフガニスタン侵攻は、その一例である。しかし、湾岸戦争は、ポスト冷戦時代に発生した地域紛争であり、国連決議のお墨付きがあるとは言っても、日本の「立ち位置」は必ずしも明確ではなかった。

ブッシュ大統領の一方的停戦宣言により戦争が事実上終結した時に、筆者が総理ブリーフ用に作成した「湾岸戦争総括」と題するメモが手元に残っている。そこには、次のように書かれている。

「湾岸戦争は、三つの理由から戦後の日本外交にとって最大の試練となった。第一に、戦後わが国は、現実の戦争への対応について主体的判断を迫られる経験がなかった。第二に、湾岸は、わが国にとって外交的な足場がほとんどない地域であった。第三に、それにも拘わらず、わが国は国際秩序の主要な担い手の一人として行動しなくてはならない立場に置かれていた。

そのためにわが国がとるべき基本姿勢についても、具体的対応策についても、政府は、国民世論のコンセンサスがないままに迅速に行動を強いられ、その結果、多大の困難を経験せざるを得なかった。対応を誤れば、日米関係は修復困難な傷を負い、先進民主主義国の主要な一員としてのわが国の国際的立場に対しても深刻な疑問が提起されたであろうが、イラクの人質解放という幸運にも助けられ(100)、何とかこの外交的危機を乗り切ることができた」

平和国家は戦争に加担すべきではない、との世論に押されて、多国籍軍への協力に尻込みする日本の姿を見て、「大国面をしない大国の外交」がいかにもろいものであるかを痛感した、戦争終結までの七カ月であった。〔(70)502号2014、12〕

湾岸戦争の間、筆者は外務事務次官として、週数回官邸に赴き、海部総理（当時）に、軍事情勢をはじめ様々なブリーフを行ったが、戦争初期（「砂漠の盾」の時期）において私が毎回のように強調したのは、イラクのクウェート侵攻が、単なる地域紛争の域を超えた国際秩序に対する重大な挑戦である、ということであった。そうであるからこそ、国連安保理は、満場一致で軍事力の行使を含む

「あらゆる必要な手段」を加盟国がとることを承認したのであり、この安保理決議に対する日本の立ち位置が中立ということはあり得ないというのが、私が総理に繰り返し指摘した点である。（事実当時日本国内では、米国のイラクに対する強硬な姿勢を嫌って、「どっちもどっち」という声が小さくなかった。）

もちろん、最後の手段である武力に訴えることなくクウェート解放が実現すれば、それに勝る解決はない。しかし、外交的解決を目指してバグダッドに乗り込んだ国連のデクエヤル事務総長が、和平交渉の成果を挙げられずに記者会見で、「二人でなくてはタンゴは踊れない」(It takes two to tango)と述べたように、イラクのサダム・フセイン大統領には、平和的解決を求める意思は全くなかった。

戦争が常に悪であることは言うまでもない。しかし、そうだからと言って、戦争が絶対悪とする立場をとれば、力で平和を破壊する国や集団が現れたときに、平和を取り返す方法はなくなってしまう。筆者が今でも鮮明に記憶しているのは、湾岸情勢が緊迫する中で帰国したサウジアラビアの日本人学校の校長先生が、テレビで感想を求められ、「平和、平和と唱えるだけでは平和は守れない」と答えていたことである。私は、校長先生の言うとおりだと思い、早速この話を海部総理に紹介した。

財政措置の難航

米国が、安保理決議六七八に基づく多国籍軍を動員するに際し、軍隊を派遣できなくとも、財政的に協力する余地があると考えられる国（日、独、湾岸産油国）に対し、資金面での支援を要請してきたことは前稿（本書一九六頁）で述べたが、政府として、これにいかに対応するかは難問であった。

第一の問題は、金額である。一体米国は日本が多国籍軍にいくら協力することを期待しているのであろうか。「砂漠の盾」作戦が始まった当初米国は、輸送手段が不足しているので、要員を含む船舶、航空機の提供の可能性を打診してきた経緯がある。[101] 日時が経過する過程で、輸送手段の話が資金協力に変わったのが真相であるが、その間ブッシュ政権は、日本政府に期待する資金協力の規模をいかなる形でも示唆することはなかった。ブッシュ政権自身が、「砂漠の盾」作戦全体の資金需要やその内訳について、同盟国、友好国に説明できる説得力のある数字を持ち合わせていなかったのである。そもそも、多国籍軍の資金需要は、イラク軍がどの程度まで抵抗するかによって大幅に違ってくるから、ペンタゴン（米国国防総省）が、日本の度重なる要請にもかかわらず、数字を提示できなかったのは無理もない話であった。

結果的に日本政府は、多国籍軍に対し、八月末に一〇億ドル、米国の追加支援要請に応えて翌九月にさらに一〇億ドル、計二〇億ドルの協力を行う[102]とともに、いわゆる周辺国支援としてエジプト、トルコ、ヨルダンの三カ国に対し、総額二〇億ドルのODA借款の供与を決定したのである。[103] その間、日本政府の対応は極めて迅速であったが、それにもかかわらず、米国のマスコミが日本の対応の遅れを批判する論調を繰り返したことは残念であった。[104]

〔(71)503号2015、1・2〕

九〇年八月、イラクによるクウェート侵攻により勃発した湾岸危機は、翌月に入っても、鎮静化に向かうことはなかった。クウェートを占領したイラク軍は、安保理の即時無条件撤退を求める決議（拘束力を伴う）を無視して居座り、他方、イラクの侵略のサウジアラビアへの拡大を警戒した米国は、湾岸地域に五〇万という大規模な多国籍軍を集結した。

こうした対決的状況の下に置かれた日本は、多国籍軍に対し、前稿で述べたとおり、八、九月に計二〇億ドルの支援を行うことを決定したのであるが、日時の経過に伴い、「砂漠の盾」作戦では安保理決議の目的は達成されず、遅かれ早かれ多国籍軍の武力行使が求められることは必至と見られるようになった。これは、「砂漠の盾」が、単なる侵略の拡大に対する抑止力ではなく、クウェートを解放する「砂漠の嵐」への移行を余儀なくされることを意味した。そうなると、日本は、二つの課題に直面することになる。第一は、多国籍軍に対する二〇億ドルの資金協力を増額しなければならないことは明らかであったが、その規模、財源、そして供与の態様のいずれについても答えは簡単ではなかった。

規模については、結局橋本龍太郎大蔵大臣と（ニコラス・F・）ブレイディ財務長官（いずれも当時）の直接の話し合いにより、九〇億ドルということで決着をみた。財源については、前回の二〇億ドルの時のように、予備費に依存することは出来ない状況であったので、法人税と石油税の暫定的な引き上げを行わざるを得ず、そのためには、所要の法的措置を国会に求めなくてはならなかった。[105]また、「砂漠の盾」作戦時には、米軍から高い評価を得た日本側の資金供与の仕組みは、今回は、規模が大きくなったことに伴い、これまでの物資協力の態様は継続できなくなり、代わりに、湾岸諸国の協力を得て、同諸国の基金に随時日本の負担分を振り込む形式をとることになった。

九〇億ドルの財政措置については、最終的には公明党の賛成を取り付けることが出来たのであるが、その過程で、同党は日本の拠出金を武器、弾薬の購入に充ててはならないとの主張に固執したために、米側との交渉は難航した。当然のことながら、米側は、こうした使途の制限を受け入れることに強く反対した（なぜ武器、弾薬を除外しなくてはならないのか、という日本の主張を理解しなかったのである）。

種々の折衝の末、妥協案として、特定の品目を除外するのではなく、武器、弾薬以外の物資の中からニーズが高いもののリストを作成し、このいわゆるポジティブ・リストに基づいて物資を調達することで合意したのである。同盟国間の相互信頼があったので、交渉が決裂するというようなことにはならなかったが、米側が、日本が主張した使途の制限の理屈を理解することはなかった。米政府の関係者は、これが日本の言う平和主義であるとすれば、不思議な平和主義であると首をかしげたのである。

後方支援問題

最大の問題は、多国籍軍の後方支援への参加の問題であった。イラクと多国籍軍との対決が次第に現実味を帯びてくるに伴い、米政府内では、何らかの形で日本の自衛隊が多国籍軍に参加できないか、という声が浮上した。そして、これに呼応するかのように、日本側でも、日米同盟強化策として、多国籍軍への人的協力のメリットが主張されるようになった。

日本側においては、これまで国連の平和維持活動（ＰＫＯ）への参加を検討してきた外務省が自衛隊の参加を強く主張した。もっとも、外務省においても、自衛隊の参加は、あくまでも後方支援に従事する非戦闘要員に止まるとの考えであり、戦闘部隊の派遣を主張する向きはなかった。しかし、非戦闘要員(例えば施設部隊)であっても、もしイラク軍の攻撃を受けた場合にはいかに行動するか。[106]自衛のために使用する武器の携帯は許されるか。[107]いろいろと難問が存在したが、いずれも内閣法制局が提起している、自衛隊の武器使用が憲法九条に抵触するおそれありとの論点が克服される必要があった。そのためには、総理のリーダーシップが求められた。　〔(72)504号2015、3〕

クウェート解放のための多国籍軍の後方支援に自衛隊を派遣することについては、外務省では、従来からPKOへの参加を検討してきた国連局を中心として概ねコンセンサスが得られていたことは、前稿で述べたとおりである。しかし、様々な理由で、後方支援の任務遂行が困難になった場合の自衛隊の行動(携行武器の使用、撤退のルールなど)に関しては、省内の合意は得られていなかった。

この問題についての政府部内の検討をこれ以上進めようとすれば、海部総理の胸中を把握する必要があると考えた筆者は、某日総理ブリーフの時間を使って、多国籍軍に対する日本の人的協力の在り方としてどのような選択肢があるかについて意見交換を試みた。その結果はっきりしたのは、同総理の選択は、青年海外協力隊であることであった。

海部総理のいわゆる「ハト派」的性格を考えると、この選択は当然と言えたが、他方、政治的には現実性に欠けていた。国連PKOの場合ですら、各国の派遣要員は、いずれも軍事要員であり、今後とも予見しうる将来、このPKOの基本的性格は変わらないと思われる。なぜならば、PKOに参加する各国の分担は、一定の完結性を持ったユニットの型式を整えた要員である必要性がある(完結性がない、個人ベースの参加も受け入れるということになると、国連側の調整の仕事は膨大な量となり、実際問題として、極めて非効率的なＰＫＯになるであろう)。

振り返って見ると、ＰＫＯが実効性を伴う停戦を担保する警察的性格が強い活動であるにもかかわらず、各国とももっぱら軍隊の参加を優先させてきたのは、要員の完結性の問題が存在したからである。筆者は、多国籍軍の後方支援に参加する場合には、要員は、青年海外協力隊ではなく、自衛隊でなければならないことを縷々総理に説明したが、容易に納得を得られなかった。

「二つの帽子」

自衛隊の活用につき総理を説得できたとしても、最終ゴールにたどり着くまでには、なお次の三つの問題を解決しなくてはならなかった。

(1)携行武器の使用を自衛隊員個人の安全確保に限定しなくてはならないか。

(2)前項の問題について、法制局を説得できたとしても、国会(とくに参議院)で多数の承認が得られるか。

(3)自衛隊の後方支援参加がわが国の防衛政策の大きな変更を意味しないことにつき、近隣のアジア諸国(具体的には中・韓両国)を説得できるか。

外務省の主導で政府が国会に提出した国連平和協力法案は、右の三項目に対する私なりの答えを出したつもりであり、その中心は、一定数の自衛隊の身分を文民(シビリアン)と併任とすることにあった。私の考えは、「軍隊」である自衛隊の要員を、武力行使を目的としない(従って原則として非武装)、総理大臣直轄の文民組織に「衣替え」することにあった。当初私は、この平和協力法に基づいて派遣される平和協力隊員は、自衛隊員の身分を離れて完全なシビリアンに衣替えすべきだと考えていた。

非武装のシビリアン組織であれば、(1)の武器の使用の問題は自然解消となる。後方支援の任務に従事中に戦闘に巻き込まれる危険が少しでも生じた場合には、他国に迷惑をかけずに支援活動から離脱することができるであろう。(2)の国会の承認（一部野党の賛成取り付け）は、自衛隊を直接海外に派遣するよりも現実性を増すと思われる。(3)のアジアの近隣諸国の問題については、専守防衛の日本の基本的防衛政策は不変との説明が、十分に説得力を有するはずである。しかし、防衛庁（当時）、自民党との調整の過程で、隊員は自衛官としての身分を保持したまま、平和協力隊員（シビリアン）に併任されることになった。その結果、「二つの帽子」をかぶった平和協力隊の性格はかなり複雑になり、最終的に法案が廃案になる原因の一つになった、と思われる。

「二つの帽子」をかぶることになった結果、武器使用の問題が再浮上し、当然のことながら、答えは曖昧なものにならざるを得なくなった。すなわち、防衛庁は平和協力隊員が自衛隊の身分を保持する限り、政府は隊員の安全確保の責任を負わなくてはならず、そのために必要最小限度の武器の携行は認められるべし、との立場を譲らなかった。法案の国会承認の可能性、近隣諸国の説得、いずれの問題も、「二つの帽子」によって当初の私のシビリアン組織の平和協力隊構想は迷走を強いられることになった。

〔⑬505号2015、4〕

自衛隊と文民（シビリアン）という「二つの帽子」をかぶることになった平和協力隊員の性格を内外にいかに説明するか。

まず第一に携行武器の問題がある。従来の内閣法制局の憲法解釈に従えば、携行武器は個々の自衛隊員個人の安全のためにしか使用できないから、組織としての自衛隊の安全確保には使えないことになる。そのような平和協力隊は、組織としては過大な制約を負う結果になるので、効果的に仕事ができるか、はなはだ疑問である。

第二の問題は、国会対応。これだけの制約を背負った平和協力隊に対しては、与党内からも疑問符が付けられる可能性が強い。

平和協力隊には、二つの疑問が提起された。一つは法制局の武力行使に関する憲法解釈である。すなわち、法制局は、第三者の武力行使との「一体化」という概念を持ちだし、平和協力隊自身が武力行使しなくても、協力隊の行動が、例えば米軍の武力行使と一体化しているとみなされる場合には、当該協力隊の行動は武力行使と観念されるとし、したがって、当該行動が第三国の領域内で行われれば、憲法が禁じている海外での武力行使になる、というものである。

私は、国連平和協力法案の政府内での検討の際には、この法制局の「一体化」論には強く反対した。

日米安保条約には、周知のとおり、事前協議制度という仕組みが存在し、同制度によれば、在日米軍基地からの「戦闘作戦行動」は日本政府との事前協議に服することとされている。すなわち、日本政府がイエスと言わなければ、当該作戦行動は発進できないから、当該作戦行動と日本政府の許諾は文字どおり「一体化」している。したがって、もし法制局の一体化論が認められるとすれば、事前協議制度(国会の承認を得ている)ひいては安保条約そのものが違憲ということになる。(108)

第三は、平和協力隊による多国籍軍の後方支援が、専守防衛の日本の基本的防衛政策の大きな変更と近隣諸国に受け取られないか、という問題である。（未定稿）　〔⑭506号2015、5〕

第2部

戦後日本外交の課題

1992年4月2日の信任状捧呈式にてジョージ・ブッシュ大統領と

第1章　日米同盟五〇周年――「緊密で対等」の課題

緊密な同盟の条件

今月(二〇〇九年一二月)は、月例の拙稿「戦後日本外交の軌跡」の時計の針を一挙に半世紀進め、来年六月に満五〇歳を迎える日米同盟の現状を検証しつつ、「緊密で対等」な日米関係を標榜する鳩山(由紀夫)外交が直面している三つの課題について筆者の所感を述べることにしたい。

日米関係を規定する座標軸は、言うまでもなく、安保条約を土台とする日米同盟である。日本の歴代政権が、現在の民主党政権も含め、「日米関係は日本外交の基軸」と言い続けてきたのは、このためである。また、米国の歴代政権も、「日米同盟は米国のアジア政策の要である」と、繰り返し強調してきた。冷戦時代には、両国の政治レベルのこうした発言には信憑性があった。日本が西側の主要な一員であり、また、世界第二の経済大国としての重みを有していたからである。しかし、東西対立が解消した代わりに、平和に対する脅威が多様化、拡散し、中国の台頭が示すように、世界が多極化した今日でも、こうした日米同盟の位置づけは、依然として適切なのか、それとも、過去にとらわれた思考の産物でしかないのか、熟考する必要があろう。

緊密な同盟関係は、次の三つの要素によって成り立つ。第一は、同盟の当事国同士が、ともに守るべきと信じる基本的価値を共有していることである。第二は、一定の地域において、当事国が共通の重要な戦略的利益を有していることである。第三は、そして最も重要なのは、同盟関係を維持する責任を分担し、かつ、生じうる政治的、経済的、軍事的リスクを共有する両国の意思が存在することである。今日の日米同盟は、この三つの要素の何れについても、本質的な脆弱性を抱えているように思える。

まず、基本的価値についての日本の座標軸の問題である。冷戦の終結とともに「東」が消滅したにもかかわらず、欧米諸国は、今でも国際関係を論じるときに、自らを「西」と呼んでいる。しかし、それは、当然のことながら、冷戦時代にソ連圏の全体主義諸国を意味した「東」に対置される政治的概念ではなく、文明的アイデンティティを表す用語として使われているように思われる。そうであれば、そこには日本が座る場所はなく、むしろ、そのような世界観は、〔サミュエル・P・〕ハンティントンの「文明の衝突」論を想起させる。日米同盟がともに守るべき共通の基本的価値は何か。日本が米国と共有できる理念的座標軸は存在するか。答えは必ずしも自明ではない。

次は、日米が共通の重要な戦略的利益を有する地域の問題である。アジア太平洋がそのような地域であることについては、疑問の余地がない。グローバル化時代の今日においても、日本にとって、この地域が持つ死活的重要性は変わりようがない。「大西洋国家であると同時に太平洋国家である」と主張する米国にとっても、アジア太平洋の戦略的利益は、二一世紀になって増大する一方である。問題は、日米両国が、この地域のあるべき秩序について共通のビジョンを持っているか、ということである。この点について、筆者は、「東アジア共同体」構想を掲げ、他方、「日本は米国に依存しすぎた」とする鳩山総理のアジア太平洋の将来像に危惧の念を覚える。太平洋戦争は、日本が米国をアジアから閉め出そうとしたために起きた歴史を忘れてはならない。

日米同盟について最も懸念されるのは、日本が一貫して消極的であり続けてきた責任の分担とリスクの共有の要素である。日本の姿勢の背景には、相互に関連している二つの理由がある。一つは、集団的自衛権の行使を全面否定する特異な憲法解釈であり、今ひとつは、太平洋戦争のトラウマが生んだ、国民の強い反戦感情である。日本がこの二重の制約から解放されない限り、「緊密で対等」の意味についての日米間の理解の溝が埋まることはない。そしてその間、米国は、常に日本の姿勢に不満を抱き、日本は、米国に呑み込まれてアイデンティティを失うのではないかという恐怖と、いつ米国に見捨てられるのかという不安に悩まされ続けることになる。

最後に、日米同盟五〇周年に当たり、真に「緊密で対等」な関係を築く契機となりうる象徴的な行事を提案したい。鳩山総理の真珠湾（アリゾナ記念館）訪問とオバマ大統領の広島（原爆慰霊碑）訪問である。この相互訪問は、謝罪と贖罪のためのものであってはならず、将来に向けて、日米がアジア太平洋の平和のためにともに歩むことを誓うものでなくてはならない。

過去を向いた相互訪問には、日米双方で強い反対が予想される。両国の最終的和解は、未来志向のシナリオによってのみ可能である。

〔452号2009、12〕

オバマ演説と鳩山外交

今回は、旧年（二〇〇九年）一一月のオバマ大統領の訪日を振り返りながら、前回に引き続き、日米同盟五〇周年を迎える鳩山外交の課題を考察することにしたい。

今月号〔二〇一〇年一・二月合併号〕の本稿執筆の時点では、いわゆる「密約問題」の真相解明のための外務省の調査は完了していないが、次号までには調査報告書が公表されると予想される。その際には、安保改訂時における事前協議と核兵器の持ち込みの問題〔昨年〔二〇〇九年〕一一月号〔本書六六―六九頁〕参照〕についての筆者の理解と同報告書の内容との照合が可能になると思われる。

オバマ大統領が東京で行った演説は、核兵器がない世界の追求を約した昨年四月のプラハ演説、イスラム世界への米国の積極的関与を論じた六月のカイロ演説と並ぶ、オバマ政権の外交に関する傾聴に値する内容のものであった。その論点は、太平洋国家である米国のアジア太平洋における存在の強化を謳い、そのために、一方では五〇周年を迎えようとしている日米同盟の深化、他方では、台頭する大国中国との実利を踏まえた協力関係の構築を目指す、ということに集約される。

「アジア太平洋における繁栄と安全、そして人間の尊厳」のために、米国にとって中核的同盟国であり、パートナーでもある日本とこの地域の秩序作りにともに取り組もう、という同大統領の呼びかけを、鳩山総理がどのように受け止め、いかに応えるかが、日米首脳会談の中心的課題となるに相応しいものであるべきであった。しかし、結果としては、首脳会談についてのマスコミの報道は、普天間飛行場の移設問題一色となり、鳩山政権がインド洋での給油活動に代わるものとして打ち出した、アフガニスタンに対する新規の五〇億ドルの民生援助すら、事前に織り込み済みということで、目立ったニュースにならなかった。報道が偏りすぎていたとしても、所詮一時間の会談では、当面の問題を処理する危機管理的性格のものとならざるを得なかったのは、残念であった。

オバマ演説の中で筆者が最も注目したのは、アジアと太平洋を一体と捉えつつ、この地域に対する米国の積極的関与の将来にわたっての恒久性が終始強調された点である。こうしたオバマ大統領のアジア太平洋重視の姿勢の背景には、中国の国力の急速な増大に伴う、この地域の地政学的構造の変化があることは言うまでもない。「アメリカは、戦争のときにしかアジアに関心を持たない」とのよく聞かれる批判は、あながち的外れとも言えないが、米国の伝統的外交の柱の一つは、太平洋国家としての同国にとって、自国の死活的利益が懸かっている東アジアに同国の存在を否定するような排他的勢力が生まれることは許さない、とするものである。

前号〔本書二〇九—二一〇頁〕でも、鳩山総理が抱くアジア太平洋の未来像に関連して触れたことであるが、戦前の日本外交は、この事実を認識しなかったために、米国と対決することになったのである。米国との関係を考えるときに、日本は、自らのアイデンティティの喪失を恐れる余り、この教訓を忘れることがあってはならない。いずれにせよ、グローバル化が進む今日、アジア太平洋の平和と発展を確保するための秩序作りは、米国抜きには考えられない。中国の影響力がいかに大きくなっても、米国の国際公共財への貢献能力が傑出していることは、余りにも自明である。

オバマ大統領の演説のなかで注目されたもう一つの点は、同大統領が二度にわたって、一九六〇年の安保条約署名時のアイゼンハウアー大統領（当時）の言葉を引用しつつ、日米のパートナーシップの対等性を強調したことである。筆者は、その裏に「緊密で対等」な日米関係を目指すとしている日本の新政権に対する、「日本は日米関係をどのように変えたいのか」という疑問と不信感が潜んでいることを懸念する。対等イコール「米国離れ」を意味するのであれば、日米同盟は成り立たない。鳩山総理は、自らが提唱する東アジア共同体構想が、長期的な米国離れを追求するものではないことを、明確に内外に発信する必要がある。いずれにせよ、基本的価値観の共有を基礎に、ナショナリズムを克服するための統合に向けてのヨーロッパの戦後の長い歩みと、同構想との間に共通のイメージを見出すことは難しい。同構想の最大の問題は、まさにその点にある。

〔453号2010、1・2〕

第2章　尖閣諸島と日中関係――「棚上げ」の意味

今回は拙論の連載を中断し、最近内外の大きな関心を呼ぶに至った、尖閣諸島をめぐって生まれた日中関係の緊張についての私見を述べてみたい。

「棚上げ」は最後の選択肢

まず認識しなくてはならないのは、あらゆる国際紛争の中で領土の領有権をめぐる対立は最も解決が難しく、対応を誤ると武力衝突に発展しかねない性質の問題であることである。なぜならば、領土の保有は、近代国家が守るべき基本的国益と観念されている国の主権にかかわる問題であるから、係争地域の大小にかかわらず、国民感情と結びついたナショナリズムが燃え上がり、冷静な外交交渉による処理が困難になるからである。尖閣諸島をめぐる日中間の対立は、まさにこのような問題の本質を如実に示している。

国家間で紛争が生じた場合は、これを平和的手段で解決しようとすれば、選択肢は三つしかない。（ちなみに、武力による解決は、言うまでもなく、国連憲章で禁止されており、憲法九条にも違反する。）

第一の選択肢は外交交渉である。その場合に当事者が心得ておく必要があるのは、難しい問題であればあるほど、長続きする安定的な解決策について合意が得られるためには、双方の譲歩が欠かせないことである。当事者間に大きな不満が残る合意は、不満が大きい方が機会があればより有利な状況を作り出そうとするから、不安定で永続性がない。

　第二の選択肢は、司法的解決である。具体的には、国際司法裁判所の判断を求めるか、または、第三者の仲裁を受け入れることである。この場合には、司法的手段によって得られた結論が、たとえ不満な内容であっても、それが公正なものであるとして受容する政治的環境が双方に存在しなくてはならない。法の支配が未成熟な国際社会においては、本来強制力を持つ司法的判断を、主権国家の意思に反して執行することができないからである。

　外交交渉も司法的解決も機能しない場合に残された最後の選択肢が「棚上げ」、すなわち「解決しないという解決策」である。この「棚上げ」の意味については、尖閣をめぐるメディアの解説等を見ると、かなりの誤解があるように思われる。「棚上げ」が第三の選択肢として成り立つためには、二つのルールが守られる必要がある。第一に、紛争当事者双方の立場が害されることなく、維持されることである。第二に、「棚上げ」とは現状の凍結を意味し、「棚上げ」中は、何れの当事者も現状を自らにとって有利になるように変更するような一方的な行動は慎まなくてはならない。この二つの条件が充足されなければ、「棚上げ」が解決策にならず、かえって事態が悪化するとの理解が紛争当事者間で共有されなくてはならない。

尖閣「棚上げ」七二年に暗黙の了解

　以上を念頭に置きながら、本稿の主題である尖閣諸島をめぐる日中対立の問題を考えてみよう。

最初に、現在日中間で中心的な争点になっている、「両国間に尖閣問題を棚上げするとの合意が存在するのか」という問いについて検証する。

一九七二年七月田中内閣誕生当時外務省で条約課長の職にあった筆者は、アジア局の橋本恕中国課長（後の駐中国大使）とともに日中国交正常化交渉に取り組むことになったが、交渉の準備作業に当たった我々事務方にとって、中国の真意を知る上で最も参考になったのがいわゆる「竹入メモ」[109]であった。「竹入メモ」の最大のポイントは、周恩来首相が、国交正常化のための基本文書となるべき共同声明において日米安保や六九年の佐藤・ニクソン共同声明[110]に触れる必要なし、と明言したことである。このことにより、中国が安保体制を容認する（具体的には、安保条約のいわゆる極東条項から台湾を除外することを求めない）用意があることが分かり、国交正常化に向けての展望が開けたのである。

次に筆者が重視したのは、「尖閣列島の問題にもふれる必要はありません」との同首相の発言であった。尖閣の領有権問題が正常化交渉の対象になれば、日本側は当然譲歩するはずがなく、中国側も降りるわけにはいかないから、この問題をめぐって交渉全体が暗礁に乗り上げる恐れが大である。同首相は、日本との国交正常化を実現するためには、このようなリスクは避けなくてはならないと判断したのであろう。中国側が本件を提起するつもりがないのであれば、わが方からこれを持ち出す理由は全くない。こうした対処方針については、事務当局から大平外務大臣に説明し、同大臣の理解を得た[111]。

したがって、北京での日中首脳会談（第三回）の席上で、田中総理から「尖閣諸島についてどう思うか」(112)との発言がなされたのは想定外であったが、これに対し、周首相が「尖閣諸島問題については、今回は話したくない。今、これを話すのはよくない」と応じたことは、竹入メモに照らして予想された反応であった。(113)

筆者は、このような経緯を踏まえると、国交正常化に際し日中間において、尖閣問題は「棚上げ」するとの暗黙の了解が首脳レベルで成立した（中国側が「棚上げ」を主張し、日本側はあえてこれに反対しなかった）と理解している。わが方は、「棚上げ」によって失うものは何もなかったし、周首相にとっては、正常化という「大義」のまえには、「石油がらみ」で出てきたこの問題は、あくまでも「小異」と認識すべきものであったのであろう。(114)

七八年に「暗黙の了解」を再確認

こうして一旦収拾されたかに見えた尖閣問題が再度浮上したのは、七八年八月の日中平和友好条約締結交渉のときである。その背景には、同年四月に中国の武装した漁船集団が尖閣諸島近海に押し寄せ、その中の十数隻が同諸島の領海内に侵入するという事件が発生したことがある。そのために、自民党内の同条約締結に消極的なグループから、中国との交渉に当たって、日本の同諸島に対する領有権の立場を堅持すべし（七二年の「棚上げ」の否定）との強い声が起こり、交渉のために訪中した園田〔直《すなお》〕外務大臣（当時）も、この問題を提起せざるを得なかったのである。

尖閣問題が議論されたとする園田大臣と鄧小平副首相との関連部分の日本側記録は公開されていないが、中国側の公表資料によれば、鄧副首相は、四月の漁船集団の事件は偶発的性格のものであるとしつつ、「このような問題については、（中略）後でおちついて討論し、双方とも受け入れられる方法をゆっくりと相談すればよい。今の世代が方法を探し出せなければ、次の世代（、さらにその次の世代）が方法を探し出すだろう」と発言したとされる。(115) この同副首相の発言に対応する日本側の記録は、園田大臣の反論の有無を含め、公開されていない。しかし、その後の一〇月、平和友好条約の批准書交換の機会に訪日した同副首相は、公開の場で全く同趣旨の見解を述べ、これに対する日本政府の反論がなかったことに照らせば、七二年の国交正常化時の尖閣問題棚上げの暗黙の了解は、七八年の平和友好条約締結に際して再確認されたと考えるべきであろう。

「棚上げ」は紛争沈静化の手段

昨今の中国側の「棚上げ」に関する日中間の明確な合意が存在するとする主張は、右に述べた七二年以来の経緯（明示の合意は存在しない）から見ると、一方的に過ぎるとの感を免れない。他方、尖閣については、「領土問題（あるいは領有権問題）は存在しない」とする政府の立場も、中国（及び台湾）との間に尖閣の領有権をめぐって紛争が生じている現実と矛盾する。国内には、領土問題の存在を認めることは、まさに中国の「思う壺」にはまることになり、日本の立場を損なうとの声がある。しかし、このような立場に固執する限り、紛争解決の緒《いとぐち》を見出すことはできないように思われる。(116)

そもそも、尖閣の領有権に関して日中間に紛争が生じている事実を認めることは、いかなる意味でも紛争の相手国である中国の主張の正当性を認めるものではない。また、紛争の存在を認めた上で、その解決のための方策について相手国と話し合うことが、自らの立場の正当性を損なうものではないことも当然である。

尖閣問題を棚上げすることは、わが国の主権にかかわる問題について中国に譲歩することを意味し、重大な国益を損なうとの論がある。しかし、主権にかかわる問題、すなわち、外交交渉に不可欠な譲歩や妥協が難しい問題であるからこそ、「棚上げ」が紛争解決の選択肢となりうるのである。「棚上げ」は、先に述べた二つの条件もしくはルール（双方の立場を維持したままで、現状を凍結する）が当事者によって守られる限り、紛争の悪化を防止し、さらには沈静化させるための有効な手段となりうる。そして、時が経てば、解決を阻んでいる制約要因が変わり、当初不可能と思われた解決が可能になるかもしれないのである。

「棚上げ」が崩れた三つの原因

七二年に田中・周恩来両首脳間に成立し七八年に鄧小平副首相によって再確認された、尖閣問題は無理に決着を求めず「棚上げ」するとの暗黙の了解は、決着を求めようとすれば双方とも大きな国益を失うとの認識が共有された結果であるが、この了解がその後九〇年代以降徐々に崩れてしまった原因は三つあると考えられる。

第一は、「棚上げ」が安定的に維持されるために守られなくてはならない二つの原則的なルールが日中双方において明確に理解され、政治レベル、実務レベルの双方で継承されてこなかったのではないか、と思われることである。まず、双方の立場を害しないというのが第一のルールであるから、日中それぞれが自らの立場を主張することは自由であるが、その主張を相手が受け入れることまで求めてはならない。次に、現状が不満だからといって、何らかの一方的手段によってこれをより有利な状況に変えようとすることは、当然のことながら、現状凍結のルールに反することになる。昨今の日中間の緊張は、双方がこのルールを無視した行動をとることによって生じているが、筆者の見るところでは、その発端は、九二年の中国による領海法(尖閣周辺の水域を中国の領海と規定)の制定である。

第二の原因は、日中両国における排外的なナショナリズムの台頭である。この点についても、九〇年代の江沢民政権の時代に強化された愛国主義教育によって加熱された中国の反日ナショナリズムの影響が大きいと言わざるを得ない。日本政府の尖閣国有化に起因している中国の多くの都市で発生した反日デモの暴徒化は、このナショナリズムの醜い一面を示した。他方、日本においても、バブル崩壊後の終わりが見えない経済の停滞に伴う自国の国際的な地盤沈下(その象徴としての、世界第二の経済大国からの転落)、これと対照的な中国の驚異的な発展と「大国化」は、同国に対する脅威感の増大が生み出す屈折した反中ナショナリズムをもたらしている。こうした双方のナショナリズムが「棚上げ」の土台となるべき両国間の相互信頼を浸蝕してきたことは間違いない。

第三の、そしておそらく最も深刻な原因は、中国の長期的な海洋戦略である。今や大国となった中国が、建国以来の悲願である台湾の統一のために必要な台湾海峡の軍事的コントロール(同海峡への米海軍のアクセス拒否能力の取得)、東・南シナ海の大陸棚資源の排他的開発、そして自国の経済成長に欠かせない資源を輸入するための海上通商路の安全確保を戦略目標とすることは、ある意味で自然の成り行きである。そして、そのための第一歩として、黄海から東・南シナ海に至る海域を自らの排他的な勢力圏下に取り込み、やがては西太平洋とインド洋に軍事的影響力を拡げていこうと考えているとしても不思議ではない。尖閣に対する形を変えた様々な圧力は、こうした中国の戦略の一環であろう。

しかし、問題はこのような同国の政策は、同国が従来強調してきた「平和的台頭」に合致しないことである。そして、こうした拡張主義的な戦略は、わが国の安全に重大な脅威を及ぼすのみならず、東アジア・西太平洋におけるプレゼンスの維持を死活的な国益の一つと認識している米国と必然的に対立を招くこととなろう。これは、朝鮮戦争後、半世紀にわたってこの地域の平和と発展を維持してきた国際秩序の崩壊を意味する。中国の新指導部は、このような事態が果たして自国の国益に合致するかを真剣に考えるべきである。

「棚上げ」復活へ両国の共同努力

以上の考察から明らかなように、尖閣問題をめぐる最近の日中間の緊張は、直接的にはこの問題を「棚上げ」するとの七二年の両国首脳間の暗黙の了解が九〇年代以降両国政府の「組織としての記憶」(institutional memory)から徐々に消失したことによるものであり、〔石原慎太郎〕前都知事の動きに触発された政府の同島国有化の決定とこれに対する中国政府の反発は、その一局面に過ぎない。しかし、冒頭で述べたとおり、この領有権に関する紛争は、対応を誤れば制御不能に陥り、両国関係に容易に修復しがたい亀裂を生じかねない。また、その結果は、単に日中の二国間の関係に止まらず、アジア太平洋の平和と安定にも深刻な影響を及ぼす性質の問題であることも十分認識しておく必要がある。

日中国交正常化以来四〇年の歴史は、未だに両国が尖閣問題を解決する智恵を持ち合わせていないことを示している。そうであるとすれば、現状は「脱線」状態といえる両国関係を安定した軌道の上に戻すためには、今一度七二年の原点に帰り、問題を無理に解決しようとすれば失うものがあまりに大きいとの認識を改めて共有し、何らかの形で「棚上げ」の了解を復活させるよりないと思われる。その場合、「棚上げ」を支える二つの柱（お互いの立場を害しない、現状を凍結する）を双方が尊重しなくてはならないことを再確認するとともに、凍結すべき「現状」とは何かについてきちんと定義する必要がある。[117]「棚上げ」の復活に欠かせないもう一つの要素は、こうした機微な交渉を行う当事者間の相互信頼である。交渉者間の信頼関係がなくては、失われた「棚上げ」の土台の再構築はできない。

尖閣問題の収拾は、これからの日本外交にとって重要な試金石となろう。また、外交には相手の存在が欠かせない。このことは、新しい習近平体制の中国にも、国益と国際秩序との整合性が保たれる責任ある大国としての外交が求められることを意味する。両国の共同努力がなければ、「戦略的互恵」も空虚なスローガンに過ぎなくなるであろう。

〔482号2012、12〕

第3章 憲法九条をいかに読むべきか——神学論争からの脱却の道

旧年(二〇一二年)師走の総選挙で自民党が大勝して以来、同党が憲法改正による「国防軍」の創設を公約に掲げたことから、久しぶりに憲法九条をめぐる論議が活発になってきた。しかし、各党やメディアの論点を見ると、依然として従来からの不毛な神学論争が続いているように思われる。私は一〇年前に、「憲法九条と自衛権 何が常識か」と題する私見を雑誌(118)に寄稿したことがある。常識に合った憲法九条の読み方を紹介することにより、神学論争に終止符を打つことに資すれば、と願ったからである。しかし、その後今日に至るも、残念ながら私が望んだ方向に議論は進んでいない。

憲法九条は堅持し、正しい解釈を

私は、九条改憲論者ではない。憲法九条は、戦後の日本が自らの生き方として掲げてきた平和主義を担保する規範として堅持していくべきものと考えている。しかし、それはあくまでも、同条の意味を正しく理解することを前提としている。私は、これまで政府が固持してきた同条の解釈は誤っており、国益を大きく損なっていると考える。以下のとおり拙論の要点を再述することにより、その理由を明らかにしたい。

まず憲法九条は何と書いてあるか、を復習してみよう。

(1)日本国民は、正義と秩序を基調とする国際平和を誠実に希求し、国権の発動たる戦争と、武力による威嚇又は武力の行使は、国際紛争を解決する手段としては、永久にこれを放棄する。

(2)前項の目的を達するため、陸海空軍その他の戦力は、これを保持しない。国の交戦権は、これを認めない。

1項は、いわゆる戦争放棄の規定であるが、よくある誤解は、これが世界的にユニークで平和愛好国を象徴する規定とするものである。しかし、主権国家の国益追求の手段として、あるいは、国家間の紛争解決のための一つの選択肢として戦争(武力行使)が合法とされていたのは第一次世界大戦までである。その後の戦間期になると、不戦条約により戦争放棄が実定法となり、更に第二次大戦後は、国連憲章に基づき、国際紛争解決の手段として武力に訴えることは禁じられ、平和的手段による紛争解決が普遍的義務とされるようになった[119]。したがって、憲法九条1項は、二〇世紀に確立した国際法の基本原則を国内法に受容したものであり、なんら独自性を持たない。

より複雑なのは、2項の戦力不保持の規定である。政府を含め多くの人は、この規定により日本は「軍隊」を保有することができず、したがって、自衛のための組織である自衛隊は「軍隊ではない」と理解している。これが、神学論争の出発点なのである。

吉田首相の解釈改憲の問題点

私は一九五三年に外交官試験を受けたときに、憲法の口述試験で試験委員の宮澤俊義教授に開口一番「自衛隊は軍隊か」と尋ねられた。当時国会で自衛隊法が審議中で、政府の答弁を承知していた私は、「吉田総理は自衛隊は軍隊ではないと仰っています」と答えた。すると宮澤教授は、「吉田総理ではなく、君の意見を聞いている」と言われたので、私は正直に「軍隊と思います」と述べた。当然「なぜそう思うか」と追及されるものと内心覚悟していたところ、意外なことに、同教授は「結構です」と言って私に退室を促したのである。なぜこれで私が外務省に入ることができたかは未だに謎であるが、「自衛隊が軍隊である」との理解は、その後六〇年経っても変わらず、私はこれが常識と考えている。

国家が対外的に武力を行使する目的で保有する公的組織を「軍隊」(armed force(s))という。これが国際的に通用する「軍隊」の定義であり、自衛隊は、まさにこの定義に該当するから軍隊なのである。憲法制定時、連合国が日本を非武装化しようと考え、憲法九条2項の規定が、この政策を反映したものであったことはよく知られている。しかし、その後の国際情勢の変化(冷戦とそのアジアへの拡大)は連合国のリーダーである米国の政策に一八〇度の転換をもたらし、対日平和条約締結の過程でダレス特使は吉田総理に日本の再軍備を強く求めるようになる。最終的に同総理は米国の要求に応じ、自衛隊の創設に踏み切るのであるが、その際に考えられた二つの選択肢である憲法改正と解釈改憲のうち後者を選んだ。

前者(九条2項を改正し、自衛のための軍隊の保有を明記する)は、当時の国内政治上現実性がなかったから、同総理の解釈改憲の選択は当然であったと言える。しかし、その場合、憲法は自衛のための必要最小限度の防衛力の保有までも禁じてはいないとの解釈で、自衛隊は合憲とするのであれば、その自衛隊を国際法的な常識に沿って軍隊と呼び、九条2項のいう「陸海空軍その他の戦力」とは、国家が自らの安全を守るために当然保有しなくてはならない必要最小限度の防衛力の範囲を超えるものを指す、とするのがより自然であったと思われる。いずれにしても、実体は軍隊である組織を軍隊ではないとすることによって、その後のわが国の防衛政策は虚構の上に築かれることになる。

集団的自衛権も自衛権の一種

次に、今一つの争点になっている集団的自衛権の問題について考えてみよう。

いかなる国も、外部からの侵略（武力攻撃）に対し、自らを守る権利を有する。これが今日の国際法でいう自衛権である。国連憲章上、国の自衛権は、安保理事会が平和の回復のために必要な決定を行うまでの間、暫定的に行使できる権利とされているが、同時に、これを国の固有の「個別的、集団的自衛権」と規定したために、[120] わが国では混乱が生じた。

集団的自衛権の行使を肯定する根拠として「保有すれど行使不可」との従来の政府の憲法解釈は論理的整合性に欠けるとの主張が聞かれる。しかし、自衛権とはあくまでも「権利」であり、当該権利を行使するか否か、行使するとすればどこまで行使するかは、権利を保持する国家の裁量に属する問題であり、何らかの政策上の理由により、自ら自衛権の行使に制約を課することは十分にあり得る。スイスの永世中立政策はその典型であり、同政策は、集団的自衛権の放棄と同義である。

議論の混乱の原因は、集団的自衛権の定義に関する次の政府見解にある。

「国際法上、国家は、集団的自衛権、すなわち、自国と密接な関係にある外国に対する武力攻撃を、自国が直接攻撃されていないにもかかわらず、実力をもって阻止する権利を有しているものとされている」

これを読むと、集団的自衛権とは、第三国に対する武力攻撃を阻止する目的で自らも武力を用いることが認められるが、その場合、当該第三国は自国と「密接な関係」にあることが前提になる、という意味になる。(「密接な関係」とは漠然とした表現であるが、一般的には、同盟関係を指すと理解されている。)しかし、この政府見解は、国連憲章五一条により、集団的自衛権の名の下に適法と認められた集団防衛体制(collective defense system〔s〕)の本質を正確に捉えたものとは言えない。集団防衛体制とは、一国のみでは到底対応できない強大な外的脅威に対し、安全保障上の利益を共有する複数の国が協力して「自分たちを守る」システムのことなのである。したがって、その目的はあくまでも「自衛」なのであって、自衛の態様が、個々の国による個別的な対応と異なり、複数の国の共同行動の形をとるというに過ぎない。[121]

このように考えると、集団防衛体制に参加している諸国が、「自分たちを守る」ために行使する集団的自衛権も、個別的自衛権と行使の態様が異なっても、その本質が自衛権であることに変わりはないことが分かる。そして、こうした理解に立てば、集団的自衛権の行使は自衛のための必要最小限度の範囲を超えるので憲法九条により禁じられている、とする従来の政府見解は誤りであることも明らかであろう。そもそも、国の独立と安全を守る基本法であるべき憲法が、一国では対応し得ない現実の脅威が存在しているときに個別的自衛権しか行使できないと定めているとすることは不条理と言わなくてはならない。[122]

不条理な「一体化」論

政府見解の不条理な論点をもう一つ紹介しよう。いわゆる武力行使との「一体化」論である。従来の政府の憲法解釈に従えば、朝鮮半島有事に際し、わが国に対する攻撃が行われていない状況下で、米韓相互防衛条約に基づき戦闘に従事している米軍に対する支援は、米軍の武力行使と「一体化」する行為であるから、集団的自衛権の行使となるので認められないことになる。この「一体化」論には、次のような大きな疑問がある。

まず政府見解でいう「一体化」と一体化に至らない支援との区別が極めて曖昧である。現行安保条約に基づく事前協議制度の下では、わが国に対する武力攻撃が発生していない状況の下で米軍が在日基地から戦闘作戦行動を行おうとするときに予め日本政府の同意を求めなくてはならないことになっている。すなわち、日本政府の同意がなければ、米軍は戦闘作戦行動のために在日基地を使用できないのであるから、常識では、こうした同意は米軍の戦闘作戦行動(典型的な武力行使)と不可分一体化した行為である。そうであれば、安保条約の事前協議制度は、憲法違反の可能性を内包していることになり、同制度は成り立たない。

そもそも憲法九条に関連して、武力行使とそれ以外の自衛のための行動を区別する意味があるのであろうか。北大西洋条約機構(NATO)のような、多国間の集団防衛体制のケースを考えてみよう。外部からの武力攻撃に対し加盟国が結束して対処するといっても、必ずしもすべての国が武力を使うとは限らない。一部の加盟国は戦闘部隊を投入し、他の国は様々な後方支援活動を分担することもあり得よう。しかし、そうした場合でも、加盟国全体（NATO）としては集団的自衛権を行使しているとみなされるであろう。これが、「一または二以上の締約国に対する武力攻撃を全締約国に対する攻撃とみなすことに同意する」（共同対処を規定したNATO条約第五条）ことの意味である。

複数の国が集団として自衛のために行動する場合、各国がどのように役割分担をするかは集団内部の意思決定によるのであって、画一的である必要はない。（先に引用したNATO条約第五条も、後段においてその趣旨のことを明記している。）このことを国際法の視点から見れば、自衛行動の正当性は、あくまでも集団全体として判断されるのであり、個々の加盟国がいかなる手段を用いたかが問われることはない。[123] したがって、武力を行使した国と後方支援を行った国とを区別する意味はなく、いわんや、特定の後方支援活動が武力行使と一体化しているか否かを論じることは全く無意味なのである。

従来の政府解釈の二つの誤り

これまでの考察から、従来からの政府の憲法九条に関する解釈が、次のとおり、二つの基本的な誤りを犯しており、その結果、半世紀にわたって常識に合わない神学論争を生んでいることが明らかになったと思われる。

(1)「九条2項は、軍隊の保持を禁じている」とされるが、憲法が禁じているのは自衛のための必要最小限度の範囲を超える戦力の保持であり、軍隊自体の保持を否定したものではない。自衛隊は、紛れもなく軍隊である。

(2)「九条2項は、集団的自衛権の行使を認めていない」とされるが、集団的自衛権も自衛を目的とする限りにおいて個別的自衛権との間に質的差異はなく、集団防衛体制の下では、両者を区別する意味がない。

(1)の戦力不保持の意味についての解釈は、すでに述べたとおり、自衛隊を創設するに際し、当時の吉田政権が、これを合憲とする国内説明のために行った「解釈改憲」であり、また、(2)の集団的自衛権行使を違憲とする解釈は、一九六〇年の安保改訂に至る過程で、内閣法制局を中心とする政府部内で徐々に作り上げられたものと言える。(124) このことは何を示唆しているかと言えば、従来の政府の憲法解釈は、決して無謬《むびゅう》のものではないということである。

最初は(自衛のための有効な手段を持たない)非武装の日本を規定したはずの憲法九条が、その後、国際情勢の変化に応じ、自衛隊を認め、さらに六〇年以後は、地域的安全保障を目的とする集団防衛体制としての性格を有する現行の安保条約を合憲とするまでになった。これは、新憲法を起草した当時の連合国軍総司令部(GHQ)の関係者にとっては全く想定しなかったことに違いない。こうした戦後の憲法解釈の変遷に照らせば、筆者は、九条の基本的趣旨が守られる限り、日本をめぐる安全保障環境の変化に合わせて国の安全を守るために、政治の決断とそれを支える幅広い国民的合意があれば、従来の政府見解とは異なる解釈が許されると考える。

堅持すべき九条の基本は「戦争放棄」

それでは、われわれが将来にわたって堅持すべき九条の基本的趣旨とは何だろうか。筆者は、それは同条1項の「戦争放棄」であると考える。戦争放棄(国際紛争解決の手段としての武力の使用禁止、平和的手段による国際紛争解決の義務)は、すでに述べたように、戦前の不戦条約から戦後の国連憲章に至る過程を経て確立した国際法の基本原則である。九条1項は、この普遍的原則を国の最高法規として受け入れ、その遵守を誓ったものである。同項が、国の独立と安全を守る自然権である自衛権及び必要なときにそれを行使するための自衛力の保持を否定するものではないことは言うまでもないが、他方、戦前、戦中のわが国が、自衛権を濫用し、自衛の名の下に侵略戦争に走った歴史への深い反省に立って、自衛権の行使に当たっては、自らに厳しい制約を課する覚悟を象徴しているのである。

九条2項は、「前項の目的を達するため」という導入句が示すとおり、1項の戦争放棄を担保するための規定である。同項が定める戦力不保持が自衛のための必要最小限度の防衛力(常識ではこれを「軍隊」という)の保持を禁じたものではないことは、すでに述べたところであるが、このことを念頭に置いて改めて同項を読むと、この規定は、「国が保持する防衛力は、自衛以外の目的のために使用されてはならず、また、自衛を越えた武力行使を可能とする戦力を保持してはならない」との趣旨であることが分かる。前段は、防衛力の使用目的の限定であり、後段は、その能力に対する制約を意味する。

右のような戦力不保持の規定を現行の国際法に照らして考えると、前段の使用目的の限定は、国連憲章(二条4項)に基づき加盟国による武力行使は一般的に禁止されているから、当然のことと言える。憲章第七章が定める安保理の決定に基づく強制行動(enforcement action)に参加する場合の武力の使用は自衛目的ではないが、国際紛争を解決する手段としての武力行使には該当しないから、憲法九条の下で禁じられていないと解すべきであろう。なお、個別的自衛権と集団的自衛権を区別する意味がないことは、すでに指摘済みである。

後段の能力に対する制約に関しては、国際法上一般的な規制は存在しないが、核兵器等の大量破壊兵器については、わが国も締約国となっている核不拡散条約等の関係条約に基づく保有禁止義務を遵守しなくてはならない。こうした国際法上の制約がある場合を除き、「何が自衛のための必要最小限度の防衛力か」について憲法は触れていないから、防衛の規模、質の両面からの政府（最終的には国会）の判断に委ねられている、と解される。

憲法改正をせず現実に対応可能

以上の考察から、憲法改正を行わなくても、「自衛隊は軍隊ではない」及び「集団的自衛権は行使できない」とする、常識に合わない憲法解釈の呪縛から解放されることが可能であり、かつ、解放されるべきであることが明らかになったと思う。ここで筆者が強調したいのは、国の基本法である憲法が守るべき最も重要な国益である国の独立と安全を危うくするような解釈は避けなくてはならない、ということである。（そのような結論にならざるを得ないという場合には、法治国家の政府であれば、憲法改正の必要性を率直に国民に説明する責任がある。）

拙論は、第一に、国家が対外的に武力を行使する目的で保持する公的組織を「軍隊」と呼ぶことは国際的な常識であることを論じた。したがって、この組織を「自衛隊」と呼ぶか、「国防軍」と呼ぶかによって、その本質が変わることはない。また、憲法九条は、この「軍隊」を厳に自衛以外の目的のために使用してはならないことを定めたものであることをあわせて明らかにした。そして第二に、集団的自衛権については、これは集団防衛体制（わが国の場合は、日米安保体制を指す）の下で行使が認められる自衛権の一つの側面に過ぎず、これを個別的自衛権と異質なものと認識するのは誤りであることを指摘した。[125] 個別的であろうと集団的であろうと、自衛権の濫用が許されないことは当然であるが、国の防衛上必要最小限度の範囲でどこまで自衛権の行使を認めるべきかについては、憲法は具体的には定めていないから、政府がその責任において判断することになる。

憲法に則した防衛力といっても、当然のことながら静的なものではあり得ず、わが国をめぐる東アジアの安全保障環境の変化に適応する動的なものでなくてはならない。それでは、そのような変化とは何であろうか。第一は、軍事大国・中国の台頭と、それを背景とする同国の拡張主義的な海洋政策である。[126] 第二は、核兵器とそれを運搬する弾道ミサイルの開発を進める北朝鮮の脅威である。

この二つの要因による東アジアの安全保障環境の劣化を阻止するうえで欠かせないのが、日米同盟、すなわち安保体制の強化である。幸い米国のオバマ政権はタイムリーなアジア重視政策を打ち出しているが、それを支える柱となる米軍の前方展開態勢は、深刻化する財政的制約に直面しており、日本のより大きな役割分担が求められる時代を迎えている。集団的自衛権に関する憲法解釈、そしてそれに基づく現行の日米防衛協力の指針（いわゆるガイドライン）の見直しが急務とされるのは、このような状況によるものである。もっと分かりやすく言えば、「自衛隊は、日本の安全のためであっても、憲法で禁じられているので、領域外の危ない所には行かない」というのでは、これからの日米同盟は成り立たないのである。

九条の新たな読み方、理解得よう

こうした認識に立って、ガイドラインの改訂を含む安保体制の強化のための米国との協議を進めるに当たり、まずやらなければならないのは、日本は何をしたいのか、また、何はしないのかを、説得力がある形で内外に明らかにすることである。従来の政府見解とは異なる、憲法九条の新たな読み方について、幅広い国民的合意を形成するためには、次の三点についての国民の理解を得なくてはならないと思われる。

(1)厳しさを増している東アジアの安全保障環境に照らし、日米安保体制が持つ抑止力を一層効果的なものにする必要がある。そのような状況において、わが国が米国の同盟国として当然期待される役割を果たすためには、憲法九条の解釈を見直すことは避けて通れない。

(2)しかし、このことによって、同条が定めるわが国の戦争放棄の誓いは、いささかも影響を受けるものではない。「専守防衛」と呼ばれてきた、他国に脅威を与えない規模、能力の防衛体制は堅持する。そのためにも、強固な日米同盟は欠かせない。

(3)集団的自衛権の行使は、わが国の安全に重大な影響を及ぼすと判断される事態において、安保条約に基づいて行動する米軍を支援する必要が生じた場合に限られ、かつ、わが国の領域外においては、公海及びその上空に限定される。

海外派兵(他国の領域内での武力行使を目的とする自衛隊の派遣)は行わない、との従来からの政策に変更はない。「海外派兵は行わない」との原則には国際協調の観点から例外がある。一つは国連の平和維持活動（ＰＫＯ）への参加である。安保理の決定に基づくこの種の国連の活動は、憲法はもちろんのこと、国連憲章自体も想定していなかったものである（したがって、憲章には、ＰＫＯに関する規定はおかれていない）。しかし、ＰＫＯが憲法が禁じている国際紛争を解決する手段としての武力行使でないことは明白であることから、平和を守るための国際協力の一環としてこれに参加することが憲法違反になると考えるべきではない。したがって、特定のＰＫＯへの参加、不参加は、政府の責任において判断すべきものであり、また、一旦参加したからには、他の参加国と同様に、任務遂行のために必要が生じたときには、武器の使用が認められて然るべきである。

また、憲章第七章に基づく平和の回復のための強制行動（朝鮮戦争の国連軍、湾岸戦争の多国籍軍のケース）に参加するか否か、参加する場合には、後方支援に限るか、それとも戦闘にも参加するかは、ＰＫＯと同様に、憲法問題ではなく、国益に照らして政府が判断すべきである。(127)

諸外国の誤解を解くために

右の三点は、わが国の基本的姿勢を対外的に説明する上でも欠かせない。歴史認識の問題とも関連して、憲法解釈の見直しが、戦後の日本の国際的座標軸（平和主義と国際協調）の変更につながるのではないか、との疑いを近隣諸国が抱いていることは、残念ながら事実であり、政府はこれを明確に否定しなくてはならない。また、最近第二次安倍政権の登場に当たっては、欧米その他のメディアによって「右傾化する日本」あるいは「日本の首相はウルトラ・ナショナリスト」というイメージが作られつつあり、このようなイメージは払拭する必要がある。そのためにも、戦前の排他的ナショナリズムへの反省に立って戦後の日本がコミットしてきた国際協調路線(128)と日米同盟が不可分であることは、強調されるべきである。

憲法は生き物である。憲法の理念とそれを表現する文字は変わらなくとも、時代とともに変化する現実の世界の中で、どのように理念を生かしていくことができるかを知るために、文字の背後にあるものを読み解く政治の智恵が求められる。そのような智恵がないと、憲法は次第に国民から離れた存在になるであろう。こうした視点から、憲法九条についても、その今日的意味を改めて考える必要があるのではなかろうか。

〔484号2013、3〕

注

第1部

第5章

（1）八一年五月にライシャワー元大使は、日本人記者とのインタビューの中で、寄港はイントロダクションに含まれず、その旨の日米間の口頭了解が存在する旨述べた。

（2）寄港を「核持ち込み」の一態様として事前協議の対象になるとした政府の国会答弁は、当初は領海通過までは含まれないとしていたが、六八年（佐藤政権）には、政府統一見解により、通過も事前協議の対象とされるようになった。しかし、核搭載の可能性ありとの理由のみで軍艦の領域通過を規制するのは、国際法の下で伝統的に認められている無害通航権の否定となるので、米国にとっては受け入れがたいことである。また、「平時はノー、有事は別」という、核持ち込みについての考え方も、佐藤政権の非核三原則の下では、平時、有事の別なく絶対的な持ち込み禁止になってしまった。これでは、「イエスもあり、ノーもある」との事前協議の建前に反するばかりでなく、「核の傘」との整合性も失われてしまう。

第6章

（3）豊田祐基子『「共犯」の同盟史――日米密約と自民党政権』（岩波書店、二〇〇九年）一一二―一一三頁参照。

（4）拙稿㉔㉕〔本書六一―六六頁〕参照。

（5）「いわゆる「密約」問題に関する有識者委員会報告書」九二―九四頁参照。

（6）前掲報告書四〇―四一頁、同脚注六七の「報告対象文書一―五」参照。

（7）〔Henry〕Kissinger, *White House Years*〔Boston: Little, Brown and Company, 1979〕, 三三四頁〔ヘンリー・A・キッシンジャー／斎藤彌三郎ほか訳『キッシンジャー秘録』全五巻、小学館、一九七九―一九八〇年〕。

（8）前掲書三四〇頁。

第7章

（9）吉田書簡発出の経緯及び日華平和条約の適用

範囲に関する交換公文の交渉の詳細については、井上正也『日中国交正常化の政治史』(名古屋大学出版会、二〇一〇年)を参照願いたい。

(10) 中国問題に関する田中角栄氏の立場は、従来必ずしも明確ではなかったのであるが、自民党総裁選に臨むに当たって形成された田中、大平、三木、中曽根の四派合意により、日中国交正常化は、田中内閣の最優先外交課題となった。

(11) 政府承認という国際法上の行為が、個々の事案の政治的重要性のいかんを問わず、憲法第七十三条に基づき政府の権限とされている外交関係の処理に属し、国会の同意を要しないとの外務省条約局の見解については、内閣法制局も異論がなかった。

(12) 日華平和条約が、米国議会の対日平和条約承認を確保するための外交的代償という側面を有していたことは否定しがたいが(本稿㊱〔本書一〇二―一〇四頁〕)、そのような事情があったにせよ、適法に結ばれた国際約束は誠実に守らなくてはならないとは、国際法の大原則である。

(13) 外務省事務当局は、当初から、国交正常化に関する中国との合意文書は、国会承認を含む国内手続きを要する条約(法的な国際約束)ではなく、政治的文書である共同声明方式が望ましいと考えていた。(条約ということになれば、国内手続きが完了するまでの間に、国会の場等でどのような議論が出てくるか予測困難であり、政治的リスクが大きいと思われた。)

(14) Kissinger, *White House Years*, 一〇八九頁。

(15) 椎名特使の訪台の詳細については、石井明ほか編『記録と考証　日中国交正常化・日中平和友好条約締結交渉』(岩波書店、二〇〇三年)〔一三三―一五〇頁〕を参照されたい。

(16) 興味を持たれる向きは、栗山尚一〔中島琢磨・服部龍二・江藤名保子編〕『外交証言録　沖縄返還・日中国交正常化・日米「密約」』(岩波書店、二〇一〇年)第三章も参照願いたい。

(17) 冒頭発言の作成経緯については、本稿㊶〔本書一一九頁〕参照。同発言内容は、石井明ほか編『記録と考証　日中国交正常化・日中平和友好条約締結交渉』一一〇―一一六頁。

(18) このくだりの全文は、次のとおりである。「過去数十年にわたって、日中関係は遺憾ながら、不幸な経緯を辿ってまいりました。この間、わが国が中国国民に多大のご迷惑をおかけしたことについて、私はあらためて深い反省の念を表明するものであります」前掲書二四四頁。
(19) 首脳会談に同席した橋本中国課長は、周首相の「法匪発言」を否定している。
(20) 宿舎の迎賓館内での我々の会話が、すべて中国側に盗聴されているであろうことは想定内であった。
(21) 中国側との修文作業の過程で、わが方の主張で、和文テキストでは「人民」を「国民」に修正した。
(22) 二カ月後の一二月に、日本側は交流協会、台湾側は亜東関係協会という民間組織を相互に設立した。
(23) 前夜は、電話による本省との共同声明文の読み合わせ、同文の英訳、大平大臣の記者会見での発言案の起草、同会見の想定問答の作成といった作業が続き、丹波事務官と筆者は完全徹夜になったが、充実感を味わったことを覚えている。
(24) Kissinger, *White House Years*, 一〇七五頁。
(25) 日中平和友好条約締結交渉の背景、経緯については、緒方貞子〔添谷芳秀訳〕『戦後日中・米中関係』(東京大学出版会、一九九二年)を参照。
(26) 石井明ほか編『記録と考証　日中国交正常化・日中平和友好条約締結交渉』一一五頁。

第8章

(27) 分水嶺を象徴する出来事が、一九七五年の第一回主要国首脳会議(サミット)への参加であった。
(28) 戦後も、地域紛争や内戦は多発しているが、地域を越えた大規模な戦争はない。
(29) 冷戦中に集団安全保障システムが機能した唯一のケースは朝鮮戦争であるが、これは、ソ連が中華人民共和国に国連の代表権(議席)が認められていないことに抗議して、安保理事会をボイコットしていたために、拒否権を行使できなかったという、いわば「敵失」に乗じたことによるものであった。
(30) この米ソ間の相互抑止という黙示のシステムは、「恐怖の均衡」と呼ばれるようになる。核兵器という、未曽有の破壊力を有する兵器の出現が、東西対立に一定の安定をもたらした。
(31) 本稿①(本書二一―三頁)参照。
(32) 一一月二二日の二階堂〔進〕官房長官談話。
(33) 退役海軍少将のラロック氏が、米議会の公聴会で、核搭載艦が日本寄港に際し、予め核兵器を下ろすことはしないと述べた事件。核搭載艦の寄港問題については、本稿㉗（本書六九―七八頁）参照。

(34) カーター政権の安全保障担当補佐官になった、〔ズビグネフ・〕ブレジンスキー博士が〔大朏人一訳〕『ひよわな花・日本』（サイマル出版）を著したのは七二年であった。

(35) サミットは、日本では「主要国首脳会議」と訳されているが、国際的名称ではない。

(36) これに相当する〇九年のＧ７の数字は、ＧＤＰ五三％、貿易三三％、ＯＤＡ六三％と、近年におけるＧ７のウェイトの顕著な低下を示している。

(37) 二〇世紀初期においても、ヨーロッパ中心の一九世紀の国際秩序に代わり、当時新興国の米日を加えた「三極構造」が論じられたが、これは、本稿で考察しているリベラリズムの理念中心型の三極関係とは質的に異なる勢力均衡論である。

(38) 九〇年代に入り、権威主義的性格が強いロシアが参加してＧ８になると、価値の共有というＧ７の理念的性格が薄れ、これが、新興国の台頭と併せて、Ｇ８の地位低下をもたらした。

(39) 政治問題を議論する多国間の場は、第一義的には国連の安保理事会（常任理事国が拒否権を有する）であるべし、との仏の基本姿勢も同様の考え方によるものである。

(40) 七九年の東京サミットにおいて、Ｇ７各国の石油輸入の上限目標が議論された際に、日本が、議長国であり、また、主要石油輸入国でありながら「蚊帳の外」に置かれ、米英独仏の四カ国が舞台裏で合意し、既成事実を押し付けられた当時の大平総理が苦悩したことは良く知られている。新参者故の苦い経験であった。

(41) 八六年に政府に提出された「国際協調のための経済構造調整研究会」の報告書（座長を務めた前川〔春雄〕元日銀総裁の名を取って「前川レポート」と呼ばれた）は、まさに、このような日本の思考転換を提唱するものとして、国際的にも高く評価されたが、残念ながら、政府は、同レポートの提言の実行に正面から取り組むことはなかった。

(42) 大平総理の発言の背景には、イラン米大使館員人質事件に端を発したイラン石油禁輸問題及びソ連のアフガニスタン侵攻への対応という二つの外交案件が存在した。

(43) ヨーロッパの中には、アフガニスタンは、東西問題ではなく、東南問題であるという声すらあった。

(44) Ian Bremmer, *Every Nation for Itself: Winners and Losers in a G-Zero World* (New York: Portfolio, 2012); 北沢格訳『「Gゼロ」後の世界──主導国なき時代の勝者はだれか』(日本経済新聞出版社、二〇一二年)。

(45) 本稿㊼(本書一三八頁)参照。

(46) 冷戦初期においては、米国の核戦力は圧倒的に強大であったから、抑止とは、ヨーロッパにおけるソ連の強力な通常戦力による侵攻に対する一方的性格のものであった。しかし、一九五〇年代を通じ、ソ連の核戦力(大陸間弾道ミサイルICBM)が急速に増強されるに伴い、冷戦は、米国のソ連に対する一方的抑止から、後に「恐怖の均衡」と呼ばれるようになる相互抑止が特徴となる。

(47) 「米国は、パリのために、ワシントンやニューヨークを犠牲にするか」とのド・ゴールの現実主義の声が、フランスをヨーロッパで独自の核武装に踏み切らせたと言われている。

(48) NATO加盟国中ノルウェーのみが、平時における核兵器の国内配備を拒否した。

(49) 核兵器の使用に関する最終的決定権は米国が留保した。

(50) 「持ち込み」(introduction)の定義について、日米間で解釈の食い違いが生じた経緯に関しては、本稿㉗(本書六九—七八頁)参照。

(51) 安保条約上は、このような協議は、第六条に基づく、いわゆる随時協議と位置づけられる。

(52) 非核三原則及び同原則を含む核四政策を表明したのは佐藤栄作総理であるが、核兵器の導入反対という日本の立場は、それ以前から一貫しており、六〇年の安保改訂の一つの重要な目的は、その立場を条約の上で確保することにあった(但し、当時の岸総理の真意は、「有事の場合は別」というものであったと思われる)。

(53) 例えば、通常戦力で劣勢に立たされた場合の核の「第一使用」(first use)は、米欧の基本戦略であったが、これは、わが国にとっては、容易に受け入れ難いものである。

(54) 交渉の過程でソ連は、ヨーロッパ正面で削減対象となったINFを極東、中央アジアに再配備することを提案していた経緯がある。

(55) 中国は、一九六四年に核実験に成功し、核保有国の仲間入りを果たした。中国の核武装は、日本や韓国に大きな衝撃をもたらしたが、米ソ等の先発核保有国を含め、国際社会はこれに対し、驚くほど寛容であった。不可避との認識が広く共有されていたということであろう。

(56) この日付は、米ソが合意したという以外の理由がない恣意的なものであり、正当性がない。このことが、NPTの道義性を損なっている。

(57) 冷戦時代に実現した唯一の核軍縮の合意は、米ソ中距離核戦力(INF)全廃条約(八七年)である。それまでの米ソ合意は、現状凍結が目的であり、「軍縮」ではない。米国のオバマ大統領は、〇九年四月チェコのプラハでの演説で「核兵器なき世界」を目指すとの画期的目標を掲げたが、その後は、議会の反対もあり、米ソの新START(戦略兵器削減交渉)条約の成立(二〇一〇年)以外の成果を生んでいない。

(58) インドとパキスタンは、当初からNPT体制に参加せず、公然と核武装の道を選択した。イスラエルも、同様にNPT体制を拒否して今日に至っている。同国は核兵器を保有していると見られているが、公式にその事実を認めたことはない。

(59) 黒崎輝『核兵器と日米関係――アメリカの核不拡散外交と日本の選択　一九六〇―一九七六』(有志舎、二〇〇六年)五五頁。

(60) 前掲書五八頁。

(61) 前掲書八〇―八一頁。

(62) 村田良平『村田良平回想録――戦いに敗れし国に仕えて』上巻(ミネルヴァ書房、二〇〇八年)二二二頁。

(63) NATO加盟国中、ノルウェーのみが平時における核兵器の国内配備を拒否した。仏は、NPTの枠外で、独自の核武装の道を選んだ。

(64) 「NHKスペシャル」取材班『〝核〟を求めた日本――被爆国の知られざる真実』(光文社、二〇一二年)六八頁。この引用文は、国内のNPT参加慎重派対策といった色彩が強いが、このような「配慮」が、NPT参加国にとって条約上の義務となる、国際原子力機関(IAEA)との補償措置協定とどこまで両立しうるか、という問題は残る。

(65) 筆者は、当時条約局で二国間条約を担当する条約課勤務。NPTは、条約局では多国間条約を担当する国際協定課が所管していた。

(66) 「NHKスペシャル」取材班『〝核〟を求めた

日本――被爆国の知られざる真実』第一章。同書によれば、日本側参加者は、鈴木孝・国際資料部長以下同部幹部ほか、西独側は、エゴン・バール政策部長ほかである。日本側参加者の中には、「NHKスペシャル」取材班とのインタビューに応じた直後に死去した村田良平調査課長（後の外務事務次官）が含まれている。西独側のバール氏は、後にブラント首相を補佐して、同首相の「東方政策」（対ソ融和政策）を推進した著名な外交官である。

(67)　「持ち込ませず」の問題点（核搭載艦の寄港、通過との整合性）については、本稿㉗（本書六九―七八頁）参照。

(68)　佐藤総理の核四政策についての国会演説は、同総理のブレーンの一人といわれた、若泉敬氏の助言を得て起草された（楠田實（和田純編・校訂／五百旗頭真編・解題）『楠田實日記――佐藤栄作総理首席秘書官の二〇〇〇日』（中央公論新社、二〇〇一年）一六三頁。

(69)　黒崎輝『核兵器と日米関係』二〇九頁。

(70)　非核三原則も核四政策も、その内容について、総理官邸が外務省、防衛庁と協議した形跡はない。非核三原則の「持ち込ませず」は、演説起草の最終段階で、自民党側からの要求で追加されたと言われている。

(71)　筆者が知る限り、核兵器が持つ二面性（非人道性と抑止力）についての最も深みがある考察は、Michael Quinlan, *Thinking about Nuclear Weapons: Principles, Problems, Prospects* (Oxford University Press, 2009) である。著者は、八八―九二年に英国の国防次官の職にあったほか、長年にわたり同国の国防政策に携わった経験を有する核政策の権威である。

(72)　自民党内のNPT批准消極派を説得するためには、米国の対日防衛義務遵守の意思を改めて確認することを必要とした。その結果、七五年八月の三木総理訪米に際して発出された日米共同新聞発表では、「大統領は、総理大臣に対し、核兵力であれ通常兵力であれ、日本への武力攻撃があった場合、米国は日本を防衛するという相互協力及び安全保障条約に基づく誓約を引き続き守る旨確言した」旨明記された。（この首脳レベルでの米国の対日防衛コミットメント確認の「儀式」の政治的意味については、本稿(56)（本書一六〇頁）参照。）

(73)　ジョン・バロース／浦田賢治監訳『核兵器使

用の違法性——国際司法裁判所の勧告的意見』（早稲田大学比較法研究所叢書27、二〇〇一年）二五七頁。

(74) 本件審理に参加し、「このような一般的性質の法律問題」をＩＣＪが取り上げるべきではない、との観点から反対意見を述べた小田滋判事の論点等に関しては、小田滋『国際法と共に歩んだ六〇年——学者として裁判官として』（東信堂、二〇〇九年）三四六—三四九頁参照。

(75) バロース『核兵器使用の違法性』二五七頁。

第9章

(76) ベルリンの壁が崩壊する約一年前、筆者は当時の村田良平外務事務次官と経済界の要人の方々との懇親会に同席したことがある。東欧情勢の流動化をどのように見るべきかが話題となり、民間出席者の一人が村田次官に、「東西両独が統一される時が来るのでしょうか」と尋ねたのに対し、同次官は「今世紀中はないでしょう」と答えたのを記憶している。同次官は、外務省内でヨーロッパ、特にドイツ問題に関しては第一人者との評が高かった。同次官のような優れた専門家でさえも見通せなかったヨーロッパ情勢の急展開は、改めて国際情勢を読み解く我々の能力の限界を知らされた思いを強くしたものである。

(77) 本稿(53)（本書一五四頁）参照。

(78) 本稿(53)（本書一五一—一五四頁）参照。

(79) 西独（当時）の〔ヘルムート・〕シュミット元首相が、八七年にマレーシアで行った講演で、日米独の三国は、自らがやるべきことをやらずに、他を非難することのみに専念している、と痛烈に批判した。筆者は大いに共感を覚えた。

(80) 「国際協調のための経済構造調整研究会」（座長・前川春雄元日銀総裁）の報告書。

(81) 国際協力構想の詳細については、以下を参照願いたい。村田良平『村田良平回想録〔——祖国の再生を次世代に託して〕』下巻（ミネルヴァ書房、二〇〇八年）三二—四八頁、栗山尚一「責任ある経済大国への途」（『外交フォーラム』一九八八年一一月号。

(82) とくに、貿易摩擦の原因となった主要経済国間の国際収支の不均衡が黒字国、赤字国双方の責任であることは、マクロ経済学のイロハである。

(83) 本稿(61)（本書一七五—一七六頁）参照。

(84)　ポール・ケネディの『大国の興亡』(八七年〔Paul Kennedy, *The Rise and Fall of the Great Powers: Economic Change and Military Conflict from 1500 to 2000*, New York: Random House, 1987; ポール・ケネディ／鈴木主税訳『大国の興亡――一五〇〇年から二〇〇〇年までの経済の変遷と軍事闘争　決定版』上下巻、草思社、一九九三年〕)が有名であるが、戦後の米国では、「パックス・アメリカーナ」の盛衰をめぐり、この種の論争が時々流行する。

(85)　キッシンジャー元国務長官も、この説の信奉者と言われている。

(86)　ドイツも日本に次ぐ経済大国として、似た立場にある。

(87)　この海部演説は、当時論説委員との懇談等では、日本の主張を簡潔に打ち出したものとして比較的好評であった。

(88)　日本のODA予算は、その後九七年をピークに減少の一途を辿り、一三年にはピーク時の半減、主要援助国中、米英独仏に次ぐ第五位に転落。まさに昔日の感を強くする状態である。

(89)　日本政府の国際文化交流事業の中で中心的役割を占める国際交流基金の予算は、八九年度から大幅に増加し、同年度の九五億円からピーク時の九七年度には二〇五億円に達した。しかし、その後はODA予算同様減少に転じ、一三年度には一四二億円に過ぎなくなった(英国のブリティッシュ・カウンシルの予算は一一一一二年度一一二〇億円)。

(90)　内閣法制局は、PKO任務遂行中の自衛隊による武器の使用は、状況如何によっては、憲法が禁じている「国際紛争を解決する手段」としての武力行使に該当する恐れがある、との立場であった。他方外務省は、一貫して、PKOはその性質上武力によって国際紛争を解決しようとするものでは全くなく、したがって、平和維持部隊による任務遂行上必要な武器の使用は、国連憲章上も憲法上も適法と理解していた。すなわち、憲法九条は国連憲章第二条3および4項を受容したものというのが外務省の立場であった。

(91)　カンボジア和平の過程及びわが国の関与については、以下の二著を参照ありたい。池田維『カンボジア和平への道〔――証言　日本外交試練の五年間〕』(都市出版、一九九六年)、河野雅治『和平工作――対カンボジア外交の証言』(岩波書店、一九九九年)。

(92)　七七年福田赳夫総理(当時)の東南アジア歴訪の際、最終訪問地フィリピンのマニラで行った政策演説で表明された、日本の対アジア外交の基本姿勢。軍事大国化の否定、「心と心」の関係の構築、ＡＳＥＡＮ諸国とインドシナを包含する東南アジアの平和と発展への積極的寄与の三本柱が後に「福田ドクトリン」と呼ばれるようになった。

(93)　七五年にロンノル政権を打倒してカンボジアを支配するに至ったクメール・ルージュは、粛正の名の下に大量虐殺を実行。これが七八年にベトナムが軍事介入を行う引き金になった。

(94)　筆者が八七年一一月に、日本の和平案説明のためにベトナムを訪れた際には、同国のグエン・コー・タック外相は、クメール・ルージュの政権参加を容認する日本の立場は、中国と同じである、と酷評した。

(95)　筆者の米国のカウンター・パートが、長年にわたる旧知の仲である[マイケル・Ｈ・]アマコスト国務次官(後に駐日大使)であったことも日米間の意思疎通に多少とも役立ったのではないかと自負している。

(96)　日本のカンボジアにおける人脈開拓、情報収集で中心的役割を果たしたのは、同国の専門家今川幸雄公使(後の駐カンボジア大使)である。

(97)　九五年を例にとると、日本の援助額一五二百万ドルは、ＤＡＣ[開発援助委員会]諸国の援助総額の四五%近くを占めた。

(98)　最終的に成立した国際平和協力法では、付則で凍結期間は少なくとも三年、同期間後見直すとされたが、実際には、凍結解除に一〇年を要した。

(99)　紛争当事者間の停戦合意、紛争当事者のわが国のＰＫＯ参加への同意、中立的立場の厳守、右の条件が満たされない場合の撤収、武器の使用は要員の生命等の防護に限定。

第10章

(100)　イラクの侵攻時にクウェートに在留していた約二六〇人の邦人がイラクによって抑留され、各地の軍事施設に拘束された事件。一二月に全員が解放され、幸い死傷者が生じることはなかった。(多数の欧米民間人も同様の運命に遭った。)イラクがなぜ人質解放に踏み切ったか、その真意は不明である。

(101) この問題は、民間(海運、航空会社)の協力が得られず、自衛隊は、法的根拠が未整備な為、進展しなかった。

(102) 資金協力については、政府(通産省)が民間企業の全面的な協力を得て、多国籍軍が必要としている多種多様な物資を調達して現地に急送する仕組みを立ち上げた。日本側では、これを「物資協力」と呼んだが、米軍内部では、この仕組みは高く評価され、司令官名で感謝状が発出された。

(103) 安保理の対イラク経済制裁決議の履行を確保するため、対イラク貿易依存度が高い周辺三国に対する緊急経済支援が目的。

(104) 政府は、ブッシュ政権の要請を「値切る」交渉をしたことはなかったし、二度にわたる計一〇億ドルの積算根拠を照会することもなかった。その意味で、海部政権の対応は、財政当局を含め、潔かったと言えよう。米国のマスコミの論調は極めて偏ったものであったが、わが方のPRにも反省すべき面があった。

(105) 当時の参議院では与党自民党だけでは多数を得られなかったので、一部野党(具体的には公明党)の賛成がなくては、必要な予算措置を講じることはできなかった。

(106) 今回は、二〇億ドルの物資協力(注(102))のような民間企業を取り込んだ仕組みは採用できなかった。

(107) 「戦後日本外交の軌跡」㊲脚注i(注(90))参照。

(108) 私の議論に対する法制局の反論はついぞ聞かれなかった。

第2部
第2章

(109) 公明党の竹入委員長(当時)は、田中総理の要請を受けて七月末に訪中し、中国の周恩来首相と三回にわたり会談した。「竹入メモ」は、その際の詳細な記録である。同メモは、帰国した竹入委員長が田中総理に手交し、同総理から大平外務大臣に回付され、同大臣の指示で事務当局が精査することになった。日中国交正常化についての周首相の基本的考えを正確に知る上で、唯一とも言える貴重な文書であった。

(110) 佐藤・ニクソン共同声明の意味については、二〇一〇年九月—一一月号掲載の本稿㉛—㉝(本書八六—九四頁)参照。

(111)　どのようにして田中総理の了承を得たかについては、筆者は記憶していない。

(112)　田中総理の発言の意図は不明である。筆者の個人的推測は、訪中前に同総理は親台湾派の政治家から「日本の立場をはっきり言っておくように」と言われたことが頭の片隅にあり、いわば「アリバイ作り」をしておこうとの趣旨だったのではないかと思われる。

(113)　首脳会談の記録については、石井明ほか編『記録と考証　日中国交正常化・日中平和友好条約締結交渉』六八頁参照。

(114)　竹入メモと首脳会談での周首相の発言から明らかなことは、同首相が尖閣問題を石油と関連づけ、六九年の国連アジア極東経済委員会（ECAFE）の調査報告書で東シナ海の大陸棚に豊富な石油資源が埋蔵されている可能性があることが報じられたことが契機になって、中国（及び台湾の国民党政権）の尖閣に対する領有権の主張が始まった経緯を同首相が明確に理解していたことを示している。（同首相の発言ぶりについては、それぞれ前掲書二〇頁、六八頁を参照。とくに首脳会談では、同首相は、「石油が出るから、これが問題になった」と明確に述べている。）

(115)　前掲書一七九―一八〇頁。ちなみに筆者は、当時平和友好条約締結交渉には関与していなかった。

(116)　竹島問題に関して韓国政府がとっている立場が、尖閣問題に関する日本政府の立場と全く変わらないことが指摘される。問題の存在自体を否定するのは、有利な立場にあると考える側がしばしば使う戦術である。

(117)　七二年当時と今日とでは、「現状」が意味するところは同じではないから、「凍結」といっても、何が凍結すべき「現状」なのか（現状を維持するために自制すべき行為は何か）について交渉しなくてはならない。一般論としては、日本側では、尖閣に対する国の公権力行使（いわゆる「実効支配」）を強化するような行為は差し控えることを意味しよう。（中国側のルール違反の行為に対する対抗措置はこれに該当しないことは当然である。）中国側は自らの領有権の主張を日本に強制する性質のいかなる試みも自制しなくてはならない。そうした試みの中には、無害通航に該当しない中国艦船の領海侵入や近隣水域での示威的行動も当然含まれよう。

第3章

(118)『外交フォーラム』二〇〇三年七―九月号。

(119)第二次大戦後、地球規模の戦争は回避されてきたが、より小規模な国際的武力紛争は後を絶たない。しかし、これは、戦争禁止のルール(国際法)が存在しないからではなく、ルールの規範力が弱いからである。

(120)国連憲章起草の過程で、一部の国から、既存の相互防衛条約が国連(安保理)に平和維持の権限が集中されている集団安全保障体制の下で認められるのか、との疑問が提起されたのに対し、こうした条約の適法性を確認する意味で、集団的自衛権という新たな概念が規定されたのである。したがって、国家が自らを守るための自衛権は固有のものであるが、集団的自衛権(複数の国家が共同して自らを守る権利)を「固有」というのは、必ずしも正確ではない。

(121)例えば、加盟国の集団的自衛権の行使の根拠を定めたNATO条約第五条は、「一または二以上の締約国に対する武力攻撃を全締約国に対する攻撃とみなすことに同意する」旨規定しているが、ここでいう「みなす」(consider)とは、自国に対する攻撃ではない事態を「あたかもそのような攻撃とみなす」ことではなく、自国に対する攻撃そのものと「認識する」という意味なのである。

(122)このような不条理をあえて受け入れたのが、現行の安保条約第五条に基づく、わが国に対する武力攻撃への日米の共同対処の法的性格についての国内説明である。すなわち、政府見解によれば、このような共同対処においては、日本は個別的自衛権、米国は集団的自衛権に基づいてそれぞれ個別に対処することになる。したがって、自衛隊の行動の独立性を確保するために、共同対処と言っても、有事に際して指揮権を統合する統一司令部のような組織を設けることはできない。また、わが国に対する攻撃が発生していない状況下では、周辺海域で行動中の米軍に対する攻撃を排除するための武力を用いた支援は、集団的自衛権の行使とみなされ、憲法上禁止される。もし現実にこのような事態が生じて自衛隊の行動が制約されることになれば、日米同盟は成り立たないであろう。

(123)自衛権とは、本来違法な武力行使が、自衛のためであれば必要最小限度の範囲で違法性が阻却されるというものである。したがって、当然なことながら、適法な自衛権の行使を支援する行動の違法性が問われることはあり得ない。（逆に、自衛権の範囲を逸脱した武力行使の支援は、それがいかなる態様のものであれ、違法である。）

(124) 当初政府部内では、外務省を中心として、憲法九条は集団的自衛権を否定していないから、一定の範囲で米国との間で相互防衛的な条約を結ぶことは可能との考え方もあったことは知られている。また、湾岸戦争時、当時外務事務次官の職にあった筆者は、内閣法制局の「一体化」論に強く反対した経緯がある。

(125) 第一次安倍内閣の時に設立された、「安全保障の法的基盤の再構築に関する懇談会」は、平成二〇年六月に福田（康夫）内閣に提出した報告書において、いわゆる四類型の武力行使について、政府の憲法解釈の変更を提言したが、筆者の集団的自衛権に関する解釈の変更は、特定の類型に限定されない、包括的なものである。

(126) 中国の海洋政策の問題点については、『アジア時報』二〇一二年一二月号掲載の拙論「尖閣諸島と日中関係——「棚上げ」の意味」（本書第2部第2章）参照。

(127) （二〇一三年）一月に発生したアルジェリアの人質事件に関連して、在留邦人救出目的での自衛隊の派遣を「海外派兵」の例外として認めることの可否が論じられている。自国民保護のための第三国における武力行使を一般的に認めることは、自衛権の濫用につながることになりやすいので、慎重に検討されるべきである。

(128) 国際協調が、日本の場合には、「アジア太平洋で二度と一人歩きはしない」ことを意味し、そのコミットメントを国際的に担保する証として日米同盟があることについては、「ヨーロッパの中で一人歩きはせず、ヨーロッパとともに歩む」ことを戦後の生き方としてきた、同じ敗戦国のドイツと比較しつつ考察した拙論「和解——日本外交の課題」（『外交フォーラム』二〇〇六年一、二月号）を参照願いたい。

解説

服部龍二

栗山尚一は日本の代表的な外交官である。一九三一年にパリで生まれた栗山は、条約局法規課長、条約局条約課長、大臣官房人事課長、条約局長、北米局長、駐マレーシア大使、外務審議官、外務事務次官などを歴任し、駐米大使を最後に一九九六年に退官する。この間、沖縄返還には条約課長補佐として、日中国交正常化には条約課長として深くかかわり、湾岸戦争では次官として対応を迫られた(1)。

栗山のキャリアで特徴的なのは、一九六八年の条約局条約課勤務に始まり、一九八〇年代前半の条約局長に至るまで、計一〇年を条約局で過ごしたことである。退官後は最高裁判事に就任すると思われていたが、教育に関心を寄せ、早稲田大学や国際基督教大学で客員教授となる。宮内庁参与を務めたほか、他界するまでアジア調査会会長であった。

父の栗山茂も外交官であり、条約局長、駐ベルギー大使などを経て、一九四七年から一九五六年まで最高裁判事を務めた(2)。

本書の成り立ち

栗山は二〇〇七年四月から「戦後日本外交の軌跡」を『アジア時報』に連載していた。『アジア時報』は、自らが会長を務めたアジア調査会の月刊誌である。連載開始は第一次安倍晋三内閣期であり、「戦後レジームからの脱却」が掲げられていた。栗山は「戦後レジーム」について外交面から過去半世紀を分析し、今後の展望に活かそうとした。その意図は、次の一節に集約される。

「私はこのコラムを私の体験談にするつもりはない。私が書いてみたいと考えているのは、若干野心的にすぎるかもしれないが、日本の一外交官の目で戦後半世紀を振り返ったときに、その間のわが国の外交政策がどのように評価されるであろうか、という問いに答えることである」

諸外国を相手とする外交とは、「非強制性」を本質とするため妥協を余儀なくされるものであり、時間の経過を待たなくては客観的に判断できないという。

「戦後日本外交の軌跡」は第四二五号から第五〇六号にほぼ毎月掲載されたものの、二〇一五年四月に栗山が死去したため、第七四回で未定稿に終わった。

本書の第1部は、全七四回の「戦後日本外交の軌跡」にほかならない。「前号」などの表現が出てくるのは、『アジア時報』に連載されていたためである。第1部は、吉田茂とサンフランシスコ体制から説き起こされ、再軍備、外交三原則、「敗戦国の外交」、日米安保改訂、沖縄返還、日中国交正常化、「移行期の外交」、「大国面をしない大国の外交」、湾岸戦争までを描く。

未完に終わった「戦後日本外交の軌跡」を補う意味も込めて、第2部では、「日米同盟五〇周年

――「緊密で対等」の課題」(『アジア時報』第四五二号―第四五三号、二〇〇九年一二月―二〇一〇年一・二月)、「尖閣諸島と日中関係――「棚上げ」の意味」(『アジア時報』第四八二号、二〇一二年一二月)、「憲法九条をいかに読むべきか――神学論争からの脱却の道」(『アジア時報』第四八四号、二〇一三年三月)を収録した。これらは、日本外交が抱える諸課題への提言を意識した内容になっている。

このように、下敷きとなった諸論文は、戦後外交への評価や提言を意図したものである。と同時に、体験談ではないとしても、外務省の中枢を歩んだだけに自らの経験を織り交ぜている。本書の価値の多くは、栗山が深くかかわった歴史的案件を記述した部分にあるといえるだろう。

栗山は戦後日本外交をいかに考察し、自らの役割をどのように位置づけたのか。主要な政治家と政策に対する評価とともにたどりたい。

吉田茂とサンフランシスコ体制――「すぐれた現実主義者」と「負の遺産」

戦前の外交を外務省主導型とするなら、戦後の外交は政治家主導型といえるだろう。栗山は「外交政策の最高責任者に相応しい指導力を行使した政治家」として、吉田茂、岸信介、佐藤栄作、田中角栄、中曽根康弘を挙げている。なかでも吉田が進めたサンフランシスコ講和と日米安全保障条約には、課題の大きさや内外の環境から、その後の外交とは別格の重みと難しさがあった。しかも吉田の外交路線は、冷戦後の今日に至るまで基本的な枠組みであり続けている。

栗山は吉田を「すぐれた現実主義者」と評し、吉田が自衛隊創設には改憲を要すると主張しなかったことに理解を示す。その半面で、解釈改憲が「終わりなき不毛な神学論争を生むことになる」

のは「負の遺産」だという。吉田が批判されるべきは、自衛隊は軍隊でないという国際的に通用しない解釈を用いたことであり、憲法第九条2項は「必要最小限度の自衛力すなわち軍隊の保持を禁じたものではない」と解していれば、「より健全な安全保障論議を可能にする道を開いたのではなかろうか」というのである。この点は、第2部の「憲法九条をいかに読むべきか」でも強調される。

栗山は外交における政治家の主導性を認めるがゆえに、国民に対する政治家の説明責任を重視する。この点は、吉田の多数講和や解釈改憲に限らない。安保改訂時の岸も事前協議制度について説明が不十分であったため、「国民は、タダでは核の傘の下に入れない、という現実を知る機会を逸した」とされる。

また、吉田がサンフランシスコ体制を受容した代償は、吉田が不本意にも台湾を選択するように強いられ、日中国交正常化が遅れたことにあるという。ただし、「その間の中国の混乱を考えると、正常化の遅れがわが国の国益を害したとは思われない」ともいう。「吉田総理自身は、米国の反中共一本槍の中国政策には懐疑的であったと言われるが、それでも同国の国内政治情勢を無視できず、ダレス特使の要求を容れ」たとされる。もっとも、台湾を選んだことがどこまで吉田の意図に反していたかについては、検討の余地があるように思われる。

というのも、吉田自身がダレスとの交渉で、「カウンター・インフィルトレイションによって、支那の民衆を共産党の勢力下から離す方策を併用することが必要ではないかと思う」と語っているためである。「カウンター・インフィルトレイション」とは中国に対する「逆浸透」であり、吉田は、「中国人のただ中に人を送りこんで中国のあちこちに反共運動をおこすのを助けさせてはどうか。かような逆浸透によって中国の交通をサボタージュし、ひいていつの日にかかのにくむべき圧制を顚覆《てんぷく》するための地ならしをすることもできる」と考えていた。吉田には、「対共政策の本部」をシンガポールに設置する構想もあった③。

岸信介と日米安保改訂――「平時はノー、有事は別」

台湾と日華平和条約を締結した日本は、東南アジアとの間に外交の地平を広げる。岸が東南アジアを歴訪したのは一九五七年であり、翌年にはインドネシアとの賠償交渉を妥結させている。栗山によると、東南アジアとの関係で「敗戦国の外交の難しさ」は、賠償が済めば戦争の後始末は片付くというほど単純でないところにある。「戦争の犠牲になった個人や民族の記憶に残された傷が、このような取り決めによって癒される保証はない」。

岸が日米安保条約の改訂を最重視したことはよく知られている。対米依存を割り切っていた吉田に対して、岸はより対等な日米関係を目指すとともに、アメリカの対日防衛コミットメントを確保しようとした。「日米同盟の始まり」である。栗山によると、核兵器の持ち込みについて、岸の考えは「平時はノー、有事は別」であり、「平時はノー」の対象に寄港は含まれないと解していたという。

安保条約の改訂において、今日的にも争点となりうるのが、事前協議制度と日米「密約」の問題であろう。ここでいう「密約」とは、アメリカの核搭載艦艇が日本に寄港することを認め、事前協議の対象外としていたというものである。栗山が安保改訂について原稿を進めていた二〇〇九年には、民主党政権が誕生して「密約」を調査した。

調査委員会の報告書では安保改訂時から「広義の密約」があったと論じるのに対して、栗山は別の解釈を唱える。改訂時に日本はアメリカと同じく、寄港や通過を事前協議の対象外と見なしており、「暗黙の合意」が成立したのは一九六八年一月、牛場信彦外務次官とU・アレクシス・ジョンソン駐日大使の会談④以降だったというのである。いわば調査委員会の一九六〇年起源説に対して、一九六八年起源説と呼べるだろう。

さらに栗山は、当時の状況では厳しかったとしながらも、岸が「有事は別」という実態を国民に説明しなかったことを問題視する。しかも池田勇人以降の内閣は、「イエスもノーもある」はずの事前協議制度について、「もっぱらノーと言うための仕組み」と国会で答弁する。そのことは現実との乖離を深めるとともに、安保体制に対する国民の信頼を揺るがした。

歴代内閣が「ノーと言うための仕組み」と説明したことについて、本書は「世論の強い反核感情と、その力を借りた野党の攻勢を恐れた政府の国内政治優先の思考の結果」と解する。それに加えるなら、自民党派閥政治の弊害として、岸から池田に安保改訂の内実が継承されなかった面もあるだろう。岸から池田に伝わっていないと感じたアメリカ政府は、一九六三年四月に池田内閣の大平正芳外相に口頭了解を求めている。いわゆる大平・ライシャワー会談である。池田はこの問題に通じておらず、大平は池田をあてにできなかった⑤。

なお、「日本政府の国会答弁について米側が初めて問題提起をしたのは、条約発効後三年近く経った六三年四月の大平外務大臣とライシャワー大使の二者会談のときである（日本側にはその記録が存在しない)」とされる点について、日本側の記録は現在、外務省ホームページで公開されている⑹。

佐藤栄作と沖縄返還——「密約」と非核三原則

栗山が重要な政策に携わるのは、佐藤内閣期の沖縄返還からである。栗山は一九六九年八月、条約局条約課で安保関係を担当していたところ、中島敏次郎課長から東郷文彦アメリカ局長の日米共同声明案を渡された。栗山の役割は、声明案を法的見地から精査し、英訳することにあった。アメリカは、「日本政府の政策に背馳することなきよう措置する」という東郷案に難色を示した。そこで栗山は、「事前協議制度に関する米国政府の立場を害することなく」との一節を加えた。このため、日米共同声明第八項は次のような表現となる。

「総理大臣は、核兵器に対する日本国民の特殊な感情及びこれを背景とする日本政府の政策について詳細に説明した。これに対し、大統領は、深い理解を示し、日米安保条約の事前協議制度に関する米国政府の立場を害することなく、沖縄の返還を、右の日本政府の政策に背馳しないよう実施する旨を総理大臣に確約した」

第八項は、平時の核持ち込みは「ノー」だが、有事には事前協議によって「イエス」も「ノー」もありうることを意味する。栗山らは、事前協議制度を返還後の沖縄にも適用し、法的レジームを本土と一元化しようとしたのである⑺。

沖縄返還は達成されるものの、栗山にとって二点が悔やまれた。

第一に、「朝鮮議事録(Korean Minutes)」を廃棄できなかったことである。「朝鮮議事録」とは、藤山愛一郎外相と駐日大使のダグラス・マッカーサー二世が安保改訂時に署名したものであり、米軍の朝鮮半島出撃を事前協議の対象外とする「密約」だった。栗山は「朝鮮議事録」の存在を知り、条約局の意見としてアメリカ局に破棄を申し入れた。しかし、アメリカが「朝鮮議事録」の存続に固執したため、廃棄は断念せざるを得なかった。それでも、日米共同声明と佐藤のナショナル・プレス・クラブ演説に照らして、「有事の際に米側が事前協議なしで行動することは政治的にできないと考えた」という。

第二に、佐藤が若泉敬という「密使」を重用し、ニクソンとの間に秘密合意議事録という「密約」を交わしていた。しかも外務省は若泉のことを知らされなかったため、「返還交渉の歴史に深刻な歪みを残した」。栗山は若泉『他策ナカリシヲ信ゼムト欲ス』(文藝春秋、一九九四年)を読んでからも、佐藤・ニクソン秘密合意議事録という「密約」など実在するはずがないと思っていた。それだけに、両首脳の署名入りの秘密合意議事録が発見されたときには、「大きなショック」を受ける。

個人的にも、民主党政権による「密約」調査前の二〇〇八年にインタビューしたとき、「密約」を真っ向から否定する栗山とは見解が大きく異なり、緊迫したやりとりになった。

栗山は、現実離れした佐藤の非核三原則についても手厳しい。日本は究極の安全をアメリカの核抑止力に依存している以上、「持ち込み」の絶対的禁止はあり得ないからである。また、核について否定も肯定もしないというアメリカのＮＣＤ政策からして、寄港を事前協議の対象とすることにアメリカが応じないことは明らかである。事前協議は「イエスもノーもある」ことを前提としており、いかなる場合に日本は「イエス」と言うのかが「灰色の領域」だという。栗山は非核三原則を堅持しつつも、有事の際には柔軟に考えることを想定していた。⑧
　なお本書注七〇は、「非核三原則の「持ち込ませず」は、演説起草の最終段階で、自民党側からの要求で追加されたと言われている」と解する。これに関連して、佐藤総理首席秘書官の楠田實は、「中曾根氏は、核保有せぬだけではなく、持ち込みなど非核三原則をはっきり書くべきだと強く主張」と閣議の模様を記している。つまり、「持ち込ませず」の三原則目は自民党というよりも、佐藤が中曽根運輸大臣の案を容れたものである。⑨

田中角栄と日中国交正常化――「ポツダム宣言方式」

　栗山にとってポジティブな意味で最も記憶に残ったのが、条約課長として迎えた日中国交正常化である。⑩ 栗山は日本側の日中共同声明案を起草しており、田中首相と大平外相に随行した北京の交渉でも「ポツダム宣言方式」によって妥結を導いた。「ポツダム宣言方式」とは台湾に関するものであり、日中共同声明の第三条に帰結する。

　「中華人民共和国政府は、台湾が中華人民共和国の領土の不可分の一部であることを重ねて表明する。日本国政府は、この中華人民共和国政府の立場を十分理解し、尊重し、ポツダム宣言第八項に基づく立場を堅持する」

　このうち「十分理解し、尊重する」が日本側原案であったところ、中国が受け入れなかった場合を想定し、栗山は「ポツダム宣言第八項に基づく立場を堅持する」を腹案として用意した。「ポツダム宣言方式」は、中国に歩み寄りつつも米中間の上海コミュニケを念頭に置きながら、日米安保体制と矛盾しないことを確保するために考案された。

第2部に収録した「尖閣諸島と日中関係」は、尖閣諸島の「棚上げ」について独自の解釈を展開する。田中総理が尖閣について論及したのは、第三回田中・周恩来会談であった。栗山はこの首脳会談に出席していなかったものの、本書注一一二で田中の意図について、「親台湾派の政治家」の発言を頭の片隅にした「アリバイ作り」と推測する。日本国内を念頭とした発言ではあっただろうが、尖閣が日本領であることは自民党親台湾派だけの主張ではない。

また、注一一六は、「竹島問題に関して韓国政府がとっている立場が、尖閣問題に関する日本政府の立場と全く変わらないことが指摘される。問題の存在自体を否定するのは、有利な立場にあると考える側がしばしば使う戦術である」と論じる。

しかし、周が「尖閣列島の問題にもふれる必要はありません」と竹入義勝公明党委員長に述べ、日中共同声明や「黙約事項」に盛り込むようには提起しなかったのに対して、竹島はサンフランシスコ講和条約第二章第二条a項で日本が放棄した領土に含まれておらず、椎名悦三郎外相と李東元韓国外務部長官の会談を経て、紛争解決に関する交換公文になっている。その前には大平外相が金鍾泌韓国中央情報部長に対して、韓国が国際司法裁判所で竹島問題に応訴することを求めていた。[12]

なお、栗山は一九七三年一一月、石油危機に際して二階堂進官房長官談話の文章をチェックしている。[13]

「栗山メモ」から「大国面をしない大国の外交」へ

その後は一九七四年に参事官として駐米大使館に赴任するなど、栗山の担当は対米関係が多くなる。参事官としては、ロッキード事件の資料についてアメリカと交渉している⑭。栗山は駐米大使館や条約局、アメリカ局、北米局に勤務しながら日米の交渉記録を精査し、狭義の意味での「密約」を裏付ける文書はないとの結論に達する。アメリカ局、北米局では、イラン米国大使館人質事件やソ連のアフガニスタン侵攻への対応に追われている。米欧日の三極委員会に関しては、宮澤喜一元外相のスピーチ・ライターを務めた。

一九八一年にはライシャワー元駐日大使が、日本人記者へのインタビューに対して、核搭載艦艇の寄港は事前協議の対象外になっていると発言した。大臣官房審議官で条約局勤務の栗山は、一定の日数を超えた寄港に限って事前協議の対象とする「栗山メモ」を作成した。しかし、次官らの反応は弱く、鈴木善幸内閣も安全保障政策に熱心ではなかった⑮。

栗山の条約局長、北米局長、駐マレーシア大使時代は、ほぼ中曽根内閣期に当たる。中曽根については、「米国の核戦略に関し、日本政府が積極的に意見を述べた唯一のケース」と評される。マレーシアから帰朝した栗山は、外務審議官に就任する。

外務審議官の栗山は、竹下登内閣下で村田良平次官が進めていた「国際協力構想」を支える。それは、栗山が主張する「大国面をしない大国の外交」とも合致するものであった。「大国面をしない大国の外交」とは、国際秩序に能動的にかかわりつつも傲りやナショナリズムの台頭を避け、軍国主義の歴史に対する反省を忘れないという意味である。そのことは、経済大国は必ず軍事大国化するという国際的通念に対する「有意義な挑戦」となるはずだった。

しかし、湾岸戦争前後の国際情勢は、むしろ大国らしい振る舞いを日本に求めることとなった。

海部俊樹と湾岸戦争――「二つの帽子」

次官となった栗山は一九九〇年八月二日、湾岸危機の第一報を受けた。それは奇《く》しくも五九歳の誕生日であり、直ちに対策を練っている。最大の問題は、多国籍軍への後方支援だった。青年海外協力隊を念頭に置く海部俊樹首相に対して、栗山は自衛隊の活用を説いた。もっとも栗山の主張は、自衛隊をそのまま派遣するというものではなかった。栗山ら外務省が主導した国連平和協力法案は、自衛隊を文民と併任させ、首相直轄の国連平和協力隊に衣替えすることを骨子とした。しかしながら、「二つの帽子」をかぶった平和協力隊は複雑な性格であり、法案は廃案になる。

自衛隊を文民と併任させる栗山の意見は、柳井俊二条約局長らと対立するものであった。柳井は後方支援といえども危険はあり、シビリアンでは難しいと考えていた。柳井によると、「栗山さんとはちょっと年が離れていますが、あの世代の人にはわりあいそういう人が多いですね。次官室の議論でも、ちょっとジェネレーションギャップを感じました。〔中略〕外務省内でも多くの人間が納得できないから議論が明け方になっちゃうんですよ。〔中略〕私は「シビリアンでは無理だ」と、ものすごくエキサイトして反論しました」という。

また、北米局審議官から国連局長となる丹波實も、シビリアンには反対であった。湾岸戦争後に外務省で主流となるのは柳井らの見解であり、湾岸戦争は世代交代を促すものとなった。[16]

栗山は湾岸戦争の終結時、中山太郎外相に辞任を申し出て、慰留されている。二〇一〇年の著作では、「それから二〇年近くが経とうとしているが、国連の平和維持活動やアフガニスタン支援に対する姿勢を見ていると、日本は、依然として、国際的には通用しない一国平和主義の呪縛から解放されていないように思われる」と論じた[17]。

「戦後日本外交の軌跡」は、この湾岸戦争で絶筆となる。健在であれば、その後の駐米大使時代だけでなく、退官後の二一世紀までを分析したであろうことが惜しまれる[18]。それでも、民主党政権に対する評価の一端は、第2部の「日米同盟五〇周年」に記されている。そこでは、鳩山由紀夫首相の外交や報道の偏りに懸念が示される。同じく第2部の「憲法九条をいかに読むべきか」は、集団的自衛権の行使が憲法九条で禁じられているという従来の政府見解を誤りと見なしている。

本書の刊行は、栗山大使の遺したこの論考を広く読んでもらいたいとの栗山昌子夫人の強い希望により実現した。また、栗山大使をよく知る長田達治様(日本外交協会常務理事)、小澤俊朗大使(元駐南ア大使、元在ウィーン国際機関日本政府代表部大使)、鈴木美勝様(時事通信解説委員、専門誌『外交』前編集長)のほか、次女の吉田朗子様が協力して下さった。

とりわけ長田様は、かつてアジア調査会専務理事として栗山会長と付き合いが深く、『アジア時報』のデータを提供していただいた。吉田様は、本書の元となった原稿を精査して下さった。岩波書店の馬場公彦様は、『アジア時報』連載時から論文に注目され、本書を丹念に仕上げていただいた。

関係各位に深謝申し上げたい。

(1) 中島琢磨「解題　栗山尚一と日米・日中関係」(栗山尚一/中島琢磨・服部龍二・江藤名保子編『外交証言録　沖縄返還・日中国交正常化・日米「密約」』岩波書店、二〇一〇年)一―二六頁。

(2) 福田博/山田隆司・嘉多山宗編『「一票の格差」違憲判断の真意――外交官としての世界観と最高裁判事の一〇年』(ミネルヴァ書房、二〇一六年)七七―七八頁。

(3) 外務省編『日本外交文書　平和条約の締結に関する調書』第五冊(外務省、二〇〇二年)四九、五一、六一、七六頁、同編『日本外交文書　サンフランシスコ平和条約　調印・発効』(外務省、二〇〇九年)三四九、三六三―三六六頁、吉田茂『回想十年』上巻(中公文庫、二〇一四年)二二八頁。

(4) 東郷文彦北米局長「装備の重要な変更に関する事前協議の件」一九六八年一月二七日(「いわゆる「密約」問題に関する調査報告対象文書」一―五、http://www.mofa.go.jp/mofaj/gaiko/mitsuyaku/pdfs/t_1960kaku.pdf,二〇一六年三月一三日アクセス)。

(5) 森田一/服部龍二・昇亜美子・中島琢磨編『心の一燈　回想の大平正芳――その人と外交』(第一法規、二〇一〇年)二五八―二六四頁。
　佐藤内閣期に佐藤が大平通産相に繊維「密約」を告げなかったことも、派閥政治の弊害が対外政策に表れた例といえるだろう。拙著『大平正芳　理念と外交』(岩波書店、二〇一四年)九三―九五頁。

(6) 外務省アメリカ局安全保障課「核兵器の持ち込みに関する事前協議の件」一九六三年四月一三日(「いわゆる「密約」問題に関する調査報告対象文書」一―三、http://www.mofa.go.jp/mofaj/gaiko/mitsuyaku/pdfs/t_1960kaku.pdf,　二〇一六年三月一三日アクセス)。

(7) 中島「解題　栗山尚一と日米・日中関係」三―五頁。

(8) 中島琢磨「非核三原則の規範化――一九七〇年代日本外交への道程」(福永文夫編『第二の「戦後」の形成過程――一九七〇年代日本の政治的・外交的再編』有斐閣、二〇一五年)一六九頁。

(9) 楠田實/和田純編・校訂/五百旗頭真編・解

題『楠田實日記――佐藤栄作総理首席秘書官の二〇〇〇日』(中央公論新社、二〇〇一年)一五九頁。

(10) 栗山『外交証言録　沖縄返還・日中国交正常化・日米「密約」』二一二頁。

(11) 石井明ほか編『記録と考証　日中国交正常化・日中平和友好条約締結交渉』(岩波書店、二〇〇三年)二〇、一一八―一二二頁。

(12) 拙著『大平正芳　理念と外交』五四―五五頁。

(13) 有馬龍夫/竹中治堅編『対欧米外交の追憶――一九六二―一九九七』上巻(藤原書店、二〇一五年)一七九頁。

(14) 堀田力『壁を破って進め――私記ロッキード事件』上巻(講談社文庫、二〇〇二年)二四、六〇、七一、七六―七七、九一頁。

(15) 栗山『外交証言録　沖縄返還・日中国交正常化・日米「密約」』二五三―二五六頁、波多野澄雄『歴史としての日米安保条約――機密外交記録が明かす「密約」の虚実』(岩波書店、二〇一〇年)二一二―二一四、二七一頁。

(16) 五百旗頭真・伊藤元重・薬師寺克行編『九〇年代の証言　外交激変　元外務省事務次官　柳井俊二』(朝日新聞社、二〇〇七年)五二―五六頁、丹波實『わが外交人生』(中央公論新社、二〇一一年)七三―八七頁、庄司貴由『自衛隊海外派遣と日本外交――冷戦後における人的貢献の模索』(日本経済評論社、二〇一五年)六六―七八頁。

(17) 栗山『外交証言録　沖縄返還・日中国交正常化・日米「密約」』ⅷ頁。

(18) 駐米大使期については、栗山尚一『日米同盟　漂流からの脱却』(日本経済新聞社、一九九七年)がある。そのほか、政策研究大学院大学C.O.E.オーラル・政策研究プロジェクト「栗山尚一オーラルヒストリー――湾岸戦争と日本外交」(政策研究大学院大学、二〇〇五年)、同「栗山尚一オーラルヒストリー――転換期の日米関係」(政策研究大学院大学、二〇〇五年)も参照。

年表

西暦	事項	栗山尚一略歴
一九二八	不戦条約締結(八月)	
一九三一	満州事変(九月)	パリ生まれ(八月二日)
一九四六	日本国憲法公布(一一月)	
一九四七	日本国憲法施行(五月)	
一九四八	ケナン米国務省政策企画室長来日(三月)	
一九四九	中華人民共和国成立(一〇月)	
一九五〇	朝鮮戦争(六月)	
一九五一	サンフランシスコ講和条約・日米安全保障条約(九月)吉田書簡(一二月)	
一九五二	日華平和条約(四月)IMF加盟(八月)	
一九五三	日米友好通商航海条約(四月)	外交官試験合格(一〇月)
一九五四	第五福竜丸事件(三月)日本・ビルマ賠償経済協力協定(一一月)	東京大学法学部中退(三月)外務事務官・経済局第一課(四月)研修所第二部修了(八月)外務書

		記・アメリカ合衆国・在外研修員（九月）
一九五五	バンドン会議（四月）重光外相訪米（八月）	外交官補（四月）
一九五六	日比賠償協定（五月）日ソ共同宣言（一〇月）国連加盟（一二月）	領事官補・サンパウロ（七月）
一九五七	ジラード事件（一月）『わが外交の近況』に外交三原則（九月）	
一九五八	日本・インドネシア賠償協定（一月）	アメリカ局中南米課（七月）
一九五九	藤山外相・マッカーサー駐日米大使「討議の記録」（六月）	経済局経済協力課（四月）
一九六〇	「朝鮮議事録」（一月）新日米安保条約発効（六月）	経済協力局政策課（一二月）
一九六一	韓国で朴正熙ら軍人がクーデター（五月）	
一九六二	池田総理がヨーロッパ歴訪（一一月）	
一九六三	大平外相・ライシャワー駐日米大使会談（四月）	海外経済協力基金（三月）
一九六四	ＯＥＣＤ加盟（四月）中国核実験（一〇月）	三等書記官・国連代表部（八月）
一九六五	日韓国交正常化（六月）	二等書記官（一二月）
一九六六	牛場外務審議官・カッツェンバック米国務次官会談（一二月）	一等書記官（四月）
一九六七	佐藤総理・ジョンソン米大統領共同声明（一一月）	

一九六八	佐藤の施政方針演説で非核三原則（一月）	条約局条約課（五月）
一九六九	佐藤・ニクソン米大統領共同声明（一一月）	条約局調査官（六月）
一九七〇	核不拡散条約署名（二月）	条約局法規課長（一月）
一九七一	沖縄返還協定（六月）	
一九七二	日中国交正常化（九月）	条約局条約課長（一月）
一九七三	石油危機で二階堂談話（一一月）	
一九七四	田中総理が東南アジアを歴訪（一月）	参事官・アメリカ合衆国（一月）
一九七五	ランブイエ・サミット（一一月）	
一九七六	核不拡散条約批准（六月）	
一九七七	福田ドクトリン（八月）	大臣官房人事課長（八月）
一九七八	日中平和友好条約（八月）	
一九七九	イラン・アメリカ大使館人質事件（一一月）ソ連がアフガニスタン侵攻（一二月）	アメリカ局外務参事官（八月）北米局外務参事官（一二月）
一九八〇	モスクワ・オリンピックに不参加（六月）	大臣官房審議官・条約局勤務（四月）
一九八一	ライシャワー発言（五月）	条約局長（九月）
一九八三	ウィリアムズバーグ・サミット（五月）	
一九八四	ニュージーランドでロンギ政権成立（七月）	大臣官房審議官・査察担当（一月）北米局長（七月）

一九八五	プラザ合意（九月）	特命全権大使・マレーシア（一一月）
一九八六	前川レポート（四月）	
一九八七	中距離核戦力（ＩＮＦ）条約（一二月）	外務審議官（八月）
一九八八	「国際協力構想」（五―六月）	
一九八九	ベルリンの壁が崩壊（一一月）	外務事務次官（八月）
一九九〇	イラクがクウェート侵攻（八月）ドイツ統一（一〇月）	
一九九一	湾岸戦争（一月）ソ連解体（一二月）	退官・外務省顧問（八月）
一九九二	中国領海法（二月）カンボジアＰＫＯ（九月〜）	特命全権大使・アメリカ合衆国（一月、一九九六年一月まで）
一九九三	カンボジア復興国際委員会（九月）	
一九九四	若泉敬『他策ナカリシヲ信ゼムト欲ス』刊行（五月）	
一九九五	村山談話（八月）	
一九九六	国際司法裁判所が核兵器について勧告的意見（七月）	退官・外務省顧問（三月）
一九九七	ＯＤＡがピーク	早稲田大学法学部客員教授（四月、二〇〇二年まで）
一九九八	日韓共同宣言（一〇月）	

一九九九		国際基督教大学客員教授（四月、二〇〇二年まで）
二〇〇〇	九州・沖縄サミット（七月）	
二〇〇一	小泉内閣成立（四月）テロ対策特措法成立（一〇月）	
二〇〇二	日朝平壌宣言（九月）	
二〇〇三	イラク戦争（三月）	
二〇〇五	中国で反日デモ（四月）	
二〇〇六	第一次安倍内閣成立（九月）	宮内庁参与（四月、二〇一二年まで）アジア調査会会長（六月）
二〇〇七	安倍総理が「安全保障の法的基盤の再構築に関する懇談会」設置（五月）	
二〇〇八	新テロ対策特別措置法（インド洋給油法）成立（一月）	
二〇〇九	オバマ大統領がプラハ演説（四月）オバマ訪日（一一月）	
二〇一〇	日米安保改訂五〇周年（六月）	
二〇一二	第二次安倍内閣成立（一二月）	
二〇一三	アルジェリア人質事件（一月）	

二〇一四	集団的自衛権の行使容認を閣議決定(七月)	
二〇一五	平和安全法制が成立(九月)	死去、八三歳(四月一日)

栗山尚一

1931年パリ生まれ．東京大学法学部中退，54年，外務省入省．元外務省条約局長・北米局長・駐マレーシア大使・外務事務次官・駐米大使など歴任，96年退官後は，外務省顧問・早稲田大学及び国際基督教大学客員教授・アジア調査会会長を務める．2015年没．著書に『日米同盟　漂流からの脱却』日本経済新聞社，1997年，『外交証言録　沖縄返還・日中国交正常化・日米「密約」』(中島琢磨・服部龍二・江藤名保子編)岩波書店，2010年，がある．

岩波現代全書 089
戦後日本外交 軌跡と課題

2016年6月17日　第1刷発行

著　者　栗山尚一《くりやまたかかず》

発行者　岡本　厚

発行所　株式会社 岩波書店
〒101-8002 東京都千代田区一ツ橋 2-5-5
電話案内 03-5210-4000
http://www.iwanami.co.jp/

印刷・三陽社　カバー・半七印刷　製本・牧製本

ISBN 978-4-00-029189-7　　Printed in Japan

岩波現代全書発刊に際して

いまここに到来しつつあるのはいかなる時代なのか。新しい世界への転換が実感されながらも、情況は錯綜し多様化している。先人たちは、山積する同時代の難題に直面しつつ、解を求めて学術を頼りに知的格闘を続けてきた。その学術は、いま既存の制度や細分化した学界に安住し、社会との接点を見失ってはいないだろうか。メディアは、事実を探求し真実を伝えることよりも、時流にとらわれ通念に迎合する傾向を強めてはいないだろうか。

現在に立ち向かい、未来を生きぬくために、求められる学術の条件が三つある。第一に、現代社会の裾野と標高を見極めようとする真摯な探究心である。第二に、今日的課題に向き合い、人類が営々と蓄積してきた知的公共財を汲みとる構想力である。第三に、学術とメディアと社会の間を往還するしなやかな感性である。様々な分野で研究の最前線を行く知性を見出し、諸科学の構造解析力を出版活動に活かしていくことは、必ずや「知」の基盤強化に寄与することだろう。

岩波書店創業者の岩波茂雄は、創業二〇年目の一九三三年、「現代学術の普及」を旨に「岩波全書」を発刊した。学術は同時代の人々が投げかける生々しい問題群に向き合い、公論を交わし、積極的な提言をおこなうという任務を負っていた。人々もまた学術の成果を思考と行動の糧としていた。「岩波全書」の理念を継承し、学術の初志に立ちかえり、現代の諸問題を受けとめ、全分野の最新最良の成果を、好学の読書子に送り続けていきたい。その願いを込めて、創業百年の今年、ここに「岩波現代全書」を創刊する。

（二〇一三年六月）

岩波現代全書

079

インテリジェンスの世界史

第二次世界大戦からスノーデン事件まで

小谷　賢

国を越えた情報協力とビッグデータの活用が拡大するなか、スノーデン事件は情報戦の危険性を警告している。米英を中心とした通信傍受網の現代史。

本体二〇〇〇円

080

カール・バルト

神の愉快なパルチザン

宮田光雄

二〇世紀最大のプロテスタント神学の巨人。希望とユーモアを武器に時代と格闘した、その思想と活動にいま何を見るべきか。

本体二五〇〇円

081

フロイトの〈夢〉

精神分析の誕生

秋吉良人

『夢解釈』出版前後の親友ヴィルヘルム・フリースとフロイトとの文通を丹念にたどり、従来軽視されてきたフリースの影響を描き出す。

本体二三〇〇円

082

無差別テロ

国際社会はどう対処すればよいか

金　恵　京

無差別テロは世界をどう変えたのか、国際社会はどう取り組めばいいのか。国際法学の立場からテロを定義し暴力の連鎖に到らない対策を提言。

本体二〇〇〇円

083

エドゥアール・グリッサン

〈全-世界〉のヴィジョン

中村隆之

カリブ海フランス領マルティニック出身の作家グリッサン。収奪されてきた島・民の視点から歴史と世界を問い直し続けた作家の思想に迫る。

本体二二〇〇円

定価は表示価格に消費税が加算されます(2016 年 6 月現在)

岩波現代全書

084
パウル・ティリヒ
「多く赦された者」の神学
深井智朗
二〇世紀の代表的神学者にして哲学にも大きな影響を与えたティリヒの、波瀾に満ちた生涯と思想を読み解き、その現代的意義を問い直す。
本体二四〇〇円

085
コンサートという文化装置
交響曲とオペラのヨーロッパ近代
宮本直美
なぜ交響曲がクラシック・コンサートの中心となったのか。コンサートとそれを取り巻く諸要素をヨーロッパ全域にわたり歴史的に分析。
本体二二〇〇円

086
沖縄戦後民衆史
ガマから辺野古まで
森　宣雄
辺野古基地問題をはじめ今も続く差別や苦しみの中、自力で民主主義を勝ち取ってきた沖縄の戦後史を、ひとびとの無数の声を通して描き出す。
本体二五〇〇円

087
梁啓超
東アジア文明史の転換
狹間直樹
日本に亡命し辛亥革命直後に帰国した梁啓超は、一四年に及ぶ日本体験を経て、中国に思想・学術上の大転換をもたらした。希代の政論家の足跡をたどる。
本体二〇〇〇円

088
南米「棄民」政策の実像
遠藤十亜希
人口問題対策とされてきた日本の南米移民政策が、国内の「不要な人々」を排除し、海外で利用するためのものであったことを明らかにする。
本体二二〇〇円

定価は表示価格に消費税が加算されます(2016年6月現在)